本书为辽宁省社会科学规划基金项目"中国古代狂狷文学形态论（L17BZW004）"成果

狂狷之美

中国古代文人的精神个性与文学形态论

刘天利 著

江苏凤凰文艺出版社

图书在版编目（CIP）数据

狂狷之美：中国古代文人的精神个性与文学形态论 / 刘天利著. —南京：江苏凤凰文艺出版社，2020.12
ISBN 978-7-5594-5397-6

Ⅰ.①狂… Ⅱ.①刘… Ⅲ.①文人-人物研究-中国-古代 Ⅳ.①K825.4

中国版本图书馆 CIP 数据核字(2020)第 225868 号

狂狷之美：中国古代文人的精神个性与文学形态论

刘天利 著

责任编辑	查品才
装帧设计	龚良杰
责任印制	刘 巍
出版发行	江苏凤凰文艺出版社
	南京市中央路 165 号，邮编：210009
网 址	http://www.jswenyi.com
印 刷	苏州彩易达包装制品有限公司
开 本	652mm×960mm 1/16
印 张	14.25
字 数	213 千字
版 次	2020 年 12 月第 1 版
印 次	2020 年 12 月第 1 次印刷
书 号	ISBN 978-7-5594-5397-6
定 价	58.00 元

江苏凤凰文艺版图书凡印刷、装订错误，可向出版社调换，联系电话 025-83280257

序　言

刘天利学兄于浙江大学获得中国古典文学专业博士学位后，任教于辽宁师范大学文学院，我们成为同事。他的大著《狂狷之美：中国古代文人的精神个性与文学形态论》即将付梓，嘱我写几句话。却之不恭，乱弹数语应命耳。

该书共论析了中国文学和文化史上的十七位狂狷之士，从战国时代的孟轲、庄周、屈原，汉末的孔融、祢衡，曹魏正始时期的嵇康、阮籍，到盛唐的李白，中唐的韩愈，南宋的陈亮、姜夔，明末的李贽、徐渭，清初的黄宗羲，晚清的龚自珍，最后到近代的"蜀中怪杰"刘师亮和"厚黑教主"李宗吾。

只看这个名单，不是纵横贯穿了两千年的中国古代文学史吗？而狂狷，不是中华文明史中的一道最奇异瑰丽的精神之光吗？可以说，这是一本"中国狂狷文学史"。

选题本身，已经昭示了作者丰厚的文学素养、扎实的学术功底，以及个性鲜明的文化眼光和价值取向。

研究者于所研究的对象从心性上心有灵犀而惺惺相惜，下笔自能鞭辟入里，而谈言微中，如：

"孟子入世践实，雄豪而不放浪，是典型的北方人的性格气质；而庄子凌虚蹈空，全无拘束，其性格气质近于楚人。""狂者有儒家之狂或进取之狂，代表人物除孟子外，还有韩愈、辛弃疾、陈亮等；有道家之狂或放浪之狂，代表人物除庄子外，还有阮籍、刘伶等。而狷者的两种类型，第一类也有比较强的进取之心，却特别拘谨内敛，不像进取之狂那样张扬外露、狂傲自信，耻于或不屑于积极主动地寻求进取门径，有时也触及社会现实问题，但表达往往比较含蓄，如柳宗元、姜夔、厉鹗等——这种类型的狷者品格更近儒家，可称为儒家之狷；第二类淡泊功名利禄，选择无为,更显从容自在,超然脱俗,他们像放浪之狂那样不拘世俗礼法,反对伪饰,崇尚真率,却不像放浪之狂那样对礼法有强烈的冲决破坏意识,放纵不羁、态度激烈,他们多是田园、江湖、山林中的隐逸之士——这种类型的狷者品格更近道家,可称为道家之狷,如陶渊明、陆龟蒙、林逋等。总的来看,狂者多张扬外露,放纵不羁;狷者更含蓄内敛,高洁脱俗。狂狷既然不同流俗,自然都带有点超逸的情怀和风致,四种类型比较而言,以道家之狂和道家之狷更为突出,而以道家之狷为最。儒家之狷多拘谨内敛,情怀抑郁,更需要舒展一下,也多表现出对闲逸趣味的强烈追求。"

刘君此书对十七位中国狂狷文士作具体而微的分析,给予恰当的概括,呈现了"中国狂狷精神"一以贯之而又色彩斑斓的情态风姿,各有独到的词语表述,甚至"命名",兹不琐引,读者可径入宝山而赏其精妙。

深入阐述了"中国狂狷精神"的外延内涵史迹,乃此书的第一个核心内容,亦可谓第一大贡献。十七位狂狷之士基本上都是杰出的文学家和诗人,有的兼为艺术家、思想家,故其"狂狷精神"都具有"审美形态"。刘君大著更突出的内容是对每一位狂狷之士的文学艺术作品深入其堂奥,具体分析其各有特色的"审美形态",探其深而彰其秘,此乃其对学术的第二大贡献。

作者是研究中国古典文学的专家学者,于此更能如鱼在水,挥洒自如,贡献出真知灼见,例子就不具引了。吟一小句以为赞:

梅开雪冷眺星高,
笔肆龙蛇卷怒潮。
多少痴衷多少梦,
孤明灼史立风标。

梁归智
2019 年 7 月 5 日于北京

目　录

绪论	001
第一章　战国狂士孟子、庄子	017
一、礼崩乐坏与百家争鸣	017
二、进取与放浪	019
三、雄豪纯正与壮浪神奇	025
第二章　楚狂屈原	034
一、巫术氛围与民族歧视	034
二、执着怨愤	037
三、反复错杂、惝恍多变又孤沉深往	040
第三章　汉末狂士孔融、祢衡	044
一、儒学式微、好尚名节与奸雄弄权	044
二、不畏强暴、敢于挑战权奸	047
三、气扬采飞	049
第四章　正始狂士嵇康、阮籍	054
一、司马氏专政与庄学盛行	054
二、忤世与避世	056
三、夸泛与刺切,旷放与清峻	061
第五章　盛唐狂士李白	068
一、开放自由与危机四伏	068
二、一身兼备众狂性,侠情仙气不相妨	071
三、怨而不抑、豪放飘逸、风流俊爽	075
第六章　中唐狂士韩愈	082
一、藩镇割据与朝纲紊乱	082
二、抵排异端,以儒家道统自任	084
三、奔放壮阔、雄奇险怪	089
第七章　南宋中兴狂士陈亮	095
一、屈辱退让与空谈性理	095

  二、倡导功利主义，追求粗豪人格　　　　　　　　　097
  三、海涵泽聚、纵横奇伟　　　　　　　　　　　　100
第八章　南宋狷士姜夔　　　　　　　　　　　　　　105
  一、境界的清空　　　　　　　　　　　　　　　　105
  二、情感的清怨　　　　　　　　　　　　　　　　110
  三、格调的清雅　　　　　　　　　　　　　　　　112
  四、气质的清刚　　　　　　　　　　　　　　　　115
第九章　明末"异端之尤"李贽　　　　　　　　　　　121
  一、思想桎梏的放松与个性解放思潮的兴起　　　　121
  二、"颠倒千万世之是非"　　　　　　　　　　　　123
  三、痛快淋漓、诙谐辛辣、狠鸷刻深　　　　　　　133
第十章　明末"越中狂生"徐渭　　　　　　　　　　　137
  一、心理严重畸变，敏感放纵　　　　　　　　　　137
  二、险怪颓放　　　　　　　　　　　　　　　　　140
第十一章　清初狂狷黄宗羲　　　　　　　　　　　　148
  一、经世致用、反思历史学风的兴起　　　　　　　148
  二、力厚思深情真　　　　　　　　　　　　　　　151
  三、凄清幽峭古淡　　　　　　　　　　　　　　　157
第十二章　晚清狂狷龚自珍　　　　　　　　　　　　162
  一、社会危机日益严重而士人埋头考据　　　　　　162
  二、讥切时政、诋排专制、呼吁改良　　　　　　　165
  三、郁怒横霸、凄怨抑塞　　　　　　　　　　　　170
第十三章　蜀中怪杰刘师亮　　　　　　　　　　　　180
  一、军阀割据与统治者的故步自封、残民以逞　　　180
  二、嬉笑怒骂，诙谐辛辣　　　　　　　　　　　　183
第十四章　"厚黑教主"李宗吾　　　　　　　　　　　192
  一、颠覆传统史观、揭露官场黑幕　　　　　　　　192
  二、嬉笑怒骂、诙谐滑稽　　　　　　　　　　　　197
主要参考文献　　　　　　　　　　　　　　　　　　201
附录　本书未论及的狂狷文人传记资料选　　　　　　206
后记　　　　　　　　　　　　　　　　　　　　　　217

绪　论

　　狂狷文人,这种稀缺之物在华夏民族漫长的历史长河中时有涌现,他们有气节,有操守,有不同流俗的追求,是特立独行的存在。在时间流水的不断冲刷下,他们的形象并没有黯淡褪色,反而越发鲜明突出了。他们以言行自由表现,更以文字自由表达,个性化色彩强烈。从他们的作品中我们可以获得良知、启迪,坚持真理、正义,对抗谬误、邪恶,抵御流俗污染的力量,当然还有特殊的美感。因此,评述狂狷文人的精神个性及作品的表现形态具有特别重要的意义。

一

　　狂狷范畴的最早提出者是孔子。孔子把人格划分为中行、狂、狷和乡愿四种类型。乡愿被孔子斥为"德之贼",其特点照孟子的话说是"非之无举也,刺之无刺也,同乎流俗,合乎污世,居之似忠信,行之似廉洁"①,即像无可指摘的完人,其实是随波逐流、四面讨好的好好先生,是看似忠信、廉洁实则没有操守的伪君子。而中行是一种君子人格,为人不偏不倚、不激不随,有追求、有道德、有操守,看似平平无奇,实则具有高深的修养。孔子最鄙视的人格类型是乡愿,最推崇的人格类型是中行,但所谓中行的高深修养,至高的精神境界令人难以企及,于是孔子退而求其次,宁与狂狷为伍。

　　他说:"子不得中行而与之,必也狂狷乎！狂者进取,狷者有所不为也。"(《论语·子路》)②狂者锐意进取,狷者选择无为。那么为什么狂狷能受到孔子的推重呢？是因为狂狷的人生选择体现的是高尚的情怀。

---

① 朱熹《四书章句集注》,上海古籍出版社2001年版,第445页。
② 朱熹《四书章句集注》,上海古籍出版社2001年版,第173页。

"狂者进取于善道,狷者守节无为"①,他们的人生选择恰好形成两个极端,但同样值得称道,因此清宦懋庸谓:"狂似太过,狷似不及,皆美才也。"(《论语稽》)②由此也可见孔子的人格类型划分是以道德品格为标准的,狂狷属于伦理学范畴。

《孟子》一书从乡愿的视角谈论狂狷,原话是这样的:"何以谓之狂也？曰:其志嘐嘐然,曰:'古之人,古之人。'夷考其行,而不掩焉者也。狂者又不可得,欲得不屑不絜之士而与之,是獧也,是又其次也。""何以是嘐嘐也？言不顾行,行不顾言,则曰:'古之人,古之人。'行何为踽踽凉凉？生斯世也,为斯世也,善斯可矣。"(《孟子·尽心下》)③狂者志大言大,动称古人,眼高于顶,往往言过于实;而洁身自好的狷者,踽踽独行,凉凉无亲,勉强过得去就可以了,多于世无求。这就是孟子指出的乡愿心目中的狂狷形象,虽含贬义,不失中肯。

真正的狂狷在任何时代都是极少数的异类,然而在不同的社会环境下,狂狷的数量有较大的差异,甚而表现形态也有所不同。比如孔子就曾指出古今之狂的不同:"古之狂也肆,今之狂也荡。"(《论语·阳货》)《论语正义》对此二字做出这样的疏解:"肆"意为"极意敢言","荡无所据,则自放于礼法之外"。何晏《集解》引包咸曰:"肆,极意敢言,即放任之意。继肆,指继古之狂者,即今之狂,亦即行为放荡不检者。"④"古之狂"正直敢言,言论无顾忌;"今之狂"放荡不羁,行为无顾忌。这是狂者在孔子那个时代发生的变化。

孔子所处的时代,王纲解纽、礼崩乐坏,诸侯国之间的人才争夺战空前激烈,给士人提供了更好的猎取功名富贵的平台,投机钻营者大行其道,"无耻者富,多信者显"(《庄子·盗跖》),人性恶得以空前的凸显。孔子不无遗憾地看到狂者也发生了由"肆"向"荡"的变化。变化愈演愈烈,到战国时期,"荡"的程度自然更为显著。庄子的"狂"即表现为"荡"。不过他的"荡"既与时代风气的濡染有关,更与他对儒家仁义礼法的独特认识有关。他将儒家倡导的仁义礼法视为致乱之一因,主张彻底废弃之,

---

① 郑玄、刘宝楠《论语正义》,中国书店1986年版,第294页。
② 程树德《论语集释》卷二十七,中华书局1990年版,第932页。
③ 朱熹《四书章句集注》,上海古籍出版社2001年版,第444—445页。
④ 郑玄、刘宝楠《论语正义》,中国书店1986年版,第378页。

态度特别激烈；他追求的是任情越礼、绝对自由的境界，从思想观念、态度、言行等方面都展示出惊世骇俗的狂士风范。他这样的狂士可称为道家之狂或放浪之狂。而锐意拯时济世、"极意敢言"的狂士在那个时代也并没有绝迹。孟子就是这样的异类，他主要表现为"肆"，可称为儒家之狂或进取之狂。

有学人曾给狂者做过类型划分。如陈丽丽将狂者分为病态之狂、进取之狂和放浪之狂三类。[①] 这样的类型划分是有一定的学术意义的。但病态属于纯粹的心理学范畴，是一种不正常、不健康的心理状态，主要表现为敏感多疑、狂躁不安等症状，可使狂者人格呈现出更为复杂的形态，却与精神追求、个性意识无关，不能独立构成一种类型。

笔者认为狂与狷都大致有两种类型：狂者有儒家之狂或进取之狂，代表人物除孟子外，还有韩愈、辛弃疾、陈亮等；有道家之狂或放浪之狂，代表人物除庄子外，还有阮籍、刘伶等。而狷者的两种类型，第一类也有比较强的进取之心，却特别拘谨内敛，不像进取之狂那样张扬外露、狂傲自信，耻于或不屑于积极主动地寻求进取门径，有时也触及社会现实问题，但表达往往比较含蓄，如柳宗元、姜夔、厉鹗等——这种类型的狷者品格更近儒家，可称为儒家之狷；第二类淡泊功名利禄，选择无为，更显从容自在，超然脱俗，他们像放浪之狂那样不拘世俗礼法，反对伪饰，崇尚真率，却不像放浪之狂那样对礼法有强烈的冲决破坏意识，放纵不羁、态度激烈，他们多是田园、江湖、山林中的隐逸之士——这种类型的狷者品格更近道家，可称为道家之狷，如陶渊明、陆龟蒙、林逋等。总的来看，狂者多张扬外露、放纵不羁；狷者更含蓄内敛、高洁脱俗。狂狷既然不同流俗，自然都带有点超逸的情怀和风致，四种类型比较而言，以道家之狂和道家之狷更为突出，而以道家之狷为最。儒家之狷多拘谨内敛，情怀抑郁，更需要舒展一下，也多表现出对闲逸趣味的强烈追求。

对于狷者，清人周宗建《论语商》一书中有这样的评说："荆川谓狷者气魄大，矫世独立，更不畏人非笑。若谨厚之士拘拘谫谫，多是畏人非笑。今人所谓狷者大率多是谨厚一辈人，不惟中行假冒，并狂狷亦假冒

---

① 陈丽丽《论狂作为美学范畴在中国古代作家论中的体现》，载《理论月刊》2008年第4期。

去矣。"(《论语商》卷下)①此论拨正了人们对狷者的误解,言狷者绝不是那种谨慎笃厚、"拘拘谫谫"的"畏人非笑"者,而是敢于不顾世人非笑的"矫世独立"者。在笔者看来,相对于狂者的放纵,狷者的行为确实显得拘谨,但那并不是由于狷者"畏人非笑",而是其"守节无为"的人生选择所致,表面的低调拘谨蕴含着独立的、不同流俗的骨力。

人的精神世界是复杂的,其人格也往往呈现出一种复杂的形态,很多狂狷文人的身上无法贴上单一的类型标签。

比如,有些狂者两种类型的特点都很突出,很难加以归类,李白、龚自珍就是如此,他们既是进取型又是放浪型。

而狂狷这两种不同的人格类型,通常为人并提,难解难分。一人往往兼具狂狷两种属性。"在很多情况下狂与狷是交互融合,难以分割的,表现于同一个人身上,有时显露为狂,有时表现为狷,用世进取露狂态,退而自适显狷性,狂与狷兼具,刚与柔并存。"②有人将屈原和庄子相提并论云:"屈原不以身之察察,受物之汶汶,不屑不洁之狷也。庄周独与天地精神相往来,而不傲倪于万物,进取之狂也。"③这里单说屈原不与流俗为伍,踽踽独行,高洁独立的狷者一面;而对庄子只道出能与世俗相处,和光同尘,有狂者进取的一面。这种判断当然有道理,却没能指出庄、屈二人的另一面:屈原狂的一面和庄子狷的一面。屈原以政治才能自负,锐意革新政治,振兴楚国,有急切的进取之心,颇有锋芒锐气。而庄子拒绝出仕,以清苦自甘,以无为自适,以精神境界的高超自负。二人都是亦狂亦狷或亦狷亦狂的。

但狂狷相互交融并不具有普遍性。明人郝敬说:"孟子与万章问狂士,故不及狷,其实狂未尝不狷,志气高明者,自然不屑不洁,而狷容有不狂者,踽踽凉凉,自少恢廓。"(《论语详解》卷十三)④狂者无不带有狷洁之性,因为志向高远的人,自然不屑于做那些猥琐卑污的勾当。而不狂的狷者却比较多。因为内敛褊狭与放纵恢宏是两种截然相反的气质,很难并存在一个人的身上。

---

① 永瑢《文渊阁四库全书》第1566册,台湾商务印书馆。
② 魏崇新《狂狷人格》,长江文艺出版社1996年版,第8—9页。
③ 章学诚《文史通义校注》,中华书局1994年版,第418页。
④ 《续修四库全书》第153册,上海古籍出版社2002年版,第316页。

狂狷是偏激的,这是人们的一般认知,但有些狂狷文人却表现出"中行"的一面。比如清人宋咸熙就曾指出陶渊明为"中行":"渊明中行,太白狂者。"(《耐冷谭三则》)①陶渊明早年虽有"大济苍生"的理想抱负,但由于"质性自然,非矫厉所得",难以适应官场生活,进取意志并不是很强烈,没有展示出很强的狂者个性。他"不为五斗米折腰",厌恶污浊的官场,41岁决意归隐田园,返璞归真,再没有动过出仕的念头。就此而言,他应该是个狷者。梁启超就这样说过:"他一生品格立脚点,大略近于孟子所说'有所不为''不屑不洁'的狷者。"(《陶渊明之文艺及其品格》)②但他的心态却比较平和,不像嵇康等人那样偏激,略似"中行"。因此笔者认为陶渊明当是一个心态较为平和,略似"中行"的狷者。

还有一点我们必须承认,由于整个社会弥漫着乡愿的气息,任何人都难免受到感染,且"良知"的获得不是一蹴而就的,因此很少有人没有过"乡愿的意思"。如明代心学家王阳明曾这样评说自己:"我在南都以前,尚有些子乡愿的意思在。我今信得这良知真是真非,信手行去,更不着些覆藏。我今才做得个狂者的胸次,使天下之人都说我行不掩言也罢。"③王阳明的自白颇有典型意义。又由于现实是严酷的,人性是复杂的,在特定的情势下,狂狷尤其是狂者也难免偶尔萌生一点"乡愿的意思"。狂人韩愈也曾为求官上书阿谀权贵(《上李尚书书》)④。韩愈这种不合狂狷精神的表现,是特定情势下不得已的行为,是一个狂者为了进取采取的权宜之计。总的来看,韩愈毕竟能够做到"临大事不放过",大节无亏。因此尽管他偶尔萌生一点乡愿的意思,仍不失为狂者。

由以上所述可知,狂与狷虽是两种不同的人格类型,却难以截然分开,与中行甚至乡愿也难以完全划清界限,大多数狂狷文人的人格并不是单一的,而是呈现出错综复杂的形态。但毫无疑问,狂狷文人是不同流俗、特立独行的存在,个性特别突出。

---

① 《陶渊明资料汇编》上册,中华书局1962年版,第274页。
② 《陶渊明资料汇编》上册,中华书局1962年版,第258页。
③ 王守仁《王阳明全集》,上海古籍出版社1992年版,第116页。
④ 马其昶《韩昌黎文集校注》,上海古籍出版社1986年版,第140页。

二

对于一个文艺创作者而言,个性是极其重要的。什么是个性呢？朱智贤《心理学大词典》是这样阐释的:"个性,也可称为人格,指一个人的整个精神面貌,即具有一定倾向性的心理特征的总和。个性结构是多层次、多侧面的,由复杂的心理特征的独特结合构成的整体。这些层次有(一)完成某些活动的潜在可能性特征,即能力;(二)心理活动的动力特征,即气质;(三)完成活动任务的态度和行动方式方面的特征,即性格;(四)活动倾向方面的特征,如动机、兴趣、理想、信念等。这些特征不是孤立存在的,是错综复杂交互联系,有机结合成一个整体,对人的行为进行调节和控制的。"[①]这四个方面个性的形成有先天禀赋和后天修养两种因素,其中个人的活动倾向主要是在后天的学习和社会实践中逐渐形成的,主要体现的是人的精神品格。狂狷文人在此四个方面都表现出极其鲜明的个性特征。

人的才能需要经过实践验证才能被认可,有的狂者如屈原、辛弃疾的才能已得到了验证,而孟子、李白、韩愈、陈亮、龚自珍等却根本没有得到或没有得到充分的验证,但他们都以豪杰自许,高度自信;而真正的狷者不像狂者那样自信,多才锋不露。多数狂狷文人对历史现实有异于常人的感受和认识,尤其是思想型的狂狷文人更是识见非凡。就气质而言,狂者狂放不羁,热烈张扬;狷者落落寡合,冷静内敛。就对现实社会的态度而言,狂狷都愤世嫉俗,都对现状不满,同样真诚,同样不肯降心顺俗,曲学阿世。他们都有很强的意志,敢于选择自己认为正确的道路,或坚持正义、真理。他们或锐意澄清天下,匡世救俗,或追求精神独立,心灵安适。

每一个狂狷文人都有自己鲜明的个性,这是个体个性,而狂和狷无论合起来作为一个群体还是分开来作为两个群体都有其鲜明的共性特征,这是群体个性。人的个性美本来就是美学的一个重要分支,狂狷的个性美尤其为美学研究者所重视。在美学中,个性有生活个性和创作个性之分。所谓生活个性就是世俗生活中表现出来的习性,也就是心理学

---

① 朱智贤《心理学大词典》,北京师范大学出版社 1989 年版,第 225 页。

所讲的个性;而创作个性,也可称为审美个性,就是文艺创作者在创作活动中表现出来的个性。生活个性在创作实践中可转化为创作个性,但转化的程度因人而异。其中"有的作家在日常生活中就与直接功利目的保持一定的距离,这样他们的生活个性与创作个性基本一致"①。狂狷特立独行,不屑于低眉折腰,蝇营狗苟地追逐名利,他们"天真不为伪"②,敢于展示本真的自我,其个性能在作品中充分表现出来。

一个作家个性的形成既与其先天禀赋、家庭环境、社会环境和经历遭遇有关,也与他对精神遗产的选择接受有关。尽管狂狷文人在不同的人生阶段、不同的心境下亲近的对象有所不同,但总的来看他们更倾心于狂狷文人的作品,并在创作中接受他们的影响。如阮籍"倜傥放荡,行己寡欲,以庄周为规则"③,嵇康"长而好老庄之业"④,二人的作品受庄子的影响都很显著,而阮籍又显受屈原的影响;陶渊明深受庄子自然观的影响;龚自珍称李白"庄骚实二,不可以并,并之以为心,自白始"(《最录李白集》)⑤;韩愈发扬孟子的精神,觝排异端,扶持圣教。汪缙有云:"以行文之雄继孟子者,昌黎韩子一人而已。"(《汪子文录》卷二)⑥柳宗元的诗歌语言虽也受谢灵运的显著影响,但内在精神显然受屈原、陶渊明影响更深;大词人辛弃疾是苏轼豪放词风的继承者和发展者,苏轼受孟子、庄子、陶渊明、李白、韩愈诸人的影响特深,辛弃疾也是如此,并且受屈原的影响比苏轼更为显著,他和屈原都是伟大的爱国者,都当仁不让地以抵御外侮,振兴国家为己任,又都遭朝中宵小之徒排挤迫害,怀才不遇、壮志未酬,相似的际遇使辛弃疾很容易与屈原产生共鸣;徐渭和李贽等人反对封建礼教束缚、崇尚个性解放的精神也与庄子和嵇康、阮籍等一脉相承;黄宗羲猛烈批判封建君主专制,力倡以民为本,其思想源头是孟子的"民贵君轻"论;龚自珍自称"庄骚两灵鬼,盘踞肝肠深"(《自春徂秋,偶有所触,拉杂书之,漫不诠次,得十五首》之三),又《最录李白集》,对庄

---

① 童庆炳《文体与文体创造》,云南人民出版社1994年版,第167页。
② 《论语集解义疏》引江熙语说:"狂者知进而不知退,知取而不知与,狷者急狭,能有所不为,皆不中道也,然率其天真不为伪也。"见皇侃《论语集解义疏》卷七,知不足斋本。
③ 陈寿《三国志》,中华书局1982年版,第604页。
④ 陈寿《三国志》,中华书局1982年版,第605页。
⑤ 《龚定庵全集类编》,中国书店1991年版,第291页。
⑥ 吴文治《韩愈资料汇编》,中华书局1983年版,第1284页。

子、屈原和李白三人耽溺最深,所受影响也以三人为最大。

狂狷文人之间的纵向影响尤深且巨,这种影响往往是全方位的,包括思想、追求、趣味、品格、气质、生活态度以及作品的表达方式等各个方面。

几乎每一次僵化保守的思想和审美表现形态的突破、新风气的开启都与狂狷文人有至关重要的关系。如东汉末年、曹魏正始年间、盛唐年间、中唐元和年间、南宋中兴时期、晚明时期的思想和文艺形态的突破或转型,就与孔融、祢衡、嵇康、阮籍、李白、韩愈、辛弃疾、姜夔、徐渭、李贽等狂狷文人关系至大。

受传统观念的束缚,多数文学创作主体恪守儒家的"怨而不怒、哀而不伤",温柔敦厚的审美标准。而在一些特定的历史时期,如专制统治强化,政治环境黑暗恐怖的时期,或统治者不思变革进取,安于现状,苟且偷安,社会风气腐化堕落、颓靡不振的时期,文人为了生存,为了现实荣利,大多随波逐流,他们不是歌功颂德,粉饰太平,就是模山范水,吟风弄月,刻意回避社会矛盾,不敢表露真实的思想情感;在文艺形式上,人们也多惯于墨守成规,因袭旧套。诸如此类的文化惰性、精神惰性导致文学个性的缺失,文学发展的停滞不前。

对文人而言,要有重大突破需要的是才、胆、识、力。叶燮曰:"大凡人无才,则心思不出;无胆,则笔墨畏缩;无识,则不能取舍;无力,则不能自成一家。"(《原诗·内篇》下)① 而具备此四种素质的多为那些狂士。正是他们凭借其非凡的才、胆、识、力,以新颖奇特的文学形式,无顾忌地表达其不同流俗的思想感情,展示独特的个性,突破平庸陈旧的审美范式,推动文学的转型和发展。而狷者虽然不完全具备此四种精神特质,也没有强烈的创新精神,却仍以其极具个性的表现自然形成对平庸陈腐的审美范式的突破。

三

独特的个性展示在作品中,转化为独特的文学风格。尽管展示在一部分作品中,但这部分作品往往是最具代表性、标志性的。狂狷文人的

---

① 王夫之《清诗话》,上海古籍出版社 1999 年版,第 571 页。

文学风格虽然各有不同,但其共同性是很明显的。

清人唐文治指出"志大者乃能言大,此狂者之事也。鄙人又推演一说云:志清者乃能言清,此狷者之事也"(《国文大义》上)[①],这种对狂狷文学风格的区分虽然未免有点简单化,却相当准确。

进取型狂者大多有远大的理想抱负,尤其对自己的才能高度自信,这种情怀在作品中多有流露。如《孟子》中有:"夫天未欲平治天下也;如欲平治天下,当今之世,舍我其谁也?"(《公孙丑下》)"居天下之广居,立天下之正位,行天下之大道;得志与民由之,不得志独行其道;富贵不能淫,贫贱不能移,威武不能屈:此之谓大丈夫。"(《孟子·滕文公下》)屈原的《离骚》中有:"不抚壮而弃秽兮,何不改乎此度?乘骐骥以驰骋兮,来吾道夫先路!"李白自比"大鹏""良骥",曾这样夸扬自己:"怀经济之才,抗巢由之节。文可以变风俗,学可以究天人。"(《为宋中丞自荐表》)"君看我才能,何如鲁仲尼?"(《书怀赠南陵常赞府》)韩愈以儒家道统的传承人自居,又曾仿效孟子的口气自白道:"天不欲使兹人有知乎,则吾之命不可期;使兹人有知乎,非我其谁哉?其行道,其为书,必有在矣。"(《重答张籍书》)陈亮称自己是"人中之龙,文中之虎"(《自赞》),为学追求的是"推倒一世之智勇,开拓万古之心胸"(《甲辰答朱元晦书》)。辛弃疾有"昂昂千里,泛泛不作水中凫"(《水调歌头》),"道男儿,到死心如铁,看试手,补天裂"(《贺新郎·同父见和再用前韵》),"横空直把,曹吞刘攫"(《贺新郎·韩仲止判院山中见访席上用前韵》)等抒写怀抱的词句。龚自珍有"眼前二万里风雷,飞出胸中不费才。枉破期门佽飞胆,至今骇道遇仙回"(《己亥杂诗》四五)这样自夸的诗句。如此远大的抱负,直率的自夸自誉令人惊愕又令人振奋!

《庄子》中则多有另一种类型的"大言"。这种大言,是貌似荒唐无稽的"河汉大言"。如:"天地莫大于秋毫之末,而大山为小;莫寿于殇子,而彭祖为夭。天地与我并生,万物与我为一。"(《庄子·齐物论》)"将求名而能自要者而犹若是,而况官天地,府万物,直寓六骸,象耳目,一知之所知而心未尝死者乎!"(《庄子·德充符》)"之人也,之德也,将旁礴万物以为一,世蕲乎乱,孰弊弊焉以天下为事!之人也,物莫之伤:大浸稽天而不溺,大旱金石流,土山焦而不热。"(《庄子·逍遥游》)阮籍的作品中也

---

① 王水照主编《历代文话》,复旦大学出版社2007年版,第8203页。

有类似《庄子》一书的"大言",如《大人先生传》里那个大人先生:"以万里为一步,以千岁为一朝。行不赴而居不处,求乎大道而无所寓","以为中区之在天下,曾不若蝇蚊之着帷"。这种藐视人间,旷观宇宙,与天地合一的胸襟令人无限神往!

狂者作品的"大"更体现在"大词"和"庞大意象"的普遍运用上。大词诸如"天下""天地""万物""万里""千岁""万古"等比比皆是。庞大意象比如庄子散文中的"其背不知其几千里""其翼若垂天之云",又"水击三千里""抟扶摇而上者九万里"的"大鹏","不中绳墨""不中规矩""大而无用"的"大树"(樗),其实五石的"大瓠","百川灌河"之象等。李白诗歌中多有"长鲸""大鹏""长风"、直下三千尺的"飞流"、与天相连的"天姥山""白波九道""黄云万里"之类的庞大意象。韩愈、辛弃疾、陈亮、龚自珍等狂者的作品无不喜欢运用这类大词,毋庸赘举。

狂者的"大",源于他们内在的精神力量,是有力度的大,"大用外腓,真体内充",这种"大"是内在充实雄强的伟力自然外显出来的"大气磅礴"的气象。

"孟子之书,气力雄健,光芒万丈,崇山大海,孕育灵怪。"(《辛白论文》)[①]孟子散文气象磅礴壮阔,又兼有奔放驰骋之致。如钱基博所称"解散辞体,发为雄肆"[②]。庄子的散文也有类似的特点。方孝孺言其"宏博而放肆"(《张彦辉文集序》)[③],钱基博称其"解散辞体,出以疏纵"[④],更其自由随意。庄文此特点更为突出,阮籍诗文也有很突出的"夸泛"[⑤]"宏放"[⑥]的风格特色。其他狂者如李白、韩愈、辛弃疾等大家自不必说,祢衡、陈亮、龚自珍的作品也同样具有如此特点。有人曾这样评价龚自珍的散文:"其雄辞伟论,纵横而驰骤也,则似孟似庄。"[⑦]元人刘壎对陈亮的论辩文风格有这样的评价:"至其雄才壮志,横骛绝出,健论纵横,气盖一世,与文公往复辩论,每书则倾竭浩荡,河奔海聚。"(《隐居

[①] 王水照主编《历代文话》,复旦大学出版社 2007 年版,第 9690 页。
[②] 钱基博《中国文学史》,东方出版中心 2008 年版,第 31 页。
[③] 蔡景康编选《明代文论选》,人民文学出版社 1993 年版,第 61 页。
[④] 钱基博《中国文学史》,东方出版中心 2008 年版,第 31 页。
[⑤] 钱锺书《管锥编》,中华书局 1994 年版,第 1090 页。
[⑥] 方东树《昭昧詹言》,人民文学出版社 1961 年版,第 82 页。
[⑦] 龚自珍《龚定庵全集类编》,中国书店 1991 年版,第 4—5 页。

通义论陈龙川二则》)①其气势之壮盛奔放也极为突出。狂人祢衡的代表作也具有类似的特点,《鲁夫子碑》是一篇赞美大圣人孔子不世功德的文章,这类文章本来不易展露个性,但此文却似乎在对孔子的极力的夸扬中寄托了祢衡个人的远大抱负,行文如长风鼓浪,滚滚而来,奔腾澎湃,一泻千里,气势极其壮盛奔放。

狂者的文学风格宏伟开阔又狂放不羁,其狂放不羁主要表现为情感的高昂猛烈、行文节奏的迅猛多变、表达(包括批判)的直率大胆、形式的自由随意。他们喜用骈散相间、长短错落的文句,夸张、排比的修辞手法和不拘格律规范的文学形式。相对而言,偏于放浪的狂者的作品更是疏放不羁,其中以庄子散文、李白诗歌为最。徐渭的杂剧代表作《四声猿》也是"奔逸不羁,不骫于法,亦不局于法"(《远山堂剧品·妙品》)②,形式高度自由。而偏于进取的狂者如孟子、韩愈、辛弃疾、陈亮、龚自珍的作品疏放不羁的程度虽有所不及,却有一种前者缺乏的横蛮霸悍之气。

狷者作品的主要特点是"清",而"清"可从"冷""洁"和"逸"三个层面来把握。"冷"可表现为对冷静环境的偏好,或表现为对世情的冷淡和失望。"洁"表现为对洁净之环境和外物、洁净之身心的癖好和追求。除此二义,"清"尚含有超凡脱俗的意思。如胡应麟就说:"清者,超凡脱俗之谓。"(《诗薮》外编卷四)③这层含义以一个字来表示就是"逸"。三个层面难解难分,互为表里,构成"清"的完整内蕴。

庄子、屈原都有狷者的一面。屈原的"清"则主要表现为"洁",作品中的自我形象特征是狂躁执着的,也是高洁独立的,他常用的香草多为高洁品格的象征,《橘颂》里的"橘树"也是高洁独立品格的象征。当然屈原作品也有弃绝尘世(逸)之情绪的表露,但他胸中的热情一直没有消退,因此诗中很少流露出冷漠的心理,很少给人以凄冷的感受。庄子的"清"表现为"冷""洁"和"逸"三点。清人陆树芝称其作品"若夫呈瑞于冬春之交,而晶莹皎洁,不染点尘,别具寒香者,雪也,唯《庄子》似之"。陆树芝把庄文比作晶莹皎洁的"雪",并指出读《庄子》如赏雪,能使人"心之烦者亦释,神之浊者亦清"(《庄子雪序》),而其思想趣味超世绝俗,即

---

① 陈亮《陈亮集》,中华书局1987年版,第559页。
② 徐渭《四声猿》,上海古籍出版社1984年版,第213页。
③ 胡应麟《诗薮》,中华书局1958年版,第178页。

"逸"的特点尤其突出。

对陶渊明这个典型的狷者,陈祚明曾作出如此品评:"陶靖节诗如巫峡高秋,白云舒卷,木落水清,日寒山皎之中,长空曳练,萦郁纾回。"(《采菽堂古诗选》)[①]由这几个比喻中可以看出陶诗风格之洁、之逸、之冷。而逸即"悠然自得之趣"(魏了翁《费元甫注陶靖节诗序》)[②],尤为显著。

中唐两大文学家韩愈和柳宗元的个性就截然不同,昔人曾如此比较二人:"大概韩嗜进而柳安静,韩奔竞而柳恬退。"(《刘谧〈三教平心论〉卷下》)[③]韩愈是个狂者,而柳宗元近于狷者,其作品的风格也与其个性气质大致相符。单就柳宗元而言,其诗多用凄冷意味的词语,如"残月""枯桐""寒松""寒光""幽谷"等;在色彩选用上,也偏重于"青""翠""碧"等冷色调。这种取向不止一人指出过。"柳子厚诗如玄鹤夜鸣,声含霜气"(牟愿相《小澥草堂杂诗选》)[④],"柳子厚如高秋独眺,霁晚孤吹"(敖陶孙《臞庵诗话》)[⑤],"柳诗一清到骨,而安雅冲和之气不可得也"(王二梧《唐四家诗》)[⑥],这些品题指出了柳宗元诗歌之"清",即"冷"和"洁"的风格特点。姜夔词"幽韵冷香",词中多梅、荷、雪、月等意象,色调以素淡冷暗为主,多"青""苍""翠""碧""绿"等意思相同或相近的冷色调字面,不但给人以视觉上的"洁"的感受,也能给人以触觉和心理上的"凉"或"冷"的感受。

二人作品都表现出"冷"和"洁"的趣味,而他们尽管都没有达到真正的超越,但都追求心灵的超越。柳诗"迥拔流俗"[⑦],姜词如"野云孤飞,去留无意"(张炎《词源》)[⑧],作品都呈现出"逸"的特点。

可见狷性文人的文学风格都呈现出"清"的特点,其中多数是"冷""洁""逸"兼具又各有所偏。与"清"密切相关,内敛也是典型的狷性文人作品的一个突出的风格特点。

从不同的角度看,内敛表现为动感的微弱、气局的狭窄、情感的低沉

---

① 《陶渊明研究资料汇编》,中华书局1962年版,第180页。
② 《陶渊明研究资料汇编》,中华书局1962年版,第104页。
③ 吴文治《韩愈资料汇编》,中华书局1983年版,第660页。
④ 王国安《柳宗元诗笺释》,上海古籍出版社1993年版,第462页。
⑤ 王国安《柳宗元诗笺释》,上海古籍出版社1993年版,第450页。
⑥ 王国安《柳宗元诗笺释》,上海古籍出版社1993年版,第67页。
⑦ 魏庆之《诗人玉屑》卷一二,钦定四库全书本。
⑧ 唐圭璋主编《词话丛编》,中华书局1986年版,第259页。

怨抑、行文节奏的平缓、语言的平淡简洁、韵味的深沉隽永。陶渊明的诗文基本具备以上特点,只是格局并不狭窄,但也远不像李白、韩愈、辛弃疾等狂者那样波澜壮阔;情调虽然低沉怨抑,却比较平和,不像柳宗元、姜夔那样压抑、灰暗。这体现了陶渊明更为淡视得失荣辱、比较超脱的情怀,体现了他比较中庸的一面。而柳宗元却始终难以忘怀得失荣辱,从政治挫折所造成的精神抑郁中超拔出来。在贬居永州期间,他经常外出游览,试图排遣内心的抑郁,获得精神超脱,却一直难以获得真正的超脱。

他的游记散文"模写山水,以舒其抑郁"(黄震《黄氏日抄》)①,情调低沉。而其诗歌的抒情色彩当然更为浓烈,"子厚之贬,其忧悲憔悴之叹,发于诗者特为酸楚"(蔡启《蔡宽夫诗话》)。② 他诗中自然不无愤怒之情,但还是以怨抑之情为主,"柳州诗长于哀怨,得骚之余意"(沈德潜《唐诗别裁集》)③。与陶渊明比,自然就有所不同了:"柳子厚幽怨有得《骚》旨,而不甚似陶公,盖怡旷气少,沉至语少也。《南涧》一作,气清神敛,宜为坡公所激赏。"(施补华《岘佣说诗》)④这种不同当然与两人不同的身世遭遇有关,但更主要的还是个性气质。他的挚友和难友刘禹锡受到的政治打击丝毫不比他轻,遭遇和他同样不幸,却没有像他那样悲观抑郁,反而显得很乐观开朗,多有情调高昂之作。刘柳风格的这点不同很大程度是狂与狷两种不同人格的体现。

就气局而言,也是如此。柳宗元与同时期的另一个大文学家韩愈比,散文题材内容之广并不逊色,但体制短小,语言高度浓缩。他的游记和寓言都是凝练紧凑、短小精悍的作品。

诗歌题材狭窄,多为山水田园、自伤身世的作品,如清人许印芳称柳宗元的诗:"边幅太狭,不若韩之瑰玮。"(许印芳《诗法萃编》卷七)⑤题材内容如此,风格也是如此:"柳子厚小诗,幻眇清妍,与元刘并驱而争先,而长篇大句,便觉窘迫,不若韩之雍容。"(陈知柔《休斋诗话》)⑥其"长篇

---

① 吴文治主编《柳宗元资料汇编》,中华书局1964年版,第168页。
② 吴文治主编《柳宗元资料汇编》,中华书局1964年版,第58页。
③ 王国安《柳宗元诗笺释》,上海古籍出版社1993年版,第464页。
④ 吴文治主编《柳宗元资料汇编》,中华书局1964年版,第549页。
⑤ 吴文治主编《柳宗元资料汇编》,中华书局1964年版,第546页。
⑥ 吴文治主编《柳宗元资料汇编》,中华书局1964年版,第112页。

大句"之"窘迫"正是他的才性,即拘谨内敛的狷者气质的体现。

袁行霈主编的文学史教材对柳与刘的风格差异有这样简明扼要的概括:"与刘禹锡诗相比,柳宗元诗又别具风貌。简言之,刘诗昂扬,柳诗沉重;刘诗外扩,柳诗内敛;刘诗气雄,柳诗骨峭;刘诗风情朗丽,柳诗淡泊简古。"[①]其实柳诗这几个方面的特点都可归结为内敛。

姜夔词的情调与柳诗特别接近。他的词抒写漂泊江湖的凄凉感受和与恋人的别后相思之情,情调低沉哀怨。他的忧国伤时之作也是如此。缪钺先生云:"同为忧国哀时之作,稼轩词如钟鼓镗鞳之声,白石词如箫笛怨抑之音。"(《论姜夔词》)[②]辛弃疾的词如钟鼓之声,雄壮猛烈,姜夔的词则如箫笛之音,低沉怨抑。他往往将浓烈的怅惘失意情怀含蓄地表达出来,给人的不是猛烈的冲击,而是一种缓慢的渗透。姜词以恋情和咏物为主,题材较为狭窄,境界也不以壮阔见长,与辛弃疾恰恰相反。"稼轩纵横,故才大;白石局促,故才小"(周济《介存斋论词杂著》)[③],这一比较品题虽有扬辛抑姜的倾向,却准确地道出了两人词风的奔放和内敛之别。

可见从风格的角度看,柳宗元、姜夔非常接近,他们比陶渊明更为低沉内敛,尤其体现在情调和气局上,这种差异是狷者人格的两种不同倾向的体现。

狂与狷的文学风格是大与清、张扬与内敛之别,也有人认为是阳刚与阴柔之别。这种观点显然有点绝对化。有关阳刚阴柔之别清人姚鼐有这样一段经典论述:

"其得于阳与刚之美者,则其文如霆,如电,如长风之出谷,如崇山峻崖,如决大川,如奔骐骥;其光也,如杲日,如火,如金镠铁;其于人也,如冯高视远,如君而朝万众,如鼓万勇士而战之。其得于阴与柔之美者,则其文如升初日,如云,如霞,如烟,如幽林曲涧,如沦,如漾,如珠玉之辉,如鸿鹄之鸣而入寥廓;其于人也,漻乎其如叹,邈乎其如有思,暖乎其如喜,愀乎其如悲。"(姚鼐《复鲁絜非书》)[④]

---

① 袁行霈主编《中国文学史》第二卷,高等教育出版社1999年版,第327页。
② 缪钺、叶嘉莹《灵溪词说》,上海古籍出版社1987年版,第465页。
③ 贾文昭编《姜夔资料汇编》,中华书局2011年版,第317页。
④ 姚鼐《惜抱轩集》,中国书店1991年版,第71页。

这段精彩之至的论述验之以狂者的作品几乎可以说是若合符节的,而验之以狷者的作品则不尽贴合。狷者的作品并非一味阴柔,也有不少是柔中有刚的,有些狷者的作品甚至以"刚"为主体风格。

清人刘熙载如此比较韩、柳散文的风格:"昌黎之文如水,柳州之文如山。"①借"山"和"水"状写韩愈、柳宗元散文风格的动静放敛之别。韩文奔放壮阔,柳文则凝重峭拔。"柳文如峻峰绝壑,壁立千仞"(《文章杂论》下)②,柳宗元的诗歌也呈现出与散文相近的风格。高斯得称他的诗"孤峭严健"(《耻堂存稿》)③,给人的感受如蔡绦所云:"似入武库,但觉森严。"(《西清诗话》)清冷又峭拔、精严、刚健,颇有锋芒。周济如此比较辛、姜词的风格:"白石脱胎稼轩,变雄健为清刚,变驰骤为疏宕。"(周济《宋四家词选》)④明确指出姜词脱胎于辛词,呈现出不同性质的"刚"。

这种"刚"与狂者的"刚"迥然有别:狂者力大气雄,是阳刚,柳宗元、姜夔等狷者格高骨峻,是阴刚(或清刚)。

狂狷文人特立独行,不同流俗,多有好奇反俗的趣味,是奇特的存在,他们的作品也是奇特的存在。对他们的作品之"奇"也有人指出过,尽管未曾详谈。⑤ 笔者也不拟详谈,只是要对狂与狷作品之奇略作分辨。

狷者的作品多奇而不怪或"平中见奇"(如陶渊明),而狂者的作品也有奇而不怪者(如孟子),却更有呈现出"怪奇""怪诞"的特点者,较突出的有庄子、韩愈等,因为他们更敢于突破。由于狂狷文人不同流俗,又天真无伪,因此作品中多洋溢着奇情与奇趣。狂者奇肆,狷者奇峭;狂者之奇为雄奇,狷者之奇为清奇。不过由于很多文人兼具狂狷两种人格的个性特征,他们的作品也兼具狂狷两种不同特色的"奇"。如庄子和李白的作品既雄奇又清奇。狂狷作品之"奇"的形成一定程度是有意追求的结果,更是奇特个性的自然展露。

---

① 刘熙载《艺概》,中华书局1978年版,第25页。
② 王水照主编《历代文话》,复旦大学出版社2007年版,第1777页。
③ 吴文治编《柳宗元资料汇编》,中华书局1964年版,第157页。
④ 夏承焘《姜白石词编年笺校》,上海古籍出版社1981年版,第142页。
⑤ 周波《论狂狷美》,载《文学评论》2007年第2期。

四

　　文学批评者探讨作者的精神个性往往是为了解释文学风格形成的原因。但个性本身也具有审美价值，属于美学范畴。狂狷文人的精神个性和文学风格尤为突出，焕发出不同流俗的光彩，作为审美表现形态，其共性特征显著。而准确把握狂及狷这两种人格类型各具的特征是我们研究的出发点。接下来，一个个特立独行的狂狷文人将陆续进入我们的观照视野：孟子、庄子、屈原、孔融、祢衡、嵇康、阮籍、李白、韩愈、陈亮、姜夔、李贽、徐渭、黄宗羲、龚自珍，还有清末民国时期的刘师亮和李宗吾。这样的个案巡礼已有人做过，先后有张节末先生、魏崇新先生和刘梦溪先生。张节末先生的《狂与逸》简明扼要地勾勒出以孟子为代表的"狂"、以庄子为代表的"逸"和以屈原为代表的另一类狂者（此书称孟子为"刚性之狂"，称屈原为"柔性之狂"）的个性特点和在后世的演变。魏崇新先生的《狂狷人格》展示了从孟子、庄子到龚自珍这些狂狷文人的人格及其历史演进，指出大多数狂狷文人时狂时狷，狂狷兼具的人格特点。刘梦溪先生的《中国文化的狂者精神》"对狂者精神的发生流变及其在不同历史阶段的呈现作较为系统的梳理，以通过解析词语概念的价值范畴来透视中国文化的观念的思想史"①。

　　不过，这几部专著都没有对不同时代狂狷精神兴起的历史文化背景作出全面的描述，更很少谈到狂狷文人作品的审美表现形态或文学风格。本书的研究对象是一些精神个性、文学风格或作品审美表现形态特异的狂狷文人的代表人物。对其他著作提到但未作详论的孔融、祢衡合在同一章中加以论述，将其他著作忽略的韩愈、陈亮、黄宗羲、刘师亮、李宗吾和狷者的典型代表姜夔纳入研究范围，设专章详论，舍掉同类著作设专章论述过的唐寅、金圣叹和苏曼殊等，主要以作品的审美表现形态是否具有突出的特点为去取标准。本书以分论为主，也有少数合论，侧重点为"狂"，但对"狷"也给予相当程度的重视。

---

① 刘梦溪《中国文化的狂者精神》，三联书店2012年版，第2页。

第一章　战国狂士孟子、庄子

战国时期,王纲解纽、礼崩乐坏、天下大乱,诸侯国之间的人才争夺战空前激烈,士人受到特别的尊重,地位大有提高,又值私学盛行,社会环境高度开放自由。一些士人怀着对时代的强烈不满情绪,无所顾忌、畅所欲言地发表自己的思想和主张,展示出鲜明突出的精神个性。孟子和庄子是这个时代个性最为突出的两个士人,两种不同类型狂士的代表人物。两狂思想行为极具独立自由精神,作品风格极其独特,异彩纷呈。

一、礼崩乐坏与百家争鸣

汉人高诱在《战国策叙》里有这样一段评述:"周室自文武始兴,崇道德,隆礼义,设辟雍泮宫庠序之教,陈礼乐弦歌移风之化,叙人伦,正夫妇,天下莫不晓然论孝悌之义,惇笃之行。故仁义之道,满乎天下,卒致之刑错四十余年,远方慕义,莫不宾服,雅颂歌咏,以思其德,下及康昭之后,虽有衰德,其纲纪尚明,及春秋时,已四五百载矣。然其余业遗烈,流而未灭……及春秋之后,众贤辅国者既没,而礼义衰矣。孔子虽讲诗书,定礼乐,王道粲然分明,以匹夫无势,化之者七十二人而已,皆天下之俊也,时君莫尚之。是以王道虽用不兴。故曰:非威不立,非势不行。仲尼既没之后,田氏取齐,六卿分晋,道德大废,上下失序。至秦孝公,捐礼让而贵战争,弃仁义而用诈谲,苟以取强而已矣。夫篡盗之人,列为侯王,诈谲之国,兴立为强,是以转相仿效,后生师之,遂相吞灭,并大兼小,暴师经岁,流血满野,父子不相亲,兄弟不相安,夫妇离散,莫保其命,泯然道德绝矣。晚世益甚,万乘之国七,千乘之国五,敌侔争权,盖为战国,贪饕无耻,竞进无厌,国异政教,各自制断,上无天子,下无方伯,力功争强,胜者为右,兵革不休,诈伪并起。"①从高诱的这段描述中可知,从西周到东周社会秩序发生巨大的变化:西周的社会秩序比较理想,政治清平、社会风气良好,一片歌功颂德之声。这样的社会秩序到东周发生了根本性的变化。从平王东迁,到东周灭亡,这一时期史称东周,东周以三家分晋为界,又分为春秋和战国两个时期。从春秋后期开始,周朝王室逐渐丧失了对地方诸侯的控制力,诸侯并列、王室独尊的政治格局被打破,礼乐征伐由天子出的制度被废弃,渐次出现由诸侯而大夫,由大夫而家臣的演变,封建宗法秩序遭到严重破坏,诸侯国之间的兼并战争、诸侯国内部的权力斗争愈演愈烈,这种混乱的局面到战国时期发展到不可收拾的地步。在春秋时期,周天子对地方诸侯的控制力虽然大为削弱,但作为名义上的天下共主,大多数诸侯国仍然是尊重的,一般来说,诸侯国最大的野心是成为霸主,以"尊王攘夷"为名号令天下。而到了战国时期,"道德大废""上下失序",人欲横流,权谋谲诈大行其道,公理正义难以立足。周天子的共主地位仿佛已被人们所忘记,混战的群雄,其野心更在于取代周王,夺取天下。

一个国家要生存发展、要实现夺取天下的野心,优秀人才的占有往往起决定性的作用,于是随着混战的日趋激烈,人才争夺战也日趋激烈。各国统治者为争夺人才多能摆出礼贤下士的姿态。为人熟知的如燕昭王师事郭隗,致"乐毅自魏往,邹衍自齐往,剧辛自赵往,士争趋燕"(《史记·燕召公世家》)②;邹衍在各诸侯国受到隆重的礼遇:"适梁,惠王郊迎,执宾主之礼。适赵,平原君侧行撇席。如燕,昭王拥彗先驱,请列弟子之座而受业,筑碣石宫,身亲往师之。"(《史记·孟子荀卿列传》)③诸如此类的事例很多。从士人一方来说,诸侯国的激烈争夺和礼遇,给他们提供了更多的发展机会,使他们意识到自身的地位今非昔比。不过在这个人才竞争空前激烈的年代,各国统治者只能以才能为唯一的用人标准,无暇顾及甚而不在意人才的品德如何。这显然是那些投机钻营者最适宜的生存发展环境。这类人极少考虑黎民百姓的生计问题和行事手段正当与否的问题,一心为统治者效犬马之劳,献媚邀宠,以猎取荣华富

---

① 高诱《战国策》,上海书店1987年版,第1页。
② 司马迁《史记》,中华书局1982年版,第1558页。
③ 司马迁《史记》,中华书局1982年版,第2345页。

贵——这类人占大多数,可称之为投机型士人,根本谈不上有什么个性。而有个性的士人尽管是少数,却可以大致分成三类:第一类是忠君爱国型士人。他们较少计较个人得失,以富国强兵或保家卫国为职志,多不畏强暴,敢于抗颜直谏。第二类是胸怀天下型士人。他们对社会现实强烈不满,有远大的政治理想,也有自己的政治主张,试图拯时济世,改变现实,平治天下。第三类是避世型士人。他们愤世嫉俗,有自己的思想主张却由于对现实有清醒的认识,产生失望情绪而选择避世隐居,洁身自好。相对于忠君爱国型士人,后两类士人精神更为独立,个性更为突出。

尽管这个时代让他们落寞失意,让他们强烈不满,却也能让他们的个性得以自由伸展。这不仅由于这个时代士人身价空前高涨,也由于这个时代思想高度开放自由。周室的衰微最终导致官学下移,私学流行,教育体制发生了巨大的转变。从周初到春秋中期一直是官学(学在官府)时代。官学的主要特点是政教合一,学校由官府兴办,教育制度和内容完全由官府规定,体现的是官方的意识形态,士人的任用也由官府统一操办。此种封闭的教育体制培养出来的士人多是缺乏思想个性的服务工具。而到了春秋末年,这种局面被打破了,私学兴起,以礼乐制度为核心的单一的教学模式被突破,学者可以自由开办私塾,聚徒讲学,自由立说,阐扬自己的思想主张。到战国时期,更出现了学派林立、"百家争鸣"的局面。士人可以无所拘束地发表言论,批判现实,展露个性风采。而胸怀天下型的士人孟子和避世型士人庄子通过自由的文字表达将精神个性展露无遗,成了两种不同类型狂士的代表人物。

二、进取与放浪

孟子(约前372—前289年),战国时期儒家学派最杰出的代表人物,人称"亚圣"。他与其先师孔子一样对现实秩序强烈不满。他追慕其先师孔子,周游列国,试图推行自己的政治主张,改变现实,平治天下。但由于两人所处的时代不同,他们的思想主张和理想抱负也有所不同:孔子所处的时代是春秋末年"礼崩乐坏"之初,人们对恢复周礼还抱有一线希望,因此孔子极力主张尊周,恢复周礼,在游说诸侯国君时一再强调上下尊卑之礼。如齐景公向他问政,孔子的回答是:"君君臣臣,父父子子。"(《论语·颜渊第十二》)除上下尊卑之礼外什么都不说。他推崇齐桓公在管仲辅佐下建立的霸业,也正因为其霸业是以"尊王攘夷"为宗旨。孔子的宗旨是在恢复西周礼制的前提下进而使"天下归仁"。而孟子生活在战国中期,战乱持续已久,诸侯大国的君主纷纷称王,周朝王室名存实亡,再提恢复周礼无异于痴人说梦。因此孟子虽然崇仰孔子,却不再尊周,在游说诸侯(如齐宣王和魏惠王等)之时总是劝说他们实行仁政进而王天下,认为"尊王攘夷"的春秋霸主齐桓、晋文的功业卑下不足道,管仲则更是不在话下。孟子敢于挑战传统的等级秩序,他的仁政思想的精华是民贵君轻论,他公然宣称:"民为贵,社稷次之,君为轻。"(《孟子·尽心下》)君王、社稷与万民相比,分量无足轻重。孟子不把臣下看成是君主的驯服工具。国君如果犯下严重错误,屡谏不从,臣下可以将他撤换掉:"君有大过,反复之而不听,则易位。"(《孟子·告子下》)孟子又说:"君之视臣如手足,则臣视君如腹心;君之视臣如犬马,则臣视君如国人;君之视臣如土芥,则臣视君如寇仇。"(《孟子·离娄下》)认为君和臣的关系应该是平等的。当有人说武王伐纣是"以臣弑君"时,孟子反驳道:"贼仁者谓之贼,贼义者谓之残,残贼之人谓之一夫。闻诛一夫纣矣,未闻弑君也。"(《孟子·梁惠王下》)意思是说纣是独夫民贼,不配为君,除掉他是理所当然的。孟子的这些言论均可谓金石之论,闪耀着民主思想的光辉,具有明显的开放性、进步性。

孟子极力向诸侯国君主宣扬他的仁政思想,而宣扬仁政必须反对谋利。当时各国统治者普遍利欲熏心,贪酷不仁。游说之士多以利诱导君王,如王觉所云:"当战国之时,强者务并吞,弱者患不能守。天下方争于战胜攻取,驰说之士,因得以其说取合于君,其要旨皆主于利言之。"(《王觉题战国策》)[①]孔子反对言利,曾说:"君子喻于义,小人喻于利。"(《论语·里仁》)孟子也反对言利,态度激烈得多。如《孟子·梁惠王上》载有孟子与梁惠王的一段对话,开头是这样的:"孟子见梁惠王。王曰:'叟不远千里而来,亦将有以利吾国乎?'"孟子对曰:"王何必曰利,亦有仁义而已矣。"针对梁惠王的发问,孟子直言不讳地予以批驳,指出"上下交征利"会导致国家的危亡,辞情十分激切。但是对于孟子提出的主张,

---

① 高诱《战国策》第3册,上海书店1987年版,第101页。

诸侯国君普遍认为迂阔,不合时宜,不予采纳。孟子本是极为自负的士人,他曾对弟子说过这样的话:"夫天未欲平治天下也,如欲平治天下,当今之世,舍我其谁也?"(《孟子·公孙丑下》),认为自己的治世之才天下莫及,其中明显流露出怀才不遇的怨愤。

儒家特别重视修身养气,认为治国平天下要从修身养气开始。不同的修养外化为不同的人格气质,孟子的人格追求与孔子有明显的差异。孔子的修养结构以"仁"和"礼"为核心,外化为不激不随、浑然儒雅(中庸)的人格气质,素来被推崇为儒家的理想人格典范。而孟子"颇不重视礼乐本有的外在的社会强制性的规范功能"①(《荀易庸记要》),他的修养以"义"为核心,他自云:"我善养吾浩然之气""其为气也,至大至刚,以直养而无害,则塞于天地之间。其为气也,配义与道;无是,馁也。"(《孟子·公孙丑上》)这种修养外化为壁立千仞、刚正浩然的人格气质,本来就不够中庸,而又裹挟着对社会现实的不满情绪和怀才不遇的郁闷情绪,展示出来异常偏激。

从对势的态度最能见出孟子的人格修养与孔子之不同。孔子固然不趋炎附势,但对有权势的人,是尊重的,十分讲究礼数。《论语·乡党》形容他与人交接的态度曰:"孔子于乡党,恂恂如也,似不能言者;其在宗庙、朝廷,便便言,惟谨尔。"孔子在乡里,在宗庙、朝廷的态度微有不同,却都含锋不露,谦逊恭谨。孟子则毫不掩饰他对权贵的蔑视,他借子思之语表达自己对平等的追求:"以位,则子,君也;我,臣也;何敢与君友也?以德,则子事我者也,奚可以与我友?"(《孟子·万章下》)认为自己的社会地位虽不及君王,但道德修养却迥非君王能及。他倡言:"说大人则藐之,勿视其巍巍然。"(《孟子·尽心下》)以藐视的态度游说"大人"(王公贵族)。他在诸侯面前总是无所顾忌地高谈阔论,态度相当狂傲,有时甚至把君王(齐宣王)弄得窘迫不堪,"顾左右而言他"(《孟子·梁惠王下》)。从中可见孟子的浩然正气,以道抗势的勇气。而孟子"辟异端"的态度更为偏激。在孟子看来,要重整社会秩序,既要在诸侯国推行仁政,又必须统一思想,独尊孔子之道,因此他将其他学派视为异端邪说,极力抵排。他大骂杨朱、墨翟二派:"杨氏为我,是无君也;墨翟兼爱,是无父也。无君无父,是禽兽也。"(《孟子·滕文公下》)齐国人陈仲子(农

---

① 李泽厚《中国古代思想史论》,安徽文艺出版社1994年版,第110页。

家学派的人物），认为兄长陈戴食禄万钟，不劳而获为不义，离开了兄长和母亲，迁到别处居住，世人都认为他廉洁，孟子却把他比作蚯蚓加以抨击。此类抨击之辞十分尖刻偏激，盛气凌人，有失平正公允。

孟子以天下为己任，积极进取，力图改变现实，实现仁政理想；他不囿成见，敢于提出与先贤对立的见解，特立独行；他以道自负，抗礼王侯，刚勇激进，英气逼人。其气质至大至刚，至为雄豪，有时不免过于偏激。特殊的时代环境、个人际遇和有意的追求将孟子塑造成一个狂士。

庄子（约前369—前286年）是战国时期另一大学派——道家学派最杰出的代表人物，在道家学派的地位相当于孟子在儒家学派的地位。庄子师承老子，但其思想个性却与老子显然不同。老子开创了道家学派，创造了以"道"为本体的哲学体系。"道"是混沌真朴的本体，人类无知无欲、和谐自然的原始状态就是"道"之精神的体现。这种状态破坏了，才产生了诸如"仁义""智慧""孝慈""忠臣"等概念，老子说："大道废，有仁义；智慧出，有大伪；六亲不和，有孝慈；国家昏乱，有忠臣。"（《老子》十九章）在老子看来，智慧的进步和伦理道德观念的产生不仅无助于恢复社会的稳定，反而会使社会状况更趋恶化，因此老子不但主张"去利"，更倡言"绝圣去智""绝仁去义"，与儒家针锋相对。

就统治者而言，只有放弃事功的追求，清静无为，才能消除灾祸、平息动乱。"道常无为而无不为，侯王若能守之，万物将自化。""道"的基本精神是无为而无不为的，无为的目的在于有为，侯王若能坚持以"道"的基本精神"行无为之事"，万物就会自然顺化。而他心目中的理想社会——小国寡民社会正是无为而治的典范："小国寡民，使有什伯之器而不用，使民重死而不远徙。虽有舟舆，无所乘之；虽有甲兵，无所陈之。使人复结绳而用之。甘其食，美其服，安其居，乐其俗。邻国相望，鸡犬之声相闻，民至老死不相往来。"

在这样的社会里，人类在长期的实践中所发明的生活器具，车船和甲兵都废弃不用，连文字也不要，人们倒退至结绳记事的原始时代。生活在这里的人民没有争斗，没有灾祸，虽然贫穷，却能快适满足，安居乐俗；邻国之间绝不往来，相安无事。这一理想的社会图景正反衬了老子对现实社会的强烈不满情绪。

庄子师承老子，但由于他所处的时代比老子更为混乱，他对现实的不满和失望的情绪比老子更为强烈。在《人间世》和《在宥》里他分别借楚狂接舆和老聃之口揭示当时险恶的社会现实:"方今之时,仅免刑焉。""今世殊死者相枕也,桁杨者相推也,刑戮者相望也。"他和老子一样将文明的发展视为天下大乱的原因,主张废弃一切文明成果:"绝圣弃智,大盗乃止;擿玉毁珠,小盗不起;焚符破玺,而民朴鄙;剖斗折衡,而民不争;殚残天下之圣法,而民始可以论议。擢乱六律,铄绝竽瑟,塞师旷之耳,而天下始人含其聪矣;灭文章,散五采,胶离朱之目,而天下始人含其明矣;毁绝钩绳而弃规矩,攦工倕之指,而天下始人含其巧矣;削曾史之行,钳扬墨之口,攘弃仁义,而天下之德始玄同矣。"(《庄子·胠箧》)在这里,庄子对文明的否定情绪比老子更为偏激怪诞。他同样主张行无为之政,将他心目中的理想社会称为"至德之世":

"予独不知至德之世乎?……当是时也,民结绳而用之,甘其食,美其服,乐其俗,安其居,邻国相望,鸡狗之音相闻,民至老死不相往来。若此之时,则至治已。"(《庄子·胠箧》)

这种"至德之世"的图景与老子的小国寡民社会完全相同,不过庄子又曾描画出另外一幅"至德之世"的图景:

"至德之世,其行填填,其视颠颠。当是时也,山无蹊隧,泽无舟梁,万物群生,连属其乡;禽兽成群,草木遂长。是故禽兽可系羁而游,乌鹊之巢可攀援而窥。夫至德之世,同与禽兽居,族与万物并,恶知乎君子小人哉!同乎无知,其德不离;同乎无欲,是谓素朴,素朴而民性得矣。"(《庄子·马蹄》)

庄子明确指出"至德之世"的人民没有等级之分,他们无知无欲,与鸟兽同群,过着更为原始的、像动物一样的生活,完全处于无政府的状态,其中透露出他对现实社会更为强烈的不满甚至绝望的情绪。

社会动乱的愈演愈烈,人性的日趋堕落,使庄子清醒地认识到,此世界已经无可救药。而在这个唯利是图的社会里,正直的士人是不可能有所作为的。庄子认同老子"无为而无不为"的政治主张,却较少谈论这个问题。他所追求的是无为本身,探讨的主要是个体的存在问题。李泽厚先生指出:"老子是积极问世的政治哲学,庄子是要求超脱的形而上学。"[①]此一区分大致是中肯的。庄子鄙弃一切世俗的价值观,追求无

---

① 李泽厚《中国古代思想史论》,安徽文艺出版社1994年版,第177页。

为。这种无为是"安时而处顺"(《庄子·养生主》)的处世态度,又是超世绝俗,物我两忘,逍遥自在的审美境界(《庄子·逍遥游》)。生活境况如此困窘,"处穷闾陋巷,困窘织屦,槁项黄馘",他却坚决拒绝出仕。他极度蔑视权位富贵,如在《庄子·列御寇·曹商使秦》中他把出使秦国,得到秦王赏赐,回到宋国后得意扬扬地向他炫耀的曹商说成是一个给秦王"舐痔"的小人。在《庄子·秋水·鸱得腐鼠》中,他自比"非梧桐不止,非练实不食,非醴泉不饮"的"鹓雏",把贪恋相位,害怕庄子取而代之的惠子比作得到"腐鼠"后担心"鹓雏"夺取的"鸱"。老子虽也曾把传统的仁、义、礼、智等观念说成是天下大乱的根源,却未曾指名道姓地咒骂"贤圣帝王",情感远不像庄子这样激切。庄子猛烈抨击儒、墨等其他学派的学说,甚至"任他贤圣帝王,矢口便骂",什么尧、舜、禹、汤、文、武、周公、孔子等历史上的杰出人物几乎都被他骂遍。与孟子相比,庄子词锋之锐利、态度之狂傲有过之而无不及,而其行为之狂放怪诞也足以惊世骇俗。如他的妻子死了,他竟然"箕踞鼓盆而歌",此种行为不但体现了他"齐万物,一死生"的哲学观,更表明他对世俗礼法的蔑视。

　　从庄子的言行中我们可以看出,他既不像孔子那样谦恭有礼,也不像他的先师老子那样退让守弱。他偏激狂傲,近于孟子;而超世绝俗,又迥异于孟子。他以清高自许,以精神境界的高超自负,否定现实,蔑弃礼法,粪土王侯,消极避世,"天子不得臣,诸侯不得友"(《庄子·让王》),其气质狂放而高洁超逸,堪称亦狂亦狷。

　　孟子和庄子是中国狂士的两大基型。他们同样对现实强烈不满,愤世嫉俗,蔑视权贵,个性偏激狂傲,具有不同程度的叛逆性。但二人的个性差异也十分明显:孟子入世践实,以治世的才能自负,他虽能时而冲决世间礼法规范的束缚,却又不能无视它。他曾说过这样的话:"离娄之明,公输子之巧,不以规矩,不能成方圆;师旷之聪,不以六律,不能正五音。"(《孟子·离娄上》)可见他对规范是认可的。他个性狂放雄豪却并非全无拘束。而庄子凌虚蹈空,以超世的境界自负,他主张废弃一切人类的文明成果,自然也包括音律规矩之类的东西:"擢乱六律……毁绝钩绳而弃规矩……"(《庄子·胠箧》)他否定规范,追求绝对自由的境界。他个性狂放超逸,几乎全无拘束。孟子和庄子的个性差异很大程度是南北不同的地理环境和文化传统造成的。刘师培先生说:"大抵北方之地,土厚水深,民生其间,多尚实际;南方之地,水势浩洋,民生其间,多尚虚无。"(《南北文学不同论》)①孟子是邹国人(今山东邹县东南),是纯粹的北方人;庄子是宋国蒙邑(今河南商丘东北)人,生活的地域处于中原文化区的南缘,靠近楚国,颇受以好幻想、喜神游为特征的楚文化的影响。不同的地理环境,往往会孕育出不同的文化传统。长期生活在不同的地理环境和文化氛围中的人们自然会养成不同的性格气质。孟子入世践实,雄豪而不放浪,是典型的北方人的性格气质;而庄子凌虚蹈空,全无拘束,其性格气质近于楚人。孟子和庄子以他们绝妙的文笔将其独特的精神个性淋漓尽致地展示出来,形成颇为不同的文学风格。

三、雄豪纯正与壮浪神奇

孟子要推行自己的政治主张,寻求政治出路,必须与各国诸侯直接对话。在各国诸侯面前,他毫不拘束地驰骋辩才,形成了极其鲜明突出的论辩风格。

《孟子·梁惠王下》里有这样一段对话:

> 孟子谓齐宣王曰:"王之臣有托其妻子于其友而之楚游者,比其反也,则冻馁其妻子,则如之何?"
> 王曰:"弃之。"
> 曰:"士师不能治士,则如之何?"
> 王曰:"已之。"
> 曰:"四境之内不治,则如之何?"
> 王顾左右而言他。

在这段对话里,孟子向齐宣王连发三问,由远及近,层层推进,穷追猛打,齐宣王漫然而应,不自觉地陷入窘境,狼狈不堪,不得不以"顾左右而言他"的方式回避。

《孟子·梁惠王·寡人之于国也》一章,孟子针对梁惠王提出的自己尽心国事,却"民不加多"的疑问展开论辩。孟子对曰:"王好战,请以战

---

① 刘师培《刘师培学术论著》,浙江人民出版社1998年版,第162页。

喻。填然鼓之,兵刃既接,弃甲曳兵而走。或百步而后止,或五十步而后止。以五十步笑百步,则何如?"

曰:"不可,直不百步耳,是亦走也。"

曰:"王如知此,则无望民之多于邻国也。不违农时,谷不可胜食也;数罟不入洿池,鱼鳖不可胜食也;斧斤以时入山林,材木不可胜用也。谷与鱼鳖不可胜食,材木不可胜用,是使民养生丧死无憾也。养生丧死无憾,王道之始也。五亩之宅,树之以桑,五十者可以衣帛矣。鸡豚狗彘之畜,无失其时,七十者可以食肉矣。百亩之田,勿夺其时,数口之家可以无饥矣。谨庠序之教,申之以孝悌之义,颁白者不负戴于道路矣。七十者衣帛食肉,黎民不饥不寒,然而不王者,未之有也。狗彘食人食而不知检,涂有饿莩而不知发;人死,则曰:'非我也,岁也。'是何异于刺人而杀之?曰:'非我也,兵也。'王无岁罪,斯天下之民至焉。"

在这一段对话里,孟子先巧设一喻,引诱对手不知不觉地落入自己暗布的"陷阱",然后给予致命一击,如回马一枪。接着是一通滔滔滚滚的政论,指明使"天下之民至"即"民加多"的途径。这段政论分三层,从正反两个方面提出自己的政治主张。前二段是正面论述,如何从"王道之始"到"王",即王天下,两层之间形成递进关系,第一层连用五个"不可",第二层连用三个"可",排比陈说,造成通畅壮盛的气势。然后是以"狗彘食人食而不知检"开端的一段反面论述,文脉陡转,如清人汪有光在《标孟》中所评:"正说得和风朗月,忽着'狗彘食人食'一折,天愁地惨,雷霆相加,真奇观也。"①最后一句点明题旨,而全文"气势驰骤,纪律谨严"。

孟子坚定地站在儒家学派的立场上,视其他学派为异端邪说,为了捍卫儒家学派的正统地位,他经常与其他学派进行激烈的辩论。其中与陈相的一席辩论特别精彩。

陈相是宋国人,听说滕国实行仁政,来到滕国,在滕国他见到来自楚国的农家学派代表人物许行,非常高兴,遂背弃儒家学派,改换门庭,师从许行。孟子当时正在滕国辅佐滕君实行仁政,陈相来见孟子,他以许行"贤者与民并耕而食,饔飧而治"的思想主张为武器,指责滕国的统治者不与民并耕而食,是损害百姓而奉养自己。针对陈相的挑战,孟子连

---

① 《续修四库全书》第57册,上海古籍出版社2003年版,第607页。

续提出八个问题,知道许行虽然自耕而食,他穿的衣服、戴的帽子、耕作用的工具、烧火煮饭用的炊具都是用谷物换取的。他又问陈相:为什么不件件都亲自去制造,却要交换呢?对这一逼问,陈相的回答是"百工之事,固不可耕且为也",不自觉地陷入自相矛盾的境地。孟子毫不容情地以一句力重千钧的反诘:"然则治天下,独可耕且为与?"令对手无辞可辩。接着,孟子提出了自己的观点:"有大人之事,有小人之事",社会分工是有其必然性的。又举尧、舜、禹、后稷等古代圣王为例,说明他们终日操劳国事,根本不可能同时与百姓并耕,极其雄辩有力地论证了自己的观点,驳倒了对方的谬论。到这里,一通辩辞本可以煞尾,孟子却笔锋一转,又发起对陈相本人的猛烈抨击,以子贡、曾子等对老师孔子一往情深的追念和一如既往的尊崇作反衬,抨击他的背师行为,指出他背弃陈良转投许行门下是"下乔木而入于幽谷"。孟子的辩辞有理有据,义正词严,无懈可击。陈相难以抵挡,于是转移话题,以许行货物同量同价的主张为许行和自己辩护,认为若实行许行的主张会使"国中无伪"。孟子认为商品质量不同,价值自然不同,许行的主张只能导致混乱,使人们"相率而为伪"。

王介山云:"此是一段大落墨文字,汪洋浩瀚,卓厉雄奇,真是前无古后无今。"(周人麟《孟子读法附记》)①而其行文则曲折多变。其前两段如王介山所评:"此两段文字跌宕生动,矫变离奇,忽如山峰开嶂,忽如江涛促波,忽如游龙戏海,忽如骏马兜缰。"以下文字("当尧之时"以下文字)则是"极大铺排,长江巨河,一泻千里"。

孟子的文章,多为对话和语录,但也有相当一部分专论,文势也极其雄奇多变,如:

"孟子曰:舜发于畎亩之中,傅说举于版筑之间,胶鬲举于鱼盐之中,管夷吾举于士,孙叔敖举于海,百里奚举于市。故天将降大任于斯人也,必先苦其心志,劳其筋骨,饿其体肤,空乏其身,行拂乱其所为,所以动心忍性,曾益其所不能。人恒过,然后能改;困于心,衡于虑,而后作;征于色,发于声,而后喻。入则无法家拂士,出则无敌国外患者,国恒亡,然后知生于忧患而死于安乐也。"

此文开头连续列举六个由贫贱到显贵的先贤,借以阐述"生于忧患"

---

① 《四库未收书辑刊》肆辑7,北京出版社2000年版,第67页。

对一人乃至一国都具有激发其生存意志，促使其发奋图强的作用。文章多由排比句构成，从三字句、四字句到六字、八字，句式灵活多变而不失严整。周人麟的《孟子读法附记》分节评说这段文字曰："首二节笔力排奡，三节以后，突接劲转，磊落不羁。"①行文一泻千里，又灵活多变，孟子的专论性文章大多类此。

孟子以狂放之气运辞，有时不免会出现逻辑不够严密，甚至偷换概念、强词夺理的现象。但从总体上看，他的行文风格雄奇多变，又逻辑谨严。

与孟子一样，庄子也很善于辩论。不同的是，孟子刻意追求辩对技巧，称自己是："诐辞知其所蔽，淫辞知其所陷，邪辞知其所离，遁辞知其所穷。"（《孟子·公孙丑上》）他熟练地掌握各种论辩技巧，如圈套术、诱逼术、回避术、转换术、求同术、擒纵术、追问术、反诘术、包抄术、变通术等。而庄子反对论辩，他从不主动挑起论辩，与人发生争论多是为了阐明自己的观点学说。他的辩辞不循常规，随心所欲。我们从他与惠子之间发生的一段辩论中可见一斑：

庄、惠二人一同来到濠上。看到鱼儿在水里从容自在地游动，庄子的心灵进入物我合一的境界，说："儵鱼出游从容，是鱼之乐也？"庄子说出的是他的审美直觉，毫无证据和理由可言。惠子是名学家，特长理性分析，当然不会赞同庄子的说法，立即反问庄子："子非鱼，安知鱼之乐？"谁知庄子没有正面回答这个问题，而是以反问对反问："子非我，安知我不知鱼之乐？"对于庄子的反问，惠子表现得十分机敏，他顺势一引道："我非子，固不知子矣；子固非鱼也，子之不知鱼之乐，全矣。"惠子的论断可以说是无懈可击。若是一般的辩手，必然会陷入无辞可辩的窘境。庄子却从容地"就原语反折"，有意化否定为肯定，将惠子开头提出的反问说成是已知庄子知道"鱼乐"后的反问："请循其本。子曰'汝安知鱼乐'云者，既已知吾知之而问我，吾知之濠上也。"有意曲解原意，偷换概念，这就是诡辩，违反逻辑推理的基本规律。从这段辩对中，可见庄子是以一种游戏的态度对待论辩的，透露出他内心对法度规范的蔑视。

庄子创造性地发明了一种独特的表达法，即卮言（"无心之言"即随心所欲的言辞）、重言（假托的先哲时贤的言论）和寓言（借彼喻此，借物

---

① 《四库未收书辑刊》肆辑 7，北京出版社 2000 年版，第 164 页。

喻人)"三言"相结合的表达法阐述他的学说。他发明如此独特的表达法,其理由照《庄子·天下》中的话说是:"以天下为沉浊,不可与庄语,以卮言为曼衍,以重言为真,以寓言为广。"庄子认为世人愚迷,庄重严肃的话语他们接受不了,因此自出机杼,以卮言随意展衍,把重言当真话来说,用寓言推广他的学说。据《寓言》篇中说,《庄子》一书是"寓言十九,重言十七,卮言日出,和以天倪"。可见《庄子》一书运用的基本上是"三言"相结合的表达法。

"三言"结合是一种非常自由随意的表达法,庄子以这种表达法阐扬学说,自然形成了一种倏忽变化、自由随意的章法结构。《庄子》三十三篇的章法结构多具如此特点。其中内篇第一篇《逍遥游》就是一个突出的范例。《逍遥游》的主旨是说一个人当抛弃一切世俗的价值取向,追求没有任何束缚、任何凭借的无为无用,绝对自由的精神境界。本篇采用总分式结构,总论部分先从反面论说,后点出只有"无所待"的境界才是真正的逍遥游,而达到此一境界的是"无己"的"至人""无功"的"神人"和"无名"的"圣人";以下分论部分分别说明何谓"圣人""神人"和"至人"。结尾以辩对的形式,点醒逍遥题意,照应篇首,其意是说只有摆脱世俗功利观念的束缚,精神才能达到逍遥游的境界。本章开头推出的是巨鱼鲲化为巨鸟鹏,它"水击三千里,抟扶摇而上者九万里",乘着六月的海风飞向"南冥"。破空而来,声势极其壮盛,如"烟波万状,几莫测其端倪"(刘凤苞《南华雪心编·逍遥游》总论)[①]。然后连用二喻衬托,指出大鹏的一往无前,不可阻挡,是由于有强劲的风为凭借。接着,作者的视线由天空转向地面,画面上是穿行于榆枋间的蜩与学鸠,它们以不能高飞,没有远图自鸣得意,讥笑大鹏的高飞远图,它们与大鹏大小悬殊,所以不可能了解大鹏,随之又类举短命的朝菌、蟪蛄与长寿的冥灵、大椿、彭祖对比申说此理,指出大鹏与蜩、学鸠等微物之间不过是"大小之辨也",以此收束上文。下文转说人事,"犹然"嗤笑世间名利之徒,淡漠世俗毁誉的宋荣子和能"御风而行"、不汲汲追求福祉的列子宛然如见,而他们虽超人一等,还是没有达到逍遥游的境界。以上从逍遥游的反面层层翻跌,层层铺垫,水到渠成地推出逍遥游的境界:"至人无己,神人无功,圣人无名。"分论部分首先是"尧让天下于许由"发生的一段辩对。尧连用两个

---

① 严灵峰《庄子集成初编》第 24 册,台北艺文书馆 1972 年版。

比喻说明要将天下让与许由的理由,而许由用了三个比喻加以回绝。以此来申说"圣人无名"。第二部分"肩吾问于连叔",虚构一个理想化的藐姑射神人,他不食人间烟火,行动时乘云驾龙,遨游四海;精神凝聚,使万物不受灾害,谷物丰登,而他却不肯经营世间俗事。作者以此来寄托对"神人无功"之境界的企慕。第三部分连用两则小寓言("宋人资章甫适越"和"尧往见四子"),从正反两个方面来申说"至人无己"。最后一部分是庄子和惠子之间的辩对,庄子借助"大瓠"和"大樗"二喻,辅之以两则寓言("不龟手之药"和"狸狌")点明逍遥题意,收笔突兀而奇妙,余味无穷。而其"倏忽变化"的行文特点也极为突出。多种手法交互错综,尤其是形象频繁转换,"横空而来,倏忽而去",令人目不暇接,而词断意接,词接意变,达到了随心所欲的境界。清人林云铭评《逍遥游》曰:"篇中忽而叙事,忽而引证,忽而譬喻,忽而议论,以为断而非断,以为续而非续,以为复而非复,只见云气空濛,往返纸上,顷刻之间,顿成异观。"(《庄子·逍遥游》篇末总评)①《庄子》的其他各篇也大多具有如此特点,如清人刘凤苞评《骈拇》曰:"其行文节节相生,层层变换,如万顷怒涛,忽起忽落,极汪洋恣肆之奇。尤妙在喻意层出叠见,映发无穷,使人目光霍霍,莫测其用意用笔之神。"(《南华雪心编·骈拇》总论)②这种大开大阖、无首无尾、变化倏忽、汪洋恣肆就是庄文的风格特点。晋人司马彪认为卮言"谓支离无首尾之言也"(《老子·庄子》)③,笔者认为此说与成玄英的阐释("无心之言")虽有不同,却有明显的因果关系。"无心之言"就是在随心所欲的状态下作的文章,如此作文自然会形成支离无首尾的章法结构,不过《庄子》的绝大多数篇章并非杂乱无章,"支离无首尾"是其表层形态,如"绕中引线,草里蛇眠",其逻辑线索浑然无迹,若隐若现。

　　孟子、庄子的文章都呈现出气盛语极而又变化倏忽的特点。而孟子的文章说理以逻辑推理为主,有明显的逻辑线索,却又不拘泥于逻辑规律;庄子的文章说理不以逻辑推理为主,而以"三言"结合的形式为主,没有明显的逻辑线索。二人文章的章法结构特点于上论中大致可以看出。我们知道先秦诸子多善于借助比喻、寓言来阐发抽象的哲理,其中个性

---

① 严灵峰《庄子集成初编》第18册,台北艺文印书馆1972年版。
② 严灵峰《庄子集成初编》第24册,台北艺文印书馆1972年版。
③ 王弼、郭象《老子·庄子》,上海古籍出版社1995年版,第304页。

特点最为突出的是《孟子》和《庄子》。

《孟子》一书中运用的比喻、寓言绝大多数取材于人们习见的事物和普普通通的社会生活现实。如《孟子》中的"五十步笑百步""攘鸡"是寓言性的比喻。前者出自《梁惠王》上篇。梁惠王说自己比邻国君主更爱护百姓,却没有更多的百姓归附他,对此他表示不理解。孟子以两军交战为喻,说两军刚一交战,一方士兵弃甲抛戈,临阵逃脱,"或百步而后止,或五十步而后止,以五十步笑百步,则何如"。意思是说梁惠王与他国统治者一样虐待百姓,只是程度稍轻而已,因此孟子劝他不要奢望百姓多于邻国。后者出自《滕文公》下篇。宋国大夫戴盈之要免除关税,却说要暂且减轻,等到明年彻底实行。孟子虚构一个小故事,说一个人每天到邻居家偷鸡一只,有人告诉他这不是君子的行为。他却表示要减少到每月偷一只,待来年再完全停止。说完这个小故事,孟子立即点出题旨:"如知其非义斯速已矣,何待来年!"劝谏戴盈之立即停征关税。"齐人有一妻一妾"是一则完整的寓言故事:

"齐人有一妻一妾而处室者,其良人出,则必餍酒肉而后反。其妻问所与饮食者,则尽富贵也。其妻告其妾曰:良人出,则必餍酒肉而后反,问其与饮食者,尽富贵也,而未尝有显者来,吾将瞷良人之所之也。蚤起,施从良人之所之,遍国中无与立谈者。卒之东郭墦间,之祭者乞其余;不足,又顾而之他,此其为餍足之道也。其妻归,告其妾曰:良人者,所仰望而终身也,今若此!与其妾讪其良人,而相泣于中庭。而良人未之知也,施施从外来,骄其妻妾。由君子观之,则人之所以求富贵利达者,其妻妾不羞也,而不相泣者,几希矣。"(《孟子·离娄下》)

齐国有一个人经常去乞讨祭祀剩余之物果腹,却在他的妻妾面前神气活现地吹嘘与自己一同进餐的都是富贵显达之人。妻和妾发现了他的丑行,又伤心又羞愧地在一起哭泣。孟子借此揭穿那些追名逐利之徒的底牌:他们暗地里为人行事卑污丑恶,在人们面前却毫不羞耻地自吹自擂,冒充风光体面。

"揠苗助长"是借以阐明养气之道的小寓言:

"宋人有悯其苗之不长而揠之者,芒芒然归,谓其人曰:'今日病矣!予助苗长矣。'其子趋而往视之,苗则槁矣。"(《孟子·公孙丑上》)

学生公孙丑问孟子有什么长处,孟子说自己有两长,其中之一是善于培养自己的浩然之气。孟子指出浩然之气"至大至刚""是集义所生",培养浩然之气不能急于求成。接着他讲了一个"揠苗助长"的小故事形象地说明急于求成的有害无益。

以上列举的几则寓言题材涉及军事、政事、农事和家庭生活琐事多个方面,都与现实人生密切相关,生动有趣,又平实剀切,没有丝毫虚幻诡异的色彩。

《庄子》一书中精彩的比喻、寓言更是层见叠出,其取材范围极广,形象异常丰富,达三百多种,人物、动物、植物和无生物无所不包。《孟子》一书的形象基本上是世间实有的,《庄子》一书中有相当一部分形象不是世间实有的。如《逍遥游》中的大鹏,其背"不知其几千里""其翼若垂天之云",藐姑射神人"肌肤若冰雪,绰约若处子,不食五谷,乘云气,驭飞龙,而游于四海之外。其神凝,使物不疵疠而年谷熟";《人间世》里的支离疏"颐隐于脐,肩高于顶,会撮指天,五管在上,两髀为胁",栎树"其大蔽数千牛,絜之百围,其高临山,十仞而后有枝"。这些形象或出于神话传说,或出于凭空杜撰。此外赤张满稽、天根、无名人、倏、忽、混沌、蛮、触、大瓠、北海若、河伯等形象也都是子虚乌有。至于闉跂支离无脤、瓮㼜大瘿等异常丑怪的形象,也许是世间实有的,但从来没有人把类似的形象写入书中。这些形象具有浓厚的神奇怪诞的色彩,而他们的故事也往往令人惊奇万分。如《应帝王》中说南海之帝倏和北海之帝忽为了答谢中央之帝混沌的热情款待,为他开凿七窍,到第七天混沌死了。《则阳》中说蜗牛左右两角上有蛮、触两个国家,"争地而战,伏尸数万,旬有五日而后反"。《外物》中说任公子垂钓,以五十头牛做饵,蹲在会稽山上,"投竿东海",一年后巨鱼食饵,"牵巨钩,陷没而下,骛扬而奋鬐,白波若山,海水震荡,声侔鬼神,惮赫千里。任公子得若鱼,离而腊之,自制河以东,苍梧以北,莫不餍若鱼者"。这些寓言故事之荒唐无稽,真如"河汉无极"。庄子喜欢以极度夸张的手法描绘形象,讲述故事,如上文提到的鲲鹏和支离疏形象,"蛮触争战""任公子钓鱼"故事都是其中的显例。《庄子》中出现的平凡的人物也多被赋予不凡的技能。如庖丁解牛、轮扁斫轮、梓庆削鐻、匠石运斤、吕梁丈夫游水等形象都有明显的夸张成分。而那些动物如学鸠、斥鷃、鲋鱼、井蛙,植物如大瓠,无生物如骷髅,甚至无形的风都能开口说话,高谈阔论——这是拟人化的手法。夸张和拟人手法的大量运用大大增添了庄文神奇怪诞的色彩。清人刘熙载以"意出尘外,怪生笔端"①(《艺概·文概》)品题庄文,是极为精当的。

此外,庄子还有一点不同于孟子,那就是他的人格更为复杂,他不但是个狂者,更是一个狷者,可谓亦狂亦狷,其狷者的特点也很明显。"狂者言大,狷者言清",其作品自然呈现出"清"的风格,具体表现为"冷""洁"和"逸"三点。清人陆树芝称其作品"若夫呈瑞于冬春之交,而晶莹皎洁,不染点尘,别具寒香者,雪也,唯《庄子》似之"②。陆树芝把庄文比作晶莹皎洁的"雪",并指出读《庄子》如赏雪,能使人"心之烦者亦释,神之浊者亦清"(《庄子雪序》),而其思想趣味超世绝俗,即"逸"的特点尤其突出。

通过以上比较,我们可以得出如下论断:孟子的文风雄奇纯正,气豪势猛;庄子的文风恣肆怪诞,冷峻超逸。孟文体现的是"从心所欲不逾矩"的精神境界,庄文体现的是蔑弃规矩礼法,超世绝尘,与道合一的精神境界(逍遥游)。

钱基博先生指出:"儒者之文,至《孟子》而极跌宕顿挫之妙。道家之文,至《庄子》而尽荡逸飞扬之致。盖庄子之学,出于老子,而解散辞体,出以疏纵;犹孟子之学,出于孔子,而解散辞体,发为雄肆:其揆一也。辞气激宕,消息世运,文章之变,盖至此极。孔老之文,雍容浑穆,如天闲良骥,鱼鱼雅雅,自中节度。而孟庄则神锋四出,如千金骏足,飞腾飘瞥,蓦涧跃波,虽皆极天下之选,而以德为力,则略有间矣。"③孟子和庄子以个性极其鲜明突出的散文创作,突破了周朝礼乐文化氛围中形成的和谐温雅的审美风尚,取得了令后人难以企及的辉煌成就。

---

① 刘熙载《艺概》,上海古籍出版社1978年版,第8页。
② 陆树芝《庄子雪》,华东师范大学出版社2011年版,第4页。
③ 钱基博《中国文学史》,中华书局1993年版,第26页。

第二章　楚狂屈原

汉人班固云:"今若屈原,露才扬己,竞乎危国群小之间,以离谗贼。然责数怀王,怨恶椒兰,愁神苦思,强非其人,忿怼不容,沉江而死,亦贬絜狂狷景行之士。"(《离骚序》)[1]北魏刘献之亦云:"观屈原《离骚》之作,自是狂人,死其宜矣,何足惜也!"[2]二人所论明显含有贬义,不过他们断言屈原为"狂狷"或"狂人"却无疑是正确的。屈原是一个在楚国特殊的社会文化生态和战国特殊的时代背景下产生的个性极其突出的狂狷文人,其个性主要体现在政治抒情诗中,形成了极其独特的审美表现形态。

一、巫术氛围与民族歧视

楚人僻居南土,远离中原,风俗文化长期处于原始的状态。李泽厚、刘纲纪的《中国美学史》中有云:"氏族社会风习的大量存在,使得楚国及其文化不像北方那样受着宗法制等级划分的严重束缚,原始的自发产生的自由精神表现得更强烈,对于周围世界更多地采取直观、想象的方式加以把握,而不是进行理智的思考。这一点,特别集中表现在楚国巫风的盛行上。"[3]"信巫鬼,重淫祀"是楚国风俗文化最突出的特点。《楚辞章句·九歌序》云:"昔楚国南郢之邑,沅湘之间,其俗信鬼而好祠。其祠必作歌乐舞以乐诸神。"[4]"祠"就是祭祀,是一种以歌乐舞结合的形式娱神的群体性活动。祭祀活动在中原是受礼制约束的,而在楚地却任其泛滥流行,以致被称为"淫祀",《礼记·曲礼下》有云:"非其所祭而祭之,名

---

[1] 郭绍虞《中国历代文论选》,上海古籍出版社1979年版,第89页。
[2] 李延寿《北史》卷三十一,中华书局1974年版。
[3] 李泽厚、刘纲纪《中国美学史》第一卷,中国社会科学出版社1984年版,第367页。
[4] 朱熹《楚辞集注》,上海古籍出版社2001年版,第31页。

曰淫祀。"①可见"淫祀"是不合礼制的祭祀活动。在主持祀典的巫觋率领下,楚民的精神进入幻境,与神灵对话,情感虔诚激烈,如痴如醉。这种活动也经常在私下进行,史载楚灵王:"躬执羽绂,起舞坛前。吴人来攻,其国人告急,而灵王鼓舞自若,顾应之曰:'寡人方祭上帝,乐神明,当蒙福佑焉,不敢赴救。'"(桓谭《新论・言体篇》)②巫术活动如此令人沉迷执着,可见其深入人心。楚人不受礼法约束的民族性格在这种具有浓厚的宗教迷狂色彩的原始文化风俗的长期陶染下,呈现出迥异于中原各国的情感浓烈、痴迷狂放的特征。

而在两周,楚人长期遭受民族歧视。楚国开国于商末周初,开国者名鬻熊。因为鬻熊与周朝王室毫无渊源,楚国不为周天子所承认,被蔑称为"荆蛮",直到其曾孙第四代君主熊绎,楚国壮大起来,才因故地受封于周成王,爵位为子。这个爵位很低,与其他诸侯国地位不能等同,在诸侯会盟时承担的是卑贱的职责,据晋大夫叔向说:"昔成王盟诸侯于岐阳,楚为荆蛮,置茅蕝,设望表,与鲜卑守燎,故不与盟。"(《国语・晋语八》)③楚国君主没有资格参与会盟,做的只是提供缩酒的苞茅和看守照明的燎火这样的杂务。即使有大功于周天子,也不得赏赐。楚灵王和左尹子革的一段对话流露出他们对先祖待遇的不平。楚灵王说:"昔我先王熊绎与吕伋、公孙牟、燮父、禽父并事康王,四国皆有分,我独无有。今吾使人于周,求鼎以为分,王其与我乎?"(左尹子革)对曰:"与君王哉。昔我先王熊绎,辟在荆山,筚路蓝缕,以处草莽。跋涉山林,以事天子。唯是桃弧、棘矢,以共御王事。齐,王舅也;晋及鲁卫,王母弟也。楚是以无分,而彼皆有。今周与四国服事君王,将惟命是从,岂其爱鼎?"(《左传・昭公十二年》)④楚灵王要向周天子"求鼎",担心周天子拒绝,即回忆起先祖熊绎有功不得赏赐的往事,从君臣二人的言谈中透露出楚人对这件事是耿耿于怀的。屈辱的地位、不公平的待遇在楚人的心中激起强烈的反抗情绪。为了摆脱对周王室的臣服地位,从熊绎开始楚国就不断发动战争,侵吞其周围的诸侯国,扩充势力,终于成为令周朝和中原各国

---

① 陈澔《礼记集说》,中国书店1994年版,第37页。
② 严可均《全上古三代秦汉三国六朝文》,中华书局1958年版,第540页。
③ 《国语・战国策》,岳麓书社1988年版,第133页。
④ 杜预《春秋经传集解》,上海古籍出版社1988年版,第1356—1357页。

畏惧的大国。熊渠在位时,楚国已相当强大,在分封诸侯时他声称:"我蛮夷也,不与中国之号谥。"①公开否认周王朝的封号,封三子为王,与周王朝分庭抗礼。不平与反抗情绪的长期郁积使楚人成为一个具有叛逆精神的民族,民族性格的情绪化色彩大大强化了。

民族歧视在楚人心中激起强烈的文化抵触情绪。楚人长时期拒绝接受先进的中原理性文化,即使后来为了国家生存的需要,不得不有所接受,中原文化的精神也不可能像在中原各国那样深入人心。楚人很难自觉地在中原文化精神的领受中节制情绪,寻求心理平衡,只能一任情绪流荡不返。他们遇事往往表现出偏激狂躁的态度。据《左传》所载,楚庄王命申舟出使齐国,要路经宋国,庄王又不准申舟请求借路,申舟曾在孟诸战役中得罪过宋国,宋人怀恨,又不满楚国无礼,杀了申舟。"楚子闻之,投袂而起,屦及于窒皇,剑及于寝门之外,车及于蒲胥之市。秋九月,楚子围宋。"②不穿鞋子、不佩剑、不坐车子就冲了出去,并毫不犹豫地发兵围宋,行为实在偏激狂躁得令人吃惊。至于楚怀王则更是偏激狂躁到愚痴可笑的程度,他身为"纵约长",本该模范地恪守盟约,而出人意料的是在张仪许诺割让"商於之地六百里"的利诱下,他毅然决然地毁弃了与齐国的盟约,并派使者到齐王殿上大骂一通;当知道被张仪欺骗后,他怒不可遏,立即发兵攻秦,遭到失败仍不罢休,又发倾国之兵与秦国决战,终于导致"蓝田之役"的惨败。楚人的民族性格,从他们对待战争挫折的态度上,也颇可见出。如楚文王五十年(公元前 675 年),楚文王因在津(今江陵县南)打了败仗,回国后管城门的大阍竟拒绝楚文王入城,而屈瑕(屈原的祖先)、子玉、子西、蒍越等将领都因战败而自杀。

司马迁曾对楚地风俗作过实地考察,得出这样的结论:"夫自淮北沛、陈、汝南、南郡,此西楚也。其俗剽轻,易发怒。"(《史记·货殖列传》)③"剽轻""易发怒"很接近于偏激狂躁,可见楚人的这种情绪化的性格直到西汉也没有多少改变。在楚地这个特殊的文化土壤中,孕育出来的狂士明显较中原为多。不过一般士人要放言无忌,充分展露个性锋芒,只有在士人地位大大提高、思想言论较为自由的时期才有可能。

---

① 司马迁《史记》,中华书局 1982 年版,第 1692 页。
② 杜预《春秋经传集解》,上海古籍出版社 1988 年版,第 612 页。
③ 司马迁《史记》,中华书局 1982 年版,第 3267 页。

屈原(前340—前278年)可以说是楚国最著名的狂狷文人,他是诗人,又是哲人、渊博的学者,不可能未接受过中原理性文化的影响,不过楚民族世代相传的集体无意识仍主宰着他的心理结构,其特点是情感炽烈、偏执狂躁,带有怪异不经的叛逆色彩。他生活于士人地位大大提高、思想言论高度自由的战国中后期,又有出众的禀赋才具和特殊的人生际遇,其狂者个性以一种颇为复杂的形态淋漓尽致地展露出来。

二、执着怨愤

战国中后期,由于政治腐败,统治者墨守成规,不思进取,楚国的国力日渐削弱,在日益强大的秦国的凌逼下,面临着亡国的危机。屈原与楚国王室同宗,又是楚国的大夫,其内心充满了强烈的忧患意识和急切的革新热情。在左徒任职期间,他一人肩负起国家内政和外交的重任,辛勤操劳,一心要实现"美政"理想,振兴宗国,深得楚怀王的信任和倚重。然而他的改革措施触犯了贵族的利益,他的出众表现又遭到朝中宵小之徒的妒忌。在他们的中伤诋毁下,昏聩的怀王"信谗而齌怒",疏远了他。此后,怀王又屡次拒绝屈原的忠直劝谏,在与强秦的斗争中遭致惨败,丧师辱国;到顷襄王执政期间,宵小弄权,政治更为腐败,宗国社稷处于风雨飘摇中,屈原忧心如焚,渴望为国尽忠,却再遭毁谤,被放逐到湘沅一带。

屈原"信而见疑,忠而被谤",理想破灭,壮志难伸,又见宗国社稷惨遭荼毒,他的心中涌起极其强烈的怨愤情绪。"荃不察余之中情兮,反信谗而齌怒。余固知謇謇之为患兮,忍而不能舍也。指九天以为正兮,夫唯灵修之故也!初既与余成言兮,后悔遁而有他。余既不难夫离别兮,伤灵修之数化。"(《离骚》)他抱怨怀王听信谗言,反复无常,不了解他的忠诚。在《离骚》的另一节,其言辞更为激烈:"怨灵修之浩荡兮,终不察夫民心;众女嫉余之蛾眉兮,谣诼谓余以善淫。固时俗之工巧兮,偭规矩而改错。背绳墨以追曲兮,竞周容以为度。"他骂怀王(灵修)糊涂,骂宵小(众女)嫉妒,抨击时人媚俗取巧。他痛切地指责执政者贤愚不分,黑白颠倒:"凤凰在兮,鸡鹜翔舞。同糅玉石兮,一概以相量"(《怀沙》),"苏粪壤以充帏兮,谓申椒之不芳"。(《离骚》)他自比"凤凰""(美)玉""申椒",把朝中宵小比作"鸡鹜""(顽)石""粪壤"。在《怀沙》的另一节他更毫不掩饰地夸耀自己,咒骂政敌:"怀瑾握瑜兮,穷不知其所示。邑犬群吠兮,吠所怪也。非俊疑杰兮,固庸态也。"称自己是俊杰,有卓荦不凡的才德,骂谗毁他的宵小之徒是"邑犬"。屈原诉说冤屈、抱怨君王、痛骂宵小、揭露宫廷黑暗污浊,情绪之激愤,异乎寻常,而激愤抑郁愁苦情绪的持续困扰常使他进入失魂落魄、迷乱恍惚的精神状态,即如《卜居》所说的"心烦虑乱,不知所从"的状态。《史记》如此描写他:"屈原至于江滨,被发行吟泽畔,颜色憔悴,形容枯槁。"①形象近乎疯狂,正是这种心态的外在表现。

春秋战国时期,群雄并起,诸侯国之间的战争愈演愈烈,每一个国家都面临着存亡绝续的大问题。为了生存和发展,诸侯国之间掀起了空前激烈的人才争夺战,士人的地位也随之大大提高,当时楚才晋用的现象更为普遍。对屈原来说,楚国不用,他完全可以到其他国家去发展。即便他不愿离开自己的祖国,他还可以选择退隐自全,不问世事。儒家圣人孔子说:"天下有道则见,无道则隐。"(《论语·泰伯》)②亚圣孟子说:"达则兼善天下,穷则独善其身。"(《孟子·尽心上》)③二圣这种通达的处世态度在当时颇有代表性。而屈原既不肯离开祖国,又不肯选择退隐,更不愿与他蔑视的宵小之徒同流合污。他执着地坚持清白正直的人格节操:"亦余心之所善兮,虽九死而犹未悔"(《离骚》),"虽体解吾犹未变兮,岂余心之可惩"(《离骚》),"吾不能变心而从俗兮,故将愁苦而终穷"(《涉江》)。他执着地寻求理想:"路漫漫其修远兮,吾将上下而求索。"(《离骚》)又执着地眷怀君国:"羌灵魂之欲归兮,何须臾而忘反"(《哀郢》),"惟郢路之辽远兮,魂一夕而九逝"(《抽思》)。他的执着让他最终选择了自沉汨罗。

对于屈原的执着,其他人不必说,就连他的亲友们也多因不理解而疏远了他,有的出于好意劝解他、责备他,如他在《离骚》里提到的女媭。而屈原却认为世人之所以不理解自己是因为他们愚昧污浊,与自己的差距太大,连同朝中宵小之徒一并予以蔑视:"謇吾法乎前修兮,非世俗之

---

① 司马迁《史记》,中华书局1982年版,第2486页。
② 朱熹《四书章句集注》,上海古籍出版社2001年版,第122页。
③ 朱熹《四书章句集注》,上海古籍出版社2001年版,第416页。

所服。虽不周乎今之人兮,愿依彭咸之遗则"(《离骚》),"世溷浊而莫余知兮,吾方高驰而不顾"(《涉江》)。他认为自己效法前贤,追求之高远迥非世俗中人所能企及。对"浑浊"的世人,他表示根本不屑一顾,态度多么高傲!他认为自己被放逐的原因是"举世皆浊我独清,众人皆醉我独醒"(《渔父》),更是泾渭分明、直截了当地把自己与全体楚人对立起来,态度之偏激狂傲令人惊愕。在这个世界上,没有一个知音,没有一丝慰藉,屈原内心产生了强烈的孤独感,这孤独感不但激化他对世人的蔑视,更使他本有的孤芳自赏的心理发展成一种病态的自恋情结。在屈原的作品中,自赞自誉、自我陶醉的言辞之多,古今罕有。不仅如此,屈原还由于个人失意,产生了怀疑一切的心理,此种心理在《天问》中表现得特别突出。此诗就宇宙、自然、历史、现实政治、伦理道德诸问题连续提出一百七十余问。如鲁迅先生所云:"怀疑自遂古之初,直至百物之琐末,放言无惮,为前人所不敢言。"(鲁迅《摩罗诗力说》)[1]其问多荒诞不经,表现出强烈的叛逆精神。

屈原的人格,若以儒家的修养论来衡量,显然是"过于中庸"的,因此遭到后人的非议,如:

"及见贾生吊之,又怪屈原以彼其材,游诸侯,何国不容,而自令若是……"(《史记·屈贾列传》)[2]

"余观渔父告屈原之语曰:'圣人不凝滞于物,而能与世推移。'又云:'众人皆浊,何不淈其泥而扬其波;众人皆醉,何不哺其糟而啜其醨。'此与孔子和而不同之言何异?使屈原能听其说,安时处顺,置得丧于度外,安知不在圣贤之域!而仕不得志,狷急褊躁,甘葬江鱼之腹,知命者肯如是乎?"(葛立方《韵语阳秋》卷八)[3]

贾谊和葛立方都责怪屈原偏激执着,所论虽不无道理,却难称公允,倒是南宋大儒朱熹对屈原的理解堪称同情之理解,他说:

"窃常论之:原之为人,其志行虽或过于中庸而不可以为法,然皆出于忠君爱国之诚心。"(朱熹《楚辞集注·序》)[4]

---

[1] 鲁迅《鲁迅全集》第一卷,人民文学出版社1973年版,第62页。
[2] 司马迁《史记》,中华书局1982年版,第2503页。
[3] 何文焕《历代诗话》,中华书局1981年版,第550页。
[4] 朱熹《楚辞集注》,上海古籍出版社2001年版,第2页。

屈原以才能和人格自负，疾恶如仇，忠贞不屈，清高孤傲，特立独行，用情缠绵执着而不能自遣。毫无疑问，他是一个狂狷文人，是与孟子、庄子同时而个性差异明显的又一大狂人，我们可将他称为"孤忠怨抑型"狂狷文人，或"骚怨型"狂狷文人。

三、反复错杂、惝恍多变又孤沉深往

屈原的作品一般认为有二十五篇，清人奚禄诒说："大夫抒情启志，不得已而为二十五篇。"（《楚辞详解·自序》）[①] 此言未免有些夸大，不过屈原的作品主要抒写的是不能自已的情感，是确定无疑的。他的精神个性主要体现在《离骚》《九章》这些政治抒情诗中，这些政治抒情诗的抒情色彩之浓烈是空前的。《离骚》《九章》表达对美政理想的追求，对高洁人格的坚守，对君国的思念，特别执着缠绵；表现对个人才能品格的自赏自负，特别孤傲；抒写怀才不遇，世无知音之感，特别抑郁；宣泄对君王的怨艾，对宵小的憎恨，揭露朝政的昏暗，特别激愤。

如此复杂激烈的情感，难以自遣，只有以自由随意的长篇抒情诗的形式才能完全宣泄出来，此正所谓长歌当哭。屈原以鸿篇巨制抒写政治情怀，展示了极为突出的创作个性。

屈原政治抒情诗的特点首先表现在章法的大起大落，复杂多变上。《涉江》按其情感律动可划分为三个部分。从开头到"与日月兮同光"为第一部分，是作者的自赞，情怀高傲；第二部分从"哀南夷之莫吾知兮"到"固将重昏而终身"，转为自哀自怜，自我安慰，情绪抑郁；尾声（乱）是抨击之辞，情绪激愤。《哀郢》从整体上看，情绪缠绵抑郁，而从"外承欢之绰约兮"到"美超远而逾迈"，揭露朝政昏暗，情绪转为激愤。屈原的政治抒情诗行文如潺湲的河水，忽而荡起汹涌的怒涛；有时又如悬河泻水，一落千丈。而《离骚》的情感律动更其多变，哀怨缠绵伴随着高傲激愤，回旋激荡，行文章法也更其多变。清人朱冀评论道："盖楚辞中最难读者莫如《离骚》一篇。大夫一生忠孝，全副精神，俱萃于此。章法大则开阖亦大。中间起伏呼应，一离一合，忽纵忽擒，如海若汪洋，鱼龙出没，变态万

---

① 杨金鼎《楚辞评论资料选》，湖北人民出版社1984年版，第182页。

状,令人入其中而茫无津涯。"(《离骚辩》)①清人吴世尚也评论《离骚》道:"其词忽朝忽暮,倏东倏西,如断如续,无头无踪,惝恍迷离,不可方物。此正白日梦境,尘世仙乡,片晷千年,尺宅万里,实情虚景,意外心中,无限忧悲,一时都尽,而遂成天地奇观、古今绝调矣。"(《楚辞疏》)②《离骚》的这种行文风格也可从《天问》中见出。《天问》是一首字数仅次于《离骚》的哲理诗。不过《天问》的创作动机主要并不在于探求真理,而在于"泄愤懑,舒写愁思",抒写政治情怀。蒋骥云:"其意念所结,每于国运兴废、贤才去留、谗臣女戎之构祸,感激徘徊,太息而不能自己。"③在追问历史现象时,多表现出他的现实政治态度,其中渗透着强烈的情感,并且此诗最后归结到对楚国现实政治的追问,因此我们把它作为一首政治抒情诗亦无不可。清人陈本礼评此诗曰:"前以突起,后以突住,而中间浩浩瀚瀚,如波涛夜涌,忽起忽落,又如云龙变化,倏隐倏现。后儒徒惊怖其言,莫能寻其肯綮之所在,乃致囫囵吞枣,误读者多矣。"(《屈辞精义·天问》)④屈原政治抒情诗尤其是《离骚》和《天问》的章法起落断续无迹,复杂多变,狂放不羁,其奇异令人惊叹。

屈原的政治抒情诗还存在着明显的语意重复错杂的现象。清人李光地曰:"《离骚》言之复乱,孰过于兹,徒归之心神烦闷,语无伦次,则原之志荒矣。"(《离骚经注》)⑤清人钱澄之曰:"以屈子之忧思悲愤,诘屈莫伸,发而为言,不自知其文也。重复颠倒,错乱无次,而必欲以后世文章开合承接之法求之,岂可与论屈子哉!吾尝谓其文如寡妇夜哭,前后述说,不过此语。而一诉再诉,盖不再诉,不足以尽其痛也,必谓后之所诉,异于前诉,为之循其次序,别其条理者,谬矣。"(《屈诂》)⑥重复错杂是屈原心中那千头万绪一往而深的情思,不加理性节制,反复倾泻所必然产生的现象。但不同的观点也是有的,如清人林云铭认为《离骚》:"自首至尾,千头万绪,看来只是一条线直贯到底,并无重复。"(《楚辞灯·离

---

① 杨金鼎《楚辞评论资料选》,湖北人民出版社1984年版,第309页。
② 杨金鼎《楚辞评论资料选》,湖北人民出版社1984年版,第315页。
③ 蒋骥《山带阁注楚辞》卷上,中华书局1958年版。
④ 杨金鼎《楚辞评论资料选》,湖北人民出版社1984年版,第432页。
⑤ 杨金鼎《楚辞评论资料选》,湖北人民出版社1984年版,第305页。
⑥ 杨金鼎《楚辞评论资料选》,湖北人民出版社1984年版,第129页。

骚》）①笔者认为《离骚》行文确有不少语意重复错杂之处,如他一再表白自己人格忠贞高洁,好修为常,一再谴责世人浑浊愚昧,不理解自己。如此看来,钱、李二人之论是确凿无疑的。但《离骚》中确实没有完全重复的语句,每一部分所表达的情意都有所侧重,有所不同。如此看来,林云铭的看法,也并非全无道理。局部重复错杂,回环往复,整体构造严密。《离骚》成为中国诗史上最伟大的抒情诗,其中的一个原因也正在于此。林纾指出:"屈原之为《骚》及《九章》,盖伤南夷之不吾知,于是朝廷为不知人,于己为无罪,理直气壮,传以奇笔壮彩,遂为天地间不可漫灭之至文。重言之,不见其沓;昌言之,莫病其狂。"(《韩柳文研究法》)②林纾认为《离骚》和《九章》都有"重言"现象,事实上也确如林纾所论。这种现象在《惜诵》中也比较明显,诗人反复申述自己对君王的"忠",含义相近的诗句很多:"竭忠诚而事君兮""吾谊先君而后身兮""专惟君而无他兮""疾亲君而无他兮""思君其莫我忠兮""事君而不贰兮",这些语意相近的诗句一再重复出现更使人难以理清头绪。

屈原的政治抒情诗头绪难理,却并非杂乱无章,其中的原因还在于这些诗作都有统摄全篇的"意"。清人蒋骥如此评说《离骚》的下半篇,他说:"《离骚》下半篇,俱自往观四荒句生出,只是一意,却翻出无限烟波。然至行车已驾,而卒归为彭咸,则皆如海市蜃楼,自起自灭耳。盖愿依彭咸之遗则,本旨已了然。必于空中千回百转,至明言好修之必有合,傅说吕望之功,可以袖手致之,而卒归死于楚。所以证行道之心,终不胜其忠君之心,而为彭咸之志,确不可移也。"(《山带阁注楚辞·余论》)③蒋骥的话道出了《离骚》的抒情结构特点:盘旋往复,千回百转,篇终却归结为志节不移的表白。《九章》各篇所抒发的情感各有侧重,如《惜诵》反复表白自己的忠君赤诚,抒写忠而被黜的怨愤,并在去留问题上经过激烈的思想斗争,最后表示自己决不变节易操;《涉江》写自己志趣高远,超世绝俗,却不被世人所知,他孤独倔强地渡过湘沅,向幽僻的山林行进,在自我安慰的同时表示即使终身处此穷困之地,也要正道直行,绝不向腐朽势力妥协;《哀郢》写诗人对乡国郢都无可排遣的眷念之情;《怀沙》写楚

---

① 杨金鼎《楚辞评论资料选》,湖北人民出版社1984年版,第300页。
② 杨金鼎《楚辞评论资料选》,湖北人民出版社1984年版,第221页。
③ 蒋骥《山带阁注楚辞》卷上,中华书局1958年版。

国君昏臣佞,黑白颠倒,诗人进取已毫无希望,不愿继续苟活在此浊世,于是决定玉沉清流。这些诗篇都展示出诗人经过痛苦的挣扎后坚定人生信念的心路历程;而诗人的自我形象,仿佛一个独行者,偶尔在人生的岔路口上彷徨一会儿,然后固执地走向远方的目的地。陈继儒以"孤沉而深往"形容《离骚》的风格,笔者认为也可用之形容屈原政治抒情诗的行文结构。

屈原的抒情诗运用的比喻手法也甚为独特。王逸如此评说《离骚》的比喻手法:"《离骚》之文,依《诗》取兴,引类譬喻,故善鸟香草,以配忠贞;恶禽臭物,以比谗佞;灵修美人,以媲于君;宓妃佚女,以配贤臣;虬龙鸾凤,以托君子;飘风云霓,以为小人。"①这种独特的比喻手法当然不限于《离骚》。如在《怀沙》中他以凤凰自比,以鸡鹜比得志的宵小,又以"邑犬群吠"比宵小对自己的谗毁。在《悲回风》中,他将"荼荠"和"兰茝"并举,以比庸才进用,贤士被弃。屈原经常以并举法赋予这些意象以鲜明的善恶对立的品格,在其中注入了强烈的爱憎情绪。尤其是以佩带"香草"比自己的好修为常,更具特色。大量特色鲜明的比喻,赋予屈原的政治抒情诗缤纷绚丽的色彩,屈原的激愤情怀及孤芳自赏情结更鲜明突出地凸显出来。

清人尤侗说:"予独怪原之立言过于自矜,而愤世嫉俗已甚。玉(宋玉)虽为师辩其忠直,极状其悲忧穷蹙,而未能释以义理,故君子以为激焉。"(《西堂全集·西堂杂俎》《九讼序》三集卷二)②"激"是不够中和,不够通达,抒情太过火的意思。尤侗以儒家的审美标准批评屈原的"立言"特点,未免有点偏颇。不过屈原的作品确实有"激"的特点,我们也不必为之讳言。从屈原作品的风格特点来看,大起大落,复杂多变的章法缘于他心绪的激愤不平;语意的重复错杂更显现出他心绪的极度烦乱;一意统摄,洋洋洒洒,篇终明志的结构更表现出他的执着不回;而频繁出现的以"香草美人"为标志的比喻手法既凸显他强烈的爱憎情感,更凸显出他孤芳自赏的情结。

---

① 洪兴祖《楚辞补注》,中华书局1983年版,第2—3页。
② 杨金鼎《楚辞评论资料选》,湖北人民出版社1984年版,第134页。

第三章 汉末狂士孔融、祢衡

东汉建安年间是继战国后又一个群雄割据、天下大乱的时期,此时儒学权威地位已然丧失,再也不能发挥其维系人心的作用,老庄之学大行其道。乱世让一些大奸大雄乘势而起,尤其是挟天子以令诸侯的曹操,为了扫除取代刘汉王朝的障碍,对于不肯驯服,敢于对抗的士人动辄刑戮相加。士人为了生存,为了谋求进身之道多主动依附,趋炎附势,苟合取容,献媚取宠。但依然涌现出少数独立不移,不肯随波逐流的不合作者,敢于以狂放不羁的方式向权势挑战的狂狷之士,孔融和祢衡就是其中的杰出代表。他们的作品以"气扬采飞"的风格,开新时代文学风气之先。

一、儒学式微、好尚名节与奸雄弄权

随着秦汉大一统王朝的创建,士人的地位发生了根本性的变化,由游士沦为皇室家臣。士人的功名利禄完全仰赖皇家的恩典,命运完全由皇家主宰,人身自由受到严重束缚。在这样的处境下,士人要树立起狂者的人格风范就困难多了。

秦始皇沿袭秦孝公以来的统治思想,又变本加厉,不但独尊法家,"以法为教,以吏为师",以严刑峻法统治人民,而且"焚书坑儒",禁废私学,实行文化专制政策。其结果"使天下之士,倾耳而听,重足而立,拑口而不言"[①]。在如此恐怖的政治环境下,每一个士人都谨小慎微,诚惶诚恐,毫无生气地生存着,以求全身保命,还有谁能成为思想自由,人格独立的狂士呢?

短命的秦王朝结束后,取而代之的是大汉王朝。汉初的统治者认识

---

① 司马迁《史记》,中华书局1982年版,第278页。

到法家的暴政是秦王朝灭亡的根本原因,他们反其道而行之,以阴柔的"黄老之学"为统治思想,推行"无为"之治,对于不合黄老"无为"宗旨的思想主张,加以排斥压制。如景帝时,儒生辕固生由于在崇尚"黄老之学"的窦太后面前贬低《老子》,被迫入圈刺野猪,险些丧命。才高气盛的贾谊就现实政治问题,发表一些激烈的议论,提出一些改革的建议,即遭朝中众臣一致诋排,被逐出京城,在长沙贬所愁瘁而死,其遭际虽颇似屈原,他本人也以屈原自比,然其狂者的风采却没有像屈原那样充分展露出来。总的来看,汉初虽出现一些直谏之士,然士风比战国时期明显低迷,思想上的锐气不足,个性也大为内敛。

雄才大略的汉武帝刘彻执政期间,大汉王朝进入鼎盛时期。武帝采纳儒生董仲舒的建议,"罢黜百家,独尊儒术",儒学取代黄老,成为意识形态的主流。然而汉武帝实际采用的是"儒表法里"的统治手段,他乾纲独断,压制言论。据史书所载,太常令公孙弘"尝与公卿约议,至上前,皆倍其约以顺上旨"①。他重视人才,但重用的多为公孙弘之类的阿谀奉承之徒,正直的士人多遭冷遇,有的被以俳优畜之。董仲舒、东方朔、司马相如、司马迁等名士,均处于被轻视戏弄的尴尬境地,郁郁不得志,连汉初士人那点直谏的勇气也丧失了。到汉元帝统治时期,开始严格依儒家的人格标准,分为质朴、敦厚、谦逊、有行四科取士,士人不得不敛藏狂傲之气,自觉地销刚为柔,以趋附时尚,士风进一步趋向"柔惰"。王夫之把汉失天下于王莽归因于"士风",他说:"盖孱主佞臣,惩萧(望之)、周(堪)、张(猛)、刘(向)之骨鲠,而以柔惰销天下之气节也,自是以后,汉无刚正之士,遂举社稷以奉人。"②萧望之等人是几个相对忠直敢言的士大夫,因反对宦官,遭到报复。士人从他们的遭遇中得到了教训,普遍选择明哲保身的处世态度,导致士风更趋柔惰。自汉武到西汉末年,"中庸"人格成为士人普遍追求的人格理想,大儒董仲舒成了士人的楷模,他"进退容止,非礼不行,学士皆师尊之"③。这种恭谨有礼的儒者风范,很像儒家宗师孔子。然而"礼"是一种外在的行为规范,对"礼"的过度依循会窒息士人的个性,此阶段的士风不振与此也不无关联。另一方面,老庄

---

① 司马迁《史记》,中华书局1982年版,第2950页。
② 王夫之《读通鉴论》卷四,中华书局1975年版。
③ 班固《汉书》,中华书局1962年版,第2495页。

思想虽为被黜的主要对象，然其对士人精神世界的影响并未断绝。牟钟鉴先生说："汉武帝遵儒术而黜黄老，黄老之学一变而为老学或老庄之学。"①道家哲学在汉初主要作为政治哲学，而此一阶段则主要作为人生哲学。士人更普遍地从老庄哲学中汲取精神营养，然而他们汲取的是老庄的清静无为、安时处顺和明哲保身的处世态度，摒弃其批判精神、叛逆精神。大儒扬雄说："老子之言道德，吾有取焉耳；及搥提仁义，绝灭礼学，吾无取焉耳。"②庄子的批判精神、叛逆精神比老子更为强烈，自然更不为时人所取。

　　丧失了以道抗势的勇气，摒弃批判精神、叛逆精神，一味追求"不激不随"的"中庸"人格，规行矩步的谦谦君子风范，士人大多沦为乡愿，缺乏活力，没有个性，这种士气低迷的局面直到东汉中叶才被打破。

　　东汉的第一任皇帝光武帝刘秀为巩固皇权，继续采用高压政策，因此东汉之初的士风大体上仍然偏于谦恭柔顺，但光武对士风的整顿，已使"好尚名节"之风开始盛行，士风已不似从前那样颓靡。到东汉中后期，士风发生了巨大的转变，涌现出一批具有舍生取义精神的士人。清人顾炎武曰："汉至孝武表章六经之后，师儒虽盛，而大义未明，故新莽居摄，颂德献符遍于天下。光武有鉴于此，故尊崇节文，敦厉名实，所举用者，莫非经明行修之人，而风俗为之一变。至其末造，朝政昏浊，国事日非，而党锢之流，独行之辈，依仁蹈义，舍命不渝……"③"党锢之流""独行之辈"指的就是东汉末期的清流党人，大多是一些有政治抱负、才能和魄力的士人，他们立志澄清天下，为官清正廉明，刚肠疾恶，整治腐败，毫不容情，又以激烈的言辞抨击朝政，褒贬权贵，视名节重于生命。其中最为突出的是李膺和范滂，二人都在第二次党锢之祸中从容就义。他们的气质接近于孟子，可以说是两个具有狂者胸襟的士人。党锢之祸后，奸雄弄权，残酷镇压异己，士人心怀危惧，或趋炎附势，或退隐避祸，风气大变。而在此背景下，依然涌现出孔融、祢衡这样的狂狷之士，这无疑和李膺、范滂等清流名士的大无畏精神的感染直接相关。不过孔融、祢衡等狂士与李、范有较明显的不同，他们既有李、范等清流名士不畏权贵的刚

---

①　任继愈等《中国哲学发展史》秦汉卷，人民出版社1985年版，第651—652页。
②　韩敬《法言注》卷四，中华书局1992年版。
③　顾炎武《日知录》卷七，岳麓书社1994年版。

正气质,又有这些清流名士所没有的蔑视礼法的叛逆精神,这与庄子思想的影响有关。东汉末年,意识形态领域发生了相当大的转变,思想束缚松动,主要表现为儒学的独尊地位逐渐丧失,老庄之学的地位显著提高。一些士人不但学习老庄的清静无为、安时处顺和明哲保身的处世态度,更从庄子那里汲取了蔑视礼法的叛逆精神。孔融和祢衡就是其中最突出的两个。

二、不畏强暴、敢于挑战权奸

孔融(153—208年)是孔子的二十世孙。他很早就显示出特异的天才,十岁随父入京师,以机智流畅的辩对赢得清流泰斗李膺的赏识,预言他"高明必为伟器"。后来他走向仕途,以博学多才、宽容少忌、喜欢奖掖后进深得人心,很快成为士人领袖。对权贵他则表现出刚直不阿、桀骜不驯的狂者风范,他曾公开揭发中官亲族庇护贪浊官僚的罪恶行径;上司(司徒杨赐)派他奉谒(名帖)去祝贺河南尹何进升任大将军,衙役没有及时通报,他毫不客气地夺谒而去;他甚至敢于公开冒犯狼戾不仁、嗜杀成性的野心家董卓:"会董卓废立,融每与对答,辄有匡正之言,以忤卓旨,转为议郎。"①对另一个阴险毒辣、同样嗜杀成性的权奸曹操,他更是屡次冒犯,如曹操攻入袁氏的大本营邺城,他的儿子曹丕私纳袁熙的妻子甄氏,孔融虚构"武王伐纣,以妲己赐周公"的典故加以嘲戏;曹操下令禁酒,孔融屡次上书表示反对,史载:"时年饥兵兴,操表制酒禁,融频书争之,多侮慢之辞。"②后见曹操篡位的野心渐露,他对曹操的态度也越来越狂傲,史书说他:"既见操雄诈渐著,数不能堪,故发辞偏宕,多致乖忤。"③如果说对何进他的狂傲态度还只是出于强烈的人格独立意识,而对董卓、曹操的狂傲态度则不仅出于强烈的人格独立意识,更缘于对两大奸雄行为的不齿。张溥在《汉魏六朝百三家集题辞·孔北海集题辞》中说:"操杀文举,在建安十三年,时僭形已彰,文举既不能诛之,又不敢

---

① 范晔《后汉书》,中华书局1965年版,第2263页。
② 范晔《后汉书》,中华书局1965年版,第2272页。
③ 范晔《后汉书》,中华书局1965年版,第2272页。

远之,并立衰朝,戏谑笑傲,激其忌怒,无啻肉喂馁虎,此南阳管乐所深悲也。"①针对他的刚直不阿、桀骜不驯,曹操曾驰书警告,友人元升也曾当面劝诫,他却不以为意,最终因出言不逊,惹恼了曹操,为曹操所杀。

然而具有讽刺意味的是,曹操杀害他的罪名居然是"大逆不道",曹操的帮凶罗织孔融的罪名道:"少府孔融,昔在北海,见王室不静,而招合徒众,欲规不轨,云:'我大圣之后,而见灭于宋,有天下者,何必卯金刀。'及与孙权使语,谤讪朝廷。又融为九列,不尊朝仪,秃巾微行,唐突宫掖。又前与白衣祢衡跌宕放言,云:'父之于子,当有何亲?论其本意,实为情欲发耳。子之于母,亦复奚为?譬如寄物缶中,出则离矣。'既而与衡更相赞扬,衡谓融曰:'仲尼不死。'融答曰:'颜回复生。'大逆不道,宜极重诛。"②说孔融"大逆不道"显然是诬谤之辞,但以上所举罪证也不能说完全是空穴来风。孔融的言论确有偏宕悖礼之处,行为确有任性不羁之处。不过这是激愤不平情感的反常表现。此时,他虔诚信奉的名教纲常礼法已为乘时而起的奸雄们彻底败坏,尤其是曹操,他欺君罔上,肆行杀戮,却总是装出一副信奉名教,忠君体国的虚伪面孔,名教成了他掩盖罪恶的工具。对此,孔融内心极为激愤不平,反对礼教的言行不过是宣泄不平情绪,与曹操对抗的一种方式,诚如鲁迅先生所论:"不平之极,无计可施,激而变成不谈礼教,不信礼教,甚至于反对礼教。"(《魏晋风度及文章与药及酒之关系》)③可见孔融是一个外表放纵不羁,内心正直无畏的狂士。

祢衡(173—198年)是比孔融才华更为卓越,个性更为狂放的士人。史书说他:"少有才辩,而尚气刚傲,好矫时慢物。"④他年龄与孔融相差二十岁,为忘年友,孔融很佩服他,在《荐祢衡疏》中热情洋溢地赞美他:"窃见处士平原祢衡,年二十四,字正平,淑质贞亮,英才卓跞。初涉艺文,升堂睹奥,目所一见,辄诵于口,耳所瞥闻,不忘于心。性与道合,思若有神。弘羊潜计,安世默识,以衡准之,诚不足怪。忠果正直,志怀霜雪,飞辩骋辞,溢气坌涌,解疑释结,临敌有余。"⑤他出游时一见蔡邕所

---

① 永瑢《文渊阁四库全书》第1063册,台湾商务印书馆,第256页。
② 范晔《后汉书》,中华书局1965年版,第2278页。
③ 鲁迅《鲁迅全集》第三卷,人民文学出版社1973年版,第502页。
④ 范晔《后汉书》,中华书局1965年版,第2652页。
⑤ 范晔《后汉书》,中华书局1965年版,第2654页。

作碑文,就一字不差地默写出来;即席创作千古名篇《鹦鹉赋》,文不加点,一挥而就。他过目不忘的禀赋,敏捷奔放的才思,可谓古今罕匹,而其刚烈狂傲的个性更可谓古今独步。他粪土王侯,目无余子:"或问衡曰:盍从陈长文、司马伯达乎? 对曰:吾能从屠沽儿耶! 又问:荀文若、赵稚长云何? 衡曰:文若可借面吊丧,稚长可使监厨请客。唯善鲁国孔融及弘农杨修。"常称曰:"大儿孔文举,小儿杨德祖。余子碌碌,莫足数也。"①陈群、司马朗、荀彧等名士在他眼中都是不值一提的下九流,唯友人孔融、杨修差强人意。对奸雄曹操,他不但素来蔑视,而且敢于当面折辱:经孔融的竭力举荐,他勉强接受了曹操的征召,曹操知道他擅长击鼓,将他用为鼓史,命他击鼓,想当众折辱他,他当众更衣,裸身而立,反辱曹操。后经孔融劝说,曹操再次接见他,他在营门前,"以杖捶地大骂"。由于他名气很大,曹操担心落下害贤的恶名,没有杀他,而是将他驱遣至荆州刘表处。刘表很赏识他,荆州的章奏之类,都让他撰写或定稿,但不久他又开始侮慢刘表,刘表不堪忍受,将他遣送到性情粗鲁急躁的江夏太守黄祖处。在那里他同样得到黄祖的赏识,可是不久他故态复萌,当众冲撞黄祖,为黄祖所杀,死时年仅二十六岁。他的才华令人叹服,他的勇气更令人叹服,一个手无缚鸡之力的士人,同杀人如草芥的当权者当面对抗,毫不退让,完全置生死于度外,说他古今独步,绝对不是夸大其辞。

孔融、祢衡二人的天赋、个性、政治倾向、价值取向都相当接近,在人生的舞台上扮演相近的角色,命运结局也相近。他们对当权者所提倡的虚伪的名教礼法极其反感,他们恃才傲物,敢于蔑视权贵,敢于发表"异端"言论,在"举国附曹不知辱"(程之桢《鹦鹉洲怀古》)②的环境中,能"出淤泥而不染",以狂放的方式与之对抗,坚持高洁独立的人格节操,宁死不辱,其人格可谓亦狂亦狷。

三、气扬采飞

孔融、祢衡二人在文学创作上都取得了令人瞩目的成就。孔融的作

---

① 范晔《后汉书》,中华书局1965年版,第2653页。
② 胡凤丹《大别山志·鹦鹉洲小志》,湖北教育出版社2002年版,第299页。

品由于魏文帝曹丕下令搜集，存世相对较多，如今能见到的有诗七首，文较完整的有二十余篇，主要成就在散文。祢衡的作品由于无人搜集，大多在当时就散佚了。《后汉书》言祢衡"其文章多亡云"，他的作品如今仅存一赋三文。这几篇作品大致体现出他的创作个性，可与孔融相提并论。孔、祢二人自负才华卓荦，喜欢炫才骋辞，其胸中蕴藏着刚大郁勃、狂放不羁之气，发为文章，自然形成气豪势猛，又文采飞扬的风格特点。此种风格特点以四字概言之，即"气扬采飞"。

孔融较为人所推重的作品有《与曹公书》《与曹公论盛孝章书》《难曹公禁酒令》和《荐祢衡表》诸篇。《与曹公书》为自我辩白而作，《与曹公论盛孝章书》为请求拯救友人而作，都洋溢着慷慨义烈之气，如苏轼所评："其论盛孝章、郗鸿豫书，慷慨有烈丈夫之风。"[①]（《乐全先生文集叙》）此二文虽颇有气势，文采却不甚华美。更能体现孔文风格特点的是《难曹公禁酒令》和《荐祢衡表》。《难曹公禁酒令》针对曹操颁行的酒禁而作，直陈反对意见：开头概说酒于人的福惠，接着连续征引帝尧以下十个古人故事，铺陈排比，夸扬酒的福惠，如长风鼓浪，滚滚而来，奔腾澎湃，结尾以"由是观之，酒何负于治者哉"一句反问，戛然收束，如惊涛拍岸，浪花飞溅，气盛语极，又颇富文采。《荐祢衡表》为孔融向献帝举荐祢衡的表文，极力夸扬祢衡的才思、品节及辩才。赞他举世罕匹的记诵能力，以汉武帝时的名臣桑弘羊、张安世作比；赞他忠果正直的品节，以战国时魏国名臣任座和春秋时卫国大夫史鱼作比；预言他凭借其所向披靡的辩对才能，必能有出众之举，以汉文帝时的贾谊和武帝时的终军作比；认为祢衡的地位应该与路粹、严象等同。此段文字极尽夸扬之能事，气势非凡。行文至此，本可以数句煞尾，而作者却又接以一段精彩的文字："如得龙越天衢，振翼云汉，扬声紫薇，垂光虹蜺，足以昭近属之多士，增四门之穆穆。均天广乐，必有奇丽之观；帝室皇居，必蓄非常之宝。若衡等辈，不可多得。激楚、阳阿，至妙之容，赏伎者之所贪；飞兔、騕褭，绝足奔放，良乐之所急也。"极言祢衡若入朝为官，必能为朝廷增添异彩，再以"奇丽之观""非常之宝""激楚""阳阿"这样的美妙乐舞，"飞兔""騕褭"这样的宝马良驹，以喻祢衡这样的贤才不可多得。此篇文字多用夸张、排比的手法，气象与前文一样恢宏壮大，文思与前文一样奔放不羁，而且文采之富

---

① 苏轼《苏轼文集》，中华书局1986年版，第314页。

丽,远过前文。

祢衡的文章存世极少,却同样显示出鲜明的风格特点。他现存的文章,尤其是《鲁夫子碑》,文气较之孔融更为狂放,且看以下一段文字:

"受天至精,纯粹睿哲。崇高足以长世,宽容足以广包,幽明足以测神,文藻足以辨物。然而敏学以求之,下问以諏之,虚心以受之,深思以咏之。愍周道之回遹,悼九畴之乖悖,故发愤忘食,应聘四方。鲁以大夫之位,任以国政之权,譬若飞鸿鸾于中庭,骋骐骥于闾巷也。是以期月之顷,五教克谐,移风易俗,邦国肃焉,无思不服。懿文德以纡馀,缀三五之纪纲,流洪耀之修赫,旷万世而扬光……"

鲁夫子,即孔子。此文为祢衡早期的作品,极力夸扬大圣人孔子的不世功德,寄托了个人的远大抱负,多用排比、对偶,整饬中见参差错落,文气如大河奔流,喷薄激射,一泻千里。其文采之华美,也颇同于孔融之文。

在汉末文坛上,孔、祢二人这种"气扬采飞"的文章风格,堪称别开生面。此前的汉代文学与大一统王朝的统治需要密切结合,散文以总结历史教训和阐述政治思想、治国方略的政论文为主,辞赋以义兼讽颂的娱乐宫廷之赋为主,大多带有浓厚的政治色彩,如郑玄所说:"论功颂德,所以将顺其美,刺过讥失,所以匡救其恶。"(《诗谱序》)[1]政论除汉初的贾谊较有锐气外,其他人的风格多雍容醇厚。大赋更多是以颂美为主,讽谏之辞委婉柔和,描写占绝大比重,抒情色彩不足,缺乏个性。此外,较多的是阐发老庄思想的哲理文和发愤抒情的贤人失志之赋(骚体赋)。哲理文多抒写安时处顺、淡泊自守的情怀,思想锋芒不足。骚体赋或代屈原立言,或抒一己情怀,多模拟之作,没有屈原作品的抗争精神和澎湃的激情,情调低沉柔弱,个性色彩也不够鲜明突出。随着儒学的日益深入人心,到东汉,士人的修养日益近儒,"雍容醇厚"的文风几乎弥漫整个文坛。直到东汉末,文风才发生了重大的转变。在这一转变中,开风气之先的是孔融、祢衡二狂士。对二人在文坛上的独特地位,前人已给予高度评价,如清人张溥指出:"东汉词章拘密,独少府(孔融)诗文,豪气直上,孟子所谓浩然,非耶?"(《孔少府集题词》)[2]近人刘师培先生也指出:

---

[1] 郭绍虞《中国历代文论选》第1册,上海古籍出版社1979年版,第70页。
[2] 永瑢《文渊阁四库全书》第1063册,台湾商务印书馆,第256页。

"东汉之文,均尚和缓;其奋笔直书,以气运词,实自衡(祢衡)始。鹦鹉赋谓:'衡因为赋,笔不停辍,文不加点。'知他文亦然。是以汉、魏文士,多尚骋辞,或慷慨高厉,或溢气喷涌(孔融荐祢衡疏语),此皆衡文辞之先也。"①可见孔、祢二人雄放的文章风格,在汉魏之际文风转变中的先导作用。至于他们对辞采、排偶的讲求,正体现了汉末的文学自觉,人们开始注重文学本身的审美特性的大趋势。

孔、祢二狂士的文章同具"气扬采飞"的风格特点,如上述可见。但由于他们的气质有所不同,对权贵(尤指曹操)的态度也有所不同。祢衡的文章存世太少,无以印证,不过他年少气盛,又自感怀才不遇,其狂气中携带着一股怨愤,随处而发,不加丝毫收敛,可以推想,在文章中他给予那些权贵的应该是猛烈的抨击。而孔融比较老成,又为士人领袖,社会地位很高,情绪也不像祢衡那样激烈,并且他虽不肯依附曹操,却长期与曹操周旋,一般来说,能在一定程度上收敛其狂气,因此他更惯于采用相对委婉的方式,即嘲戏的方式发泄对权贵的不满。孔融留下的间杂嘲戏的文章,除上文提到的《嘲曹公为子纳甄氏书》里的只言片语,还有《嘲曹公讨乌桓书》和《又与曹公论禁酒书》。在此三文中,《又与曹公论禁酒书》比较完整。此文驳斥曹操来书所持的酒于人有大害的论调,坚持反对禁酒,其中"夏、商亦以妇人失天下,今令不断婚姻"一句,显然是嘲戏之语。曹丕很欣赏孔融的文章,不过在《典论·论文》里,在赞扬的同时也提出了批评,说他:"体气高妙有过人者,然不能持论,理不胜词,至于杂以嘲戏。"②"理不胜词"的现象在孔文中确实存在,此为无所顾忌,喜欢夸张的大手笔所必然产生的"小疵",而嘲戏是一种重要的表达方式,为汉魏通脱之风的重要表现,不能算是孔文的瑕疵。

祢衡没有留下猛烈抨击权贵和现实的文章,却留下一篇抒写其怀才不遇情怀的千古名赋——《鹦鹉赋》。这篇咏物赋,借咏鹦鹉,寄托了自己的身世之感,倾泻了内心的无限辛酸。作品的成功之处主要在于非常巧妙地把握了人(作者)与物(鹦鹉)之间的关系,鹦鹉与人几乎达到了弥合无间的程度。全文由三个部分构成:开头叹鹦鹉之灵奇高洁,卓荦不凡,曲折地表现了祢衡高傲自许的心理;第二部分写鹦鹉被人布网捕获,

---

① 刘师培《中国中古文学史·论文杂记》,人民文学出版社 1959 年版,第 24 页。
② 郭绍虞《中国历代文论选》第 1 册,上海古籍出版社 1979 年版,第 158 页。

幽困樊笼、供人观赏的遭遇,哀其命运不济,暗喻自己受人拨弄,一再被遣、羁留他乡的命运;最后描写鹦鹉思乡怀归和愿为主人效力的心理,而这也正是寄人篱下的祢衡自己的心声。从这篇赋作中,我们可以看到一个性刚气傲的名士的另一侧面,即自哀自怜的一面,而这一点向来为人所诟病。如清人刘熙载云:"祢正平赋鹦鹉于黄祖长子座上,戚戚焉有自怜依人之态,于生平志气,得无未称!"①其实这并不难理解,祢衡"少有才辩",十分自负,他盼望有机会一展雄才,而由于不肯降节屈尊、攀附权贵,他游宦有年却一直是进取无门。据《后汉书》所载:"兴平中,避难荆州,建安中,来游许下。始达颍川,乃阴怀一刺,既而无所之适,至于刺字漫灭。"②他称道鹦鹉"飞不妄集,翔必择林"正是他的夫子自道。多年游宦无成,又一再受人逼迫驱遣,平生抱负成虚,一个高傲敏感的才人对此不可能无动于衷。他表面上虽然显得很高傲,其内心却充满了痛苦和无奈;而一旦受到黄祖、黄射父子的敬重赏识,他内心萌生一点知遇之感,从而表示愿为黄氏父子效力也是很自然的。因此,他一时流露出"戚戚焉有自怜依人之态"是完全可以理解的,而后来他还是因为出言不逊被黄祖所杀,证明他那性刚气傲的个性并没有改变。《鹦鹉赋》真切地展示出一个乱世才人"不屑不洁"的狷者情怀,复杂的内心世界,文辞华美,声韵谐畅,具有极其强烈的抒情色彩。从咏物文学的角度看,《鹦鹉赋》上接屈原的《橘颂》,可以说是一篇光耀千秋的咏物杰作,其借物言志的创作方法对后世咏物类文学创作具有广泛的示范性的意义。

孔融、祢衡两大狂士在孟子、庄子和屈原后数百年以新的姿态登场亮相,像两道闪电,划破阴暗沉闷的长空,让人惊愕,使人赞叹;他们那些个性鲜明的文学作品犹如气息陈腐的文坛上刮起的谡谡清风,令人精神爽快振奋,其人格和文格都给后世以积极而巨大的影响。

---

① 刘熙载《艺概》,上海古籍出版社 1978 年版,第 96 页。
② 范晔《后汉书》,中华书局 1965 年版,第 2653 页。

第四章　正始狂士嵇康、阮籍

曹魏正始年间是曹氏政权衰微，司马氏势力崛起的时期。司马氏父子对待异己手段之凶残狠辣丝毫不逊色于曹操。他们以名教礼法规范士人，又动辄以破坏名教礼法的罪名惩治屠戮士人，政治气候异常黑暗恐怖。士人心怀危惧，多趋炎附势，只有极少数士人敢于拒绝合作，嵇康和阮籍是其中的杰出代表。他们以狂放不羁的行为表达对名教礼法和礼俗之士的蔑视，以玄学自然观为武器猛烈批判名教礼法和礼俗之士，又以诗歌表达忧苦愤懑的情绪和超世绝俗的情怀。同为狂狷文人，二人的文学风格同中见异，迥然有别。

一、司马氏专政与庄学盛行

曹魏景初三年（公元 239 年），明帝曹叡谢世，次年，幼主曹芳即位，改年号为正始，直到公元 249 年曹芳被废，这个时期为曹魏正始时期。此一时期是曹魏势力逐渐走向衰败，司马氏势力不断壮大，把持朝政的时期。此后又经十几年，直到公元 265 年，司马氏代魏，年号曾数次改换，但一直是司马氏专权。因此后人又往往将这二十几年（公元 240 年到公元 265 年）概称为"正始"时期。

正始之初，托孤重臣曹爽和司马懿共同辅政，两大集团的势力处于相对平衡的状态，不久，曹爽独揽兵权，"专擅朝政"，排斥司马氏集团，导致两大集团的矛盾激化。面对曹爽集团咄咄逼人的气势，深通谋略的司马懿称疾退避，以韬晦之计蒙蔽对手，等待时机。正始十年（公元 249 年），他终于等到了一个绝好的时机：曹爽陪同少帝曹芳到洛阳城外高平陵祭祀明帝，京城空虚。司马懿即刻出兵占据要地，逼迫太后下诏削夺曹爽兵权。曹爽见诏张皇失措，一筹莫展，束手就缚。他以为司马懿会免他一死,不料却被满门抄斩,党羽何晏、邓飏、李胜、毕轨、丁谧、张当均被夷灭三族。至此,惨剧正式拉开序幕。司马氏父子(司马懿与其二子师、昭)把持朝政,瞄准皇帝的宝座,为扫除夺权道路上的障碍,大肆残杀异己,许多名士惨遭屠戮。

这样的政治环境,使士人们普遍心怀忧惧,相当一部分士人为保全生命,回避政治,走上了退隐的道路,隐逸之风盛行起来。最显著的标志是"竹林七贤"这个隐士群体的形成。据《世说新语》所载:

> 陈留阮籍、谯国嵇康、河内山涛三人年皆相比,康年少亚之。预此契者,沛国刘伶、陈留阮咸、河内向秀、琅邪王戎。七人常集于竹林之下,肆意酣畅。故世谓"竹林七贤"。①

阮籍、嵇康、山涛、向秀、阮咸、王戎、刘伶"七贤"一同避世隐居,纵酒谈玄,一时间都表现出狂放的行为特征。然而,事实上,他们并不完全是同一种类型的士人。高晨阳将"七贤"的人格划分成四种类型:"一、以儒家为主导的思想倾向。此以山涛为典型。他所信奉的大体是儒家的'穷居达济'的思想原则,属于一种'功德型'的人格。二、以道家为主导的思想倾向。此以刘伶、阮咸为典型。他们均以道家思想为信条,但其思想的特点,既与先秦老庄道家崇尚'自然无为'和以追求精神自由的思想宗旨有别,又与《列子·杨朱篇》以单纯追求感官快乐的思想有别,表现为从精神逍遥型到肉体享乐型的思想过度。他们的人格外在形象,以酗酒纵放为基本特征,在这一特定的意义上,可以把他们的人格归结为'纵欲享乐型'。三、儒道综合的思想倾向。此以向秀、王戎为典型。他们在理论方面致力于儒道思想的统一,崇尚自然而不废名教。而在生活情趣或处世态度方面,以和光同尘为主要特征,就此而言,这种人格可称之为'混世型'。四、儒道对立的思想倾向。此以阮籍、嵇康为典型。二人的理论兴趣是'越名教而任自然',追求个体的精神逍遥与自由,就此而言,他们应当属于'精神逍遥型'一类的人格。"②此一划分,大体贴近事实。七贤的思想和人格同中有异,异中有同,共同折射出时代的精神特征。

---

① 徐震堮《世说新语校笺》,中华书局1984年版,第390页。
② 高晨阳《阮籍评传》,南京大学出版社1994年版,第245—246页。

而从东汉末年开始流行的老庄哲学，到这个时期更是大行其道，对士人精神世界产生了更为深刻的影响。罗宗强先生指出："正始士人接受了庄子任自然、摆脱礼教束缚的思想，但却把这个'自然的人'变成了一个'社会的人'。社会的人是社会关系的总和，社会关系的种种变化都要引起感情的波浪，产生种种欲望。承认这种感情欲望是自然的，不应该受到约束，这就离开了庄子，从忘情走向任情。"①"竹林七贤"不同程度地受到庄子的影响却不像庄子那样主张"忘情"，他们主要接受的是庄子反礼教的"叛逆"精神。其中阮籍、嵇康、刘伶、阮咸都具有明显的叛逆性，可以说是正始年间涌现出来的几大狂狷文人。他们对现实都很不满，不过嵇康和阮籍的不满远较刘伶、阮咸强烈，其内心充满了激烈的矛盾冲突。刘伶、阮咸的叛逆性基本表现在蔑弃礼法的行为举止上，而阮籍、嵇康的叛逆性则不仅表现在蔑弃礼法的行为举止上，更表现在对名教礼法的激烈批判上。

二、忤世与避世

阮籍（210—263年）为"建安七子"之一阮瑀的儿子。据史籍所载："籍容貌瓌杰，志气宏放，傲然独得，任性不羁，而喜怒不形于色。或闭门视书，累月不出；或登山临水，经日忘归。博览群籍，尤好老庄。嗜酒能啸，善弹琴。当其得意，忽忘形骸。"②可知他是一个才气出众、学识渊博、趣味超俗、个性突出的人物。父亲阮瑀是曹氏的僚属，政治上隶属于曹氏集团，当阮籍幼年时，阮瑀就病死了。阮籍是由母亲抚养成人的，母子二人多得曹操、曹丕父子的照顾，与曹魏集团渊源不浅。在曹魏集团与司马氏集团的斗争中，他的政治态度自然倾向于曹魏。他鄙视司马氏集团，不仅由于他们图谋篡位，更由于他们自己的行为不合名教礼法，却总是打着维护名教礼法的幌子逐害异己。阮籍本是名教的虔诚信奉者，看到名教礼法变成了司马氏集团的杀人利器，那些趋炎附势、狼行狗走之徒总是装出诚惶诚恐、亦步亦趋地尊教守法的样子，有些还动辄以名教礼法的捍卫者自居，板起虚伪的面孔苛责他人。对此，他感到无比激

---

① 罗宗强《玄学与魏晋士人心态》，南开大学出版社2003年版，第70页。
② 房玄龄《晋书》，中华书局1974年版，第1359页。

愤,于是以狂放不羁的行为举止表示对名教礼法和礼俗之士的蔑视。史籍中有多条此类记录,如:

> 阮籍嫂尝还家,籍见与别。或讥之,籍曰:"礼岂为我辈设也!"①

> 阮公邻家妇,有美色,当垆沽酒。阮与王安丰常从妇饮酒,阮醉,便眠其妇侧。夫始殊疑之,伺察,终无他意。②

> 阮籍当葬母,蒸一肥豚,饮酒二斗,然后临诀,直言:"穷矣!"都得一号,因吐血,废顿良久。③

> 籍又能为青白眼,见礼俗之士,以白眼对之。④

由以上诸条记录可见,阮籍的行为举止,没有丝毫轻薄无聊的成分,流露出纯洁高尚的真性情,却完全冲破了名教礼法的束缚,其叛逆性显而易见。此外,阮籍的叛逆性还表现在对名教礼法及礼俗之士的激烈抨击上。

在《大人先生传》中,他虚构了"大人先生"这样一个理想化的人格形象,以"大人先生"为人格标准,对"士君子"及其所崇尚的名教礼法进行了猛烈的抨击。他说:"汝君子之礼法,诚天下之残贼、乱危、死亡之术耳,而乃目以为美行不易之道,不亦过乎!"他同庄子一样,把天下大乱归咎于名教礼法。他无情地嘲弄"士君子",说他们在名教社会中追名逐利,如同虱虫处于人的裤裆,自以为很安全,实际上是很危险的。在以下一首诗中他更是生动形象地塑造了一个礼俗之士的虚伪形象:

> 洪生资制度,被服正有常。尊卑设次序,事物齐纪纲。容

---

① 徐震堮《世说新语校笺》,中华书局1984年版,第393页。
② 徐震堮《世说新语校笺》,中华书局1984年版,第393页。
③ 徐震堮《世说新语校笺》,中华书局1984年版,第393页。
④ 房玄龄《晋书》,中华书局1974年版,第1361页。

饰整颜色,磐折执圭璋。堂上置玄酒,室中盛稻粱。外厉贞素谈,户内灭芬芳。放口从衷出,复说道义方。委曲周旋仪,姿态愁我肠。(《咏怀》其六十七)

"洪生"意谓鸿儒,是典型的礼俗之士,他在外总是装出一副道貌岸然、循规蹈矩的嘴脸,满口仁义道德,在家里却完全是另一副德行。此一形象寄寓了阮籍对虚伪造作、表里不一的礼俗之士的憎恶,流露出对名教礼法的强烈不满情绪。他追求的是超越名教、生死的自由境界,他否定一切世俗的价值观。

阮籍的此类言行自然遭到礼俗之士的嫉恨,何曾在司马昭座前曾面责他,并劝司马昭予以重惩。司马昭说:"此子羸病若此,君不能为我忍乎?"[1]司马昭权倾朝野,杀人如草芥,却能容忍阮籍的狂放不羁,其中的原因是阮籍从不表露他的政治倾向,他绝口不谈世事,"发言玄远,口不臧否人物"[2],异常谨慎。并且他虽不情愿与司马氏合作,却能采取依违避就,若即若离的态度,与司马氏集团周旋。在司马氏专权时期,他出任过从事中郎等官职,自请做过"东平相""步兵校尉"之类的小官。任职期间,他常以敷衍、游戏的态度处理政事,尤其是做"步兵校尉"后,他"遗落世事,虽去左职,恒游府内,朝宴必与焉"[3]。他常常借助酣饮的方式消极抵抗,自我保护。"文帝(司马昭)初欲为武帝求婚于籍,籍醉六十日,不得言而止。钟会数以时事问之,欲因其可否而致之罪,皆以酣醉获免。"[4]司马昭为成就大业,竭力拉拢士人以为己用,对阮籍这样一个政治态度不甚明朗的大名士,更要尽可能地拉拢,因此不太介意他的狂放不羁。狂放不羁的阮籍在恐怖的政治环境下靠"不与世事"保全了性命。

然而,他活得极为痛苦。他是一个有远大政治抱负的士人,史书说他"本有济世志"[5],而在司马氏专政的恐怖环境下,他居然将苟全性命作为平生的最高追求目标,不能有任何作为。他是一个追求道德完善的士人,"昔年十四五,志尚好诗书。被褐怀珠玉,颜闵相与期"(《咏怀》其

---

[1] 房玄龄《晋书》,中华书局1974年版,第995—996页。
[2] 房玄龄《晋书》,中华书局1974年版,第1361页。
[3] 房玄龄《晋书》,中华书局1974年版,第1360页。
[4] 房玄龄《晋书》,中华书局1974年版,第1360页。
[5] 房玄龄《晋书》,中华书局1974年版,第1360页。

十五),他的自白表明了这一点。可是他相当一段时间竟不得已而选择他不喜欢的生存方式,甚至违心地为司马昭撰写了进封晋公的劝进表。对于一个自我功业道德期许极高的名士来说,这无疑都是巨大的耻辱,他内心的痛苦是可想而知的,史书说他:"时率意独驾,不由径路,车迹所穷,辄痛哭而返。"①而个体生命的忧患更令他难以承受,他曾发出这样的哀叹:"但恐须臾间,魂气随风飘。终身履薄冰,谁知我心焦!"(《咏怀》其三十三)对灾祸的恐惧使他终日惶惶不安,几近疯狂。

可见纵情越礼、狂放不羁的行为不仅是他的蔑视态度、激愤情怀的外化,也是焦灼、忧惧、抑郁、痛苦、绝望情绪的外化。

明人靳於中对阮籍人格的评价是比较中肯的,他说:"呜呼!先生处毋妄之世,卒远害全躯,如钟山昆仑之玉,炊炉炭三日夜而色浑不变,此岂无所挟持能然乎?余尝横揽古今,评先生其逍遥似蒙叟,其韬晦似子房,其恢达似方朔,其真率似渊明,而生平出处心迹尤肖楚灵均。唯是灵均愤世之皆醉己独醒,先生愤世之不醒己独醉。"②阮籍的处世态度兼有蒙叟(庄周)、子房(张良)、方朔(东方朔)、渊明(陶渊明)四个避世自全者的特点,其内心世界即"心迹"更似屈原,并且由于心中总是萦绕着身遭不测的恐惧,他的痛苦比屈原更为深沉。他是一个人格、心理空前复杂的狂士。

嵇康(223—262年)是阮籍的朋友,与阮籍并称"嵇阮",两人才华相当、志趣相投,同为"竹林七贤"中的领袖人物。史书说:"康早孤,有奇才,远迈不群。身长七尺八寸,美词气,有风仪,而土木形骸,不自藻饰,人以为龙章凤姿,天质自然。恬淡寡欲,含垢匿瑕,宽简有大量。学不师受,博览无不该通,长好老庄。"又称:"康善谈理,又能属文,其高情远趣,率然玄远。"③可见他是一个才华、学问、仪表、风度、趣味、个性都超群出众的完美人物。由于嵇康是曹魏宗室姻亲,他的妻子是曹操的第十子沛王曹林的女儿,政治上自然比阮籍更倾向于曹魏。他不像阮籍那样,与司马氏集团周旋,而是坚决拒绝与司马氏合作。他的朋友吏部郎(司马昭的属官)山涛升迁,举荐他来接替,他写给山涛一封长信,严词拒绝,并

---

① 房玄龄《晋书》,中华书局1974年版,第1361页。
② 陈伯君《阮籍集校注》,中华书局1987年版,第410页。
③ 房玄龄《晋书》,中华书局1974年版,第1369页。

表示要与山涛绝交。他毫不掩饰对司马氏集团的蔑视,据说司马昭的心腹钟会出于仰慕登门造访他,他正与朋友向秀一起锻铁,对恭敬地站在一旁等候的钟会毫不理睬,钟会负气离去时,他还出言相讥。钟会衔恨于心,伺机报复,后来借吕安事件落井下石,终于将他和吕安一起治死。和阮籍不同,嵇康"刚肠疾恶,轻肆直言,遇事便发"(《与山巨源绝交书》),出言无所顾忌,公开宣称自己"非汤武而薄周孔",曾作《管蔡论》一文,拨正前人成说,为西周乱臣管叔和蔡叔翻案,实际上是以管蔡比反叛司马氏的毋丘俭、文钦、诸葛诞等人;又指斥周公等人"不明",将矛头指向以伊尹、周公自命专擅朝政的司马氏。他向往和谐自然的名教社会,对背离自然的现实社会深恶痛绝,在《太师箴》一文中,他痛切地指出:

> 下逮德衰,大道沉沦。智惠日用,渐失其亲。惧物乖离,攘臂立仁。利巧愈竞,繁礼屡陈。刑教争施,夭性丧真。季世凌迟,继体承资。凭尊恃势,不友不师。宰割天下,以奉其私。故君位益侈,臣路生心。竭智谋国,不吝灰沉。赏罚虽存,莫劝莫禁。……昔为天下,今为一身。下疾其上,君猜其臣。丧乱弘多,国乃陨颠。

他把现实社会描绘成一个道德沦丧、私欲横流、虚伪诡诈的丑恶社会,并将其归咎于仁智礼刑的滥用。他提出"越名教而任自然"的口号,对名教礼法的抨击同阮籍一样猛烈。在《难自然好学论》中,他将矛头直刺儒家经典六经:

> 六经以抑引主,人性为以从欲为欢。抑引则违其愿,从欲则得自然。然则自然之得,不由抑引之六经;全性之本,不须犯情之礼律。故仁义务为理伪,非养真之要术;廉让生于争夺,非自然之出也。

他认为六经及其"礼律"与人的自然本性完全相悖,"仁义""廉让"都是人为造作的东西,是道德沦丧的产物,绝非修真养性之良方。

嵇康的思想行为同阮籍一样具有强烈的叛逆性,而其政治态度则比阮籍明确得多，与司马氏统治者尖锐对立。钟会在司马昭面前如此评说嵇康："上不臣天子，下不事王侯，轻时傲世，不为物用，无益于今，有败于俗。"①这话虽出于个人私怨，却并不是无根的诬谤之辞。嵇康确实是太桀骜不驯了，以致颜延年由衷地发出这样的赞美之辞："鸾翮有时铩，龙性谁能驯！"他狂放不羁的行为虽不像阮籍那样突出，但其桀骜不驯、刚直义烈之气则远非阮籍能及。由于他出言无所顾忌，能及时将情绪宣泄出来，因此他不像阮籍那样焦虑苦闷。不过他的被杀正缘于他的个性。钱锺书先生说："嵇、阮皆号狂士，然阮乃避世之狂，所以免祸，嵇乃忤世之狂，故以招祸。"②他以悲壮潇洒的死为他的一生画上了完美的句号，向世人宣告他是一个至死不屈的狂士。

由上论可见，嵇康和阮籍二人都极具叛逆性，他们同样以玄学自然观为理论武器批判名教，与司马氏政权对抗，都具有狂者风范；并且二人同样追求对黑暗现实的主观精神超越，不屑不洁，不肯与流俗为伍，具有不同程度的狷之一面。但二人之异也是很明显的：就狂的一面而言，阮籍更为放纵，嵇康更为爽直；就狷的一面而言，阮籍更为韬晦，嵇康更为高洁。

三、夸泛与刺切，旷放与清峻

嵇、阮二位狂士是曹魏正始年间仅有的两位文学大家，他们都诗文兼擅，风格鲜明独特。两狂思想旨趣虽然有相同之处，作品风格却有明显的差异。

阮籍的《答伏义书》和嵇康的《与山巨源绝交书》可以说是最能体现二人文风同异的两篇书信体散文。

《答伏义书》是阮籍回复"礼法之士"伏义的一封书信。伏义曾写信给阮籍，站在名教的立场上，责难阮籍不拘礼法、放浪不羁。针对伏义的责难，阮籍给予无情的痛击，态度极其狂傲。书信开头一段连用数喻：高远无极的"九苍"（九天）、幽深难测的"四溟"（四海）迥非"无毛介"者（凡人）所能思议，灵变无迹的"玄云"也非"瞽夫"（盲人）、"蝶虫"（小虫）之类

---

① 徐震堮《世说新语校笺》，中华书局1984年版，第195页。
② 钱锺书《管锥编》，中华书局1986年版，第1090页。

所能观瞻理解，借以说明高深难测的自己绝不是浅薄狭隘的伏义所应探究的对象。接着以高翔云汉间的鸾凤和窜飞林莽间的斑鸠对比，又以遍游八海中的螭龙与娱戏水沟中的龟鳖对比，引出自己与伏义在志趣追求上的雅俗之别：极言自己的超世绝俗，伏义的卑俗鄙陋。最后规劝伏义自守本分，不要探究那些高不可及的东西，自寻烦恼。其态度之狂傲可比庄子刺曹商（见曹商使秦）、讽惠子（见惠子相梁），其用喻之夸诞，境界之虚幻也极似庄文。

《与山巨源绝交书》为拒绝山涛举荐而作，表面上看是与山涛绝交的书信，实际上可以看做是与司马氏公开决裂的宣言书。山涛升迁，举荐自己接替其原职，嵇康对此举极其反感，他用寓言比喻手法嘲讽山涛，他将山涛此举说成是庖人羞于独自宰割，硬拉尸祝来帮忙，递过来沾满腥膻的鸾刀（权位）；劝告山涛"不可自见好章甫，强越人以文冕也；己嗜臭腐，养鸳雏以死鼠也"；又劝告山涛说："野人有快炙背而美芹子者，欲献之至尊，虽有区区之意，亦已疏矣，愿足下勿似之。"这些讽刺语化自《庄子》或《列子》寓言，痛快淋漓地表达了作者对世间荣华的无比蔑视，特别辛辣，态度狂傲之极。此文以相当大的篇幅描写自己的疏懒散漫、狂放不羁，认为此种个性与世俗礼法有着不可调和的矛盾，由此显示自己根本不适合做官。其中有些话仿佛是在糟蹋自己，如说自己"每常小便而忍不起，令胞中略转，乃起耳"。再如列举自己不堪为官的理由多条，其中有"危坐一时，痹不得摇，性复多虱，把搔不已，而当裹以章服，揖拜上官，三不堪也"。此类语言都是世俗所忌讳的，极少有人公开说出，嵇康如此放言无忌，真是惊世骇俗！前人多认为于此文颇可见出嵇康的个性，如明人李贽曰："此书实峻绝可畏，千载之下，犹可想见其人。"①清人何焯云："意谓不肯仕耳，然全是愤激，并非恬淡，宜为司马氏所忌也。龙性难驯，与阮公作用自别。"②《与山巨源绝交书》风格"峻绝""愤激"，显然与阮籍的《答伏义书》大异其趣。尽管两文风格有明显的差异，却同样狂放。

钱锺书先生说："阮《答伏义书》河汉大言，不着边际，较之嵇《与山巨

---

① 戴明扬《嵇康集校注》，人民出版社1962年版，第130页。
② 戴明扬《嵇康集校注》，人民出版社1962年版，第130页。

源书》，一狂而夸泛，一狂而刺切，相形可以见为人焉。"①精当地道出了两封书信风格之同异，从中也可见出两狂之"为人"。这种同异由阮籍的《大人先生传》和嵇康的《难自然好学论》中也可分明见出。

　　嵇、阮二人的文章多为玄学论文，其主旨多在于否定名教，崇尚自然。有的文章不是玄学专论，也时常流露出玄学的思想观念，《答伏义书》和《与山巨源绝交书》即属此类。二人的个性体现在思想倾向相近的文章中，形成了同中有异的风格。而从他们的诗歌中同样能见出二人的个性之同异。

　　阮籍的诗除少数讽刺礼俗之士的篇什外，更多的是抒写伤世忧生情怀的篇什。激愤、忧虑、焦灼、恐惧、孤独、抑郁、悔恨、迷惘等情绪在他的心中涌动，使他痛苦不堪，这痛苦必须宣泄出来，他的心灵才能得到暂时的安宁，诗歌是最重要的途径："迹其痛哭穷路，沉醉连句，盖已等南郭之仰天，类子舆之鉴井，大哀在怀，非恒言所能尽，故一发于诗歌。"（黄侃语）②他的诗歌具有极其浓烈的抒情色彩："如何金石交，一旦更离伤？"（《咏怀》其二）"北临太行道，失路当如何？"（其五）"黄鹄游四海，中路将安归？"（其八）"一为黄雀哀，涕下谁能禁？"（其十一）"多言焉所告，繁辞将述谁？"（其十四）"千秋万岁后，荣名安所之？"（其十五）"独坐空堂上，谁可与欢者？"（其十七）"嗟嗟途上士，何用自保持？"（其二十）"去此若俯仰，如何似九秋？"（其二十三）"终身履薄冰，谁知我心焦？"（其三十四）"愿耕东皋阳，谁与守其真？"（其三十四）"人情有感慨，浩荡谁能排？挥涕怀哀伤，辛酸谁语哉？"（其三十七）"生命辰安在？忧戚涕沾襟。"（其四十七）"谁云玉石同？泪下不可禁。"（其五十四）"人言愿延年，延年欲焉之？"（其五十五）"须臾相背弃，何时见斯人？"（其六十二）"逍遥九曲间，徘徊欲何之？"（其六十四）"一去昆仑西，何时复回翔？"（其七十九）一句句叩问，一声声哀叹，裹挟着潮水般奔突的情感。阮籍惯于"以气运词"，据李善所传："籍善属文论，初不苦思，率而便成。"③他的诗歌也是如此。"以气运词"是一种无人无我，高度自由的创作状态，在此种状态下创作出来的诗歌形式多能突破成法，狂放不羁。刘熙载说："阮嗣宗咏怀，其

---

① 钱锺书《管锥编》，中华书局1986年版，第1090页。
② 陈伯君《阮籍集校注》，中华书局1987年版，第209页。
③ 李善《文选》，上海古籍出版社1986年版，第1008页。

旨固为渊远,其属辞之妙,去来无端,不可踪迹。"[1]即使是那些暗讽时事的篇什也是如此。如方东树评"昔闻东陵瓜"一篇曰:"此言爽溺富贵将亡,不能如召平之犹能退保布衣也。旨意宏远,迷藏隐避,而用笔回转顿挫,变化无端。起六句先写瓜,极夸美,写至十分词足。'膏火'二句,凭空横来,与上全不接。'布衣'句倏又截断,遥接前六句种瓜之安乐。'宠禄'句倒接'膏火''多财',以二句分结。如此章法,岂非奇观!"[2]阮籍这类暗讽时事的诗歌,诗意隐晦曲折,迷离恍惚,情感却特别的狂放。"狂放"用一个字来表述曰"放"。

要超越这逼仄污浊的现实环境,是不大可能的,于是在阮籍的心中幻生出一个理想化的人格形象——"大人先生"。"大人先生""以万里为一步,以千岁为一朝","与造化同体,天地并生,逍遥浮世,与道俱成,变化聚散,不常其形",完全超越了时空的限制,精神臻于绝对自由的境界。然而"大人先生"的精神境界实在是可望而不可即的,一个人不能总是沉浸在天真的幻想中寻求慰藉。于是阮籍常常独自一人登高望远,发抒心中的积郁,让自己暂时透一口气:

  登高临四野,北望青山阿。(《咏怀》其十三)

  开轩临四野,登高望所思。(《咏怀》其十五)

  徘徊蓬池上,还顾望大梁。绿水扬其波,旷野莽茫茫。(《咏怀》其十六)

  出门临永路,不见行车马。登高望九州,悠悠分旷野。(《咏怀》其十七)

  朝登洪波台,日夕望西山。(《咏怀》其二十六)

  西北登不周,东南望邓林。旷野弥九州,崇山抗高岑。

---

[1] 刘熙载《艺概》,上海古籍出版社1978年版,第53页。
[2] 方东树《昭昧詹言》,人民文学出版社1961年版,第85页。

(《咏怀》其五十四)

　　步出上东门,北望首阳岑。(《咏怀》其九)

　　朝出上东门,遥望首阳基。(《咏怀》其六十四)

　　登高望远,周览八隅。(《四言咏怀诗》其九)

　　诗人登高望远所面对的是"四野""旷野""九州""八隅"和"青山""西山""高岑"之类或浑莽或高远的境界,"视通万里""思接千载",吊古伤今,抒写怀抱。此种境界以一个字来表述曰"旷"。
　　境之"旷"和情之"放"是阮籍诗歌的主要风格特点,合在一起曰"旷放"。
　　嵇康的诗多抒写隐逸情怀的篇什,他绝意仕进,修习养生之术,追求逍遥自在的隐逸生活。他的诗歌也多咏赞隐逸生活,将自我置于郊野林泉之间,肆意遨游,以寄托傲世情怀,呈现在我们眼前的多是清逸的境界:

　　逍遥游太清,携手长相随。(《兄秀才公穆入军赠诗十九首》其一)

　　交颈振翼,容与清流。(同上其三)

　　奕奕素波,转此游鳞。(同上其六)

　　南凌长阜,北厉清渠。(同上其十一)

　　息徒兰圃,秣马华山。流磻平皋,垂纶长川。目送归鸿,手挥五弦。俯仰自得,游心太玄。(同上其十五)

　　闲夜肃清,朗月照轩。(同上其十六)

临川献清沚,微歌发皓齿。素琴挥雅操,清声随风起。(《酒会诗》)

淡淡流水,沦胥而逝。泛泛柏舟,载浮载滞。微啸清风,鼓楫容裔。放棹投竿,优游卒岁。(《四言诗十一首》其一)

朝翔素濑,夕栖灵洲。摇荡清波,与之沉浮。(同上其二)

洗洗白云,顺风而回。渊渊流水,盈坎而颓。(同上其七)

羽化华岳,超越清霄。(同上其十)

微风轻扇,云气四除。皎皎亮月,丽于高隅。(同上其十一)

诗中频繁出现的是清澈的流水、皎洁的月亮、晴朗的天空、清妙的歌声、琴声等形象,悦人耳目,爽人肌骨,畅人心神。抒情主人公(主要是诗人自己)沉醉其间,优游自在,其乐融融,其胸襟是超逸绝俗的。此种境界用一个字来表述曰"清"。

嵇康如此赞美隐逸生活,透露出他对社会现实的极端厌恶,有公然以自己的不俗追求反衬世俗之污浊的意向,在一些诗中他直接抒写了对世俗的厌恶,态度十分激切,如:

俗人不可亲,松乔是可邻。何为秽浊间,动摇增垢尘?(《五言诗三首》其三)

流俗难悟,逐物不还。至人远鉴,归之自然。(《四言赠兄秀才入军诗》其十九)

钟嵘对嵇康的诗作出这样的品题:"过于峻切,讦直露才,伤渊雅之致。"[①]

---

① 曹旭《诗品集注》,上海古籍出版社1994年版,第210页。

"峻切""讦直"一般被认为是嵇康诗表达情思的特点,可以一个字来表述曰"峻"。

境之"清"和情之"峻"可以说是嵇康诗的主要风格特点,合起来曰"清峻"。

嵇、阮二人的诗歌同样显示出他们对现实的强烈不满和傲世绝俗的玄学品格,更显示出两人的个性之异:阮籍的韬晦和嵇康的爽直,阮籍的抑郁狂放和嵇康的潇洒狷介。

第五章　盛唐狂士李白

盛唐是中国历史上的一个高度繁荣昌盛、高度开放自由的时期，也是一个危机四伏的时期。李白堪称最具"盛唐气象"的狂人，也是怀才不遇的士子。他的个性相当复杂，兼具古代著名狂士的个性特征，诸如庄子式的超逸，屈原式的愤怨，孟子式的雄豪，阮籍、刘伶式的放浪，嵇康式的洒落，甚至祢衡式的傲慢无礼等，又具有盛唐士人的热情洋溢。他的诗歌受庄、屈二人影响最深，有《离骚》的怨愤激切，却不像《离骚》那样缠绵抑郁，有庄文的洒脱飘逸，而壮浪纵恣过于庄文，其气势比孟文更为雄豪。

一、开放自由与危机四伏

从南朝刘宋开始，中国士人的士气跌入颓靡柔媚的低谷，这种状况至盛唐之前一直未能发生明显的改观。

刘裕代晋称帝，建立刘宋王朝后，有鉴于东晋士族专擅朝政、威胁皇权的史实，开始削弱豪门士族的势力，以强化皇权。这种政策一直为其后各代所沿用，中国社会由持续了一百余年的门阀政治时期过渡到皇权政治时期。士族地位大大下降，成为皇权的附庸，几乎完全丧失了独立的人格。南朝各代，士族子弟依然可以凭借其门第"平流进取，坐致公卿"，依然是知识分子(士)的主流，但他们的进取精神、社会责任感大不如前，人格柔媚卑污，生活上养尊处优，荒淫颓堕，思想因循守旧，简直是毫无个性。而寒门庶族子弟进入社会上层者虽然比两晋有所增多，但由于门阀观念根深蒂固，一时难以动摇，他们仍然是被歧视的卑微的阶层，诚如唐长孺先生所说："不论寒门地主或是商人在这时期还只能处于卑微的地位，但他们却是统治阶级的一部分。他们自己不能作为一种独立的力量来和上层统治集团(包括皇室和门阀贵族)斗争,他们不但经常利用皇室和门阀贵族间的矛盾来从中获取利益,而且他们还不得不依靠皇室和贵族官僚的保护和提拔。"①(《南朝寒人的兴起》)社会地位的卑微,加上南朝各代统治的黑暗残暴,使他们不得不谨小慎微,苟合取容,心中缠绕着挥之不去的自卑感和危惧感。因此,尽管南朝各代思想信仰比较自由,士人仍然难以树立起独立自由的个性意识。异族统治下的北朝崇尚武功,不重视文化教育,士人的文化修养远逊于南朝,具有较高文化修养的士人大都来自南朝,身处异国他乡和野蛮残暴的异族统治下,他们的内心充满了危惧感、屈辱感,精神萎靡不振,更难以树立起独立自由的个性意识。大一统的隋王朝的创建,结束了三百余年的南北分裂的局面,也基本上结束了盛行三百多年的腐朽的士族阀阅制度。隋炀帝开始实行一套新的人才选拔制度——科举制。科举制的实行导致士庶力量的对比发生了一定程度的变化,然而同样是由于门第观念根深蒂固、难以动摇,寒门庶族子弟还是很难进入社会的上层,进而影响士风,并且在荒淫暴虐的隋炀帝的统治下,士气也不可能有多少起色。短命的大隋王朝灭亡后,中国社会继大汉之后再度进入高度繁荣昌盛的时期——大唐盛世。从太宗开始,大唐与周边国家发生了一系列的战争,屡屡获胜。史书赞颂唐朝:"唐北擒颉利,西灭高昌、焉耆,东破高丽、百济,威制夷狄,方策所未有也。"②战果之辉煌是空前的。而社会安定下来后,太宗又进一步推动了科举制的实行,力图突破门第的限制,广揽人才。大唐帝国的强盛和不拘一格的人才选拔制度的实施让士人尤其是出身于寒门庶族的士人看到了建功立业、施展才能、实现自我价值的希望,他们的心中鼓荡着跃跃欲试的冲动,但此时士人的个性意识尚未觉醒。并且唐初的上层文人大多还是一些隋朝旧臣和受旧时代的风气熏染的高门士族子弟,新时代的洗礼未能完全祛除他们身上的柔媚和颓堕气息,他们缺乏活力,缺乏独立自由的个性意识。太宗朝过后,到高宗朝,隋朝旧臣基本故去,士庶比例进一步变化,尤其是一批寒门庶族的士人开始显露个性,如初唐四杰。可是不久女皇武则天把持朝政,对士人实行拉拢和打压两手政策,士人多数倒向武则天,成为阿谀献媚之徒,只有陈子昂、

---

① 唐长孺《魏晋南北朝史论丛》,河北教育出版社2000年版,第553页。
② 欧阳修、宋祁《新唐书》,中华书局1975年版,第6332页。

骆宾王等个别士人表现出应有的气节个性。武则天谢世后，士气逐渐恢复过来，到玄宗朝，唐朝的国力达到极盛，更多的寒门庶族子弟进入社会上层，与高门士族分庭抗礼，士风发生了明显的转变。此期的士人建功立业的欲望空前高涨，他们不甘沉沦，不甘平庸，乐观进取，追求卓异，显示出一股蓬勃向上的朝气和一往无前的锐气。而三教并行，政治环境的高度开放自由，为士人尽情张扬个性提供了可能。

一个黑暗恐怖得令人战栗、令人难以呼吸视听的时代，很难有狂士涌现，一个美好得无可挑剔的时代也是如此。不过盛唐社会虽然很受后人推崇，却并非无可挑剔，也存在各种各样的矛盾，尤其是天宝年间，可以说是矛盾丛生，最高统治者荒淫废政，奸臣弄权，徇私枉法，排挤贤良，统治集团内部的权力斗争异常激烈，地方割据势力蠢蠢欲动，蓄谋造反……雷声隆隆作响，大乱的暴风雨即将来临。

在这样的社会环境下，贤良正直之士很难有所作为，他们进取无门，心中充满对社会现实的不满和怀才不遇的愤懑。好在这个时代人们还可以比较自由地发声、宣泄，于是众多的狂士应运而生了。其中较有代表性的是"饮中八仙"，他们是贺知章、李琎、李适之、崔宗之、苏晋、李白、张旭、焦遂。大诗人杜甫作《八仙歌》，生动传神地描绘他们的个性形象：

> 知章骑马似乘船，眼花落井水底眠。汝阳三斗始朝天，道逢麹车口流涎，恨不移封向酒泉。左相日兴费万钱，饮如长鲸吸百川，衔杯乐圣称避贤。宗之潇洒美少年，举觞白眼望青天，皎如玉树临风前。苏晋长斋绣佛前，醉中往往爱逃禅。李白斗酒诗百篇，长安市上酒家眠，天子呼来不上船，自称臣是酒中仙。张旭三杯草圣传，脱帽露顶王公前，挥毫落纸如云烟。焦遂五斗方卓然，高谈雄辩惊四筵。

"饮中八仙"包括从王公宰相到布衣不同社会阶层的名士，他们纵酒放任，行为狂放不羁，表现出"不受世情俗务拘束，憧憬个性解放的浪漫精神"[①]，但他们并非不思进取有为，而是欲有为而不能。程千帆先生

---

① 陈贻焮《杜甫评传》，北京大学出版社2003年版，第121页。

指出:"这群被认为是'不受世情俗务拘束,憧憬个性解放'之徒,正是由于曾经欲有所作为,终于被迫无所作为,从而屈从于世情俗务拘束之威力,才逃入醉乡,以发泄其苦闷的。"(《一个醒的和八个醉的》)①尤其是李白有极强的进取欲望,又极为放纵不羁,尽管他有时也不得已而"屈从于世情俗务拘束之威力",但毕竟是禀性难移,个性难改。

二、一身兼备众狂性,侠情仙气不相妨

李白(701—762年)的狂士人格形象极其复杂,古代狂士的个性特征诸如孟子式的雄豪,庄子式的超逸,屈原式的愤怨,阮籍、刘伶式的放浪,嵇康式的洒落,甚至祢衡式的傲慢无礼等在他身上几乎都能看到。

孟子是战国中期儒家学派最杰出的代表人物,他追慕其先师孔子周游列国,试图说服诸侯王,接受自己的政治主张,"兼济天下",不过他的个性气质和其先师孔子明显不同,孔子恪守中庸之道,谦恭有礼;孟子则雄豪激进,锋芒毕露。他对自己的政治才能高度自负,曾毫不谦虚地说:"夫天未欲平治天下也,如欲平治天下,当今之世,舍我其谁也?"(《孟子·公孙丑下》)他自称:"我善养吾浩然之气""其为气也,至大至刚,以直养而无害,则塞于天地之间。其为气也,配义与道;无是,馁也。"(《孟子·公孙丑上》)有了"浩然之气",无论面对谁都能毫不惧怯。因此,他敢于抗礼王侯,在诸侯王面前毫无顾忌地高谈阔论,有时甚至把他们弄得窘迫不堪。孟子这种雄豪激进的狂者气质颇具典范意义,对后世士人的人格精神影响特别显著。

李白首先是一个儒生,自幼接受儒家思想教育,很早就树立起济世救民、建功立业的理想抱负。他宣称自己的抱负是"申管晏之谈,谋帝王之术,奋其智能,愿为辅弼。使寰区大定,海内清一"(《代寿山答孟少府移文书》)。据刘全白《唐故翰林学士李君碣记》说,(李白)"不求小官,以当世之务自负"②,他因为不肯按部就班地从小官升至大官,拒绝参加科举考试。他四处拜谒权贵以求引荐,又曾隐居山林,走"终南捷径",希图

---

① 程千帆、莫砺锋、张宏生《被开拓的诗世界》,上海古籍出版社1990年版,第128页。
② 王琦《李太白全集》,中华书局1977年版,第1460页。

有朝一日得到朝廷重用,"一飞冲天""一鸣惊人"。他的这种求仕方式有点像孔子、孟子等春秋战国游士,而他对自己的政治才能的自负更似孟子。他曾这样夸说自己:"怀经济之才,抗巢由之节。文可以变风俗,学可以究天人,一命不沾,四海称屈。"(《为宋中丞自荐表》)他甚至认为凭借他的才能,安邦定国易如反掌,他自比谢安说:"若用东山谢安石,为君谈笑静胡沙。"(《永王东巡歌》其二)又说自己"暂因苍生起,谈笑安黎元"(《书怀赠蔡舍人雄》),他常以古代圣贤自比,如"自言管葛竟谁许,长吁莫错还闭关"(《驾去温泉后赠杨山人》)、"余亦南阳子,时为梁父吟"(《留别王司马嵩》),将自己比作古代贤相管仲、诸葛亮。他更屡次以大圣人孔子自比:"时命或大谬,仲尼将奈何?"(《纪南陵题五松山》)"君看我才能,何如鲁仲尼?"(《书怀赠南陵常赞府》)尽管仕进遇挫,个人才能难得施展,又被世人讥笑为大言无实,李白的进取之心和对个人政治才能的自负一直未变,如他在天宝四年(公元745年)上诗李邕,开头即以大鹏自比,结尾云:"世人见我恒殊调,见余大言皆冷笑。宣父犹能畏后生,丈夫未可轻年少。"(《上李邕》)其意是在请求李邕重视自己。李白不但毫不谦虚地夸说自己的政治才能,在与权贵交接,甚至在君主面前也毫不拘束,颇有点倨傲不驯,表现出孟子式的人格精神和雄豪气度。清人叶燮的一段评说颇为中肯:"观白挥洒万乘之前,无异长安市上醉眠时,此何如气也!大之即舜禹之巍巍不与,立勋业可以鹰扬牧野,尽节义能为蓬比碎首……历观千古诗人有大名者,舍白之外,孰能有是气者乎!"(《原诗·外篇下》)①这里的"气"可以说就是孟子所标举的"浩然之气"。李白蔑视权贵,对权贵的态度比孟子更为傲慢,有时很像祢衡。他在诗中屡次提到祢衡,如"魏帝营八极,蚁观一祢衡"(《望鹦鹉洲悲祢衡》)、"韩信羞将绛灌比,祢衡耻逐屠沽儿"(《答王十二寒夜独酌有怀》)、"顾惭祢处士,虚对鹦鹉洲"(《经乱离后天恩流夜郎忆旧游书怀赠江夏韦太守良宰》)。尽管他也指出祢衡"寡识",对他的作为不以为然,但实际上他对祢衡是很欣赏、很仰慕的,其人格精神也难免受祢衡的影响。苏轼说他"戏万乘若僚友,视俦列如草芥。雄节迈伦,高气盖世"②(《李太白碑阴记》)又如此描述他的形象:"西望太白横峨岷,眼空四海空无人。大

---

① 王夫之等《清诗话》,上海古籍出版社1999年版,第603页。
② 苏轼《苏轼文集》,中华书局1986年版,第348页。

儿汾阳中书君,小儿天台坐忘身。平生不识高将军,手污吾足乃敢嗔!"(《书丹元子所示李太白真》)①李白这种目空一切的气概与祢衡几无二致。

不过李白试图以孔、孟等先秦游士的方式寻求政治出路,却不能在遭遇挫折时,到其他国家另谋出路。他所处的时代是封建大一统的时代,大唐的上层社会是他唯一可能实现政治抱负的地方,"良禽相木而栖,贤臣择主而事"的先秦古训对他没有意义。天宝元年(公元742年)他为人举荐,入长安,被玄宗封为翰林供奉,不久因遭谗毁为玄宗疏远,被迫离开长安。他的遭遇类似屈原,心态也颇似屈原,他高叫:"大道如青天,我独不得出!"(《行路难》其二)心中涌动着对朝中宵小之徒的憎恨和个人政治失意的不平,情绪是愤怨的。然而他并不像屈原那样忧伤抑郁,不能自解。"投汨笑古人,临濠得天和"(《书情赠蔡舍人雄》),这两句诗颇能见出他的人生态度:他对屈原愤而投江自尽不以为然,认同庄子濠上观鱼时表现出来的物我合一的逍遥态度。

在唐朝士人中,李白和道教的关系特别密切。周勋初先生指出:"唐代皇帝以姓李之故,推尊老子李耳为始祖,从而提倡道教。一些姓李的诗人,像李白、李贺、李商隐等,也都攀龙附凤,自以为老子后裔,从而信奉道教。"②据说李白十五岁就正式入道了,后来又多次接受道箓。然而相对于老子,他的价值观和精神个性受庄子的影响更为显著。庄子是一个道家避世型狂士,鄙弃诸如仁义礼法、功名利禄等一切世俗的价值观,以功业道德为后世崇仰的尧、舜、周、孔等帝王圣贤几乎都被他骂遍,他追求的是摆脱一切束缚的绝对自由的境界。李白不是一个避世者,他有很强烈的功名欲望,特别仰慕古代的贤人。但他有时也说出一些否定功名富贵,不敬圣贤的话,尤其是政治上遭受挫折之时,如"功名富贵若长在,汉水亦应西北流"(《江上吟》),"乍向草中耿介死,不求黄金笼里生"(《设辟邪伎鼓吹雉子班曲辞》),"安能摧眉折腰事权贵,使我不得开心颜"(《梦游天姥吟留别》),"我本楚狂人,凤歌笑孔丘"(《庐山谣寄卢侍御虚舟》)。他说自己追求神仙长生,极端蔑视权势地位及世间庸众的嘲讽,"蝉翼九五,以求长生。下士大笑,如苍蝇声"(《来日大难》),这些话

---

① 苏轼《苏轼诗集》,中华书局1982年版,第1995页。
② 周勋初《周勋初文集》第4册,江苏古籍出版社2000年版,第354页。

是他不得意之时的发泄之辞,但确实也表现出他傲岸不屈、清高超俗的个性特征,很像庄子。而他的外在行为举止更像曹魏正始名士嵇康、阮籍和刘伶。嵇、阮、刘身处司马氏专擅朝政的时代,政治气候异常黑暗恐怖。建功立业的愿望无法实现已使他们的心灵承受着巨大的痛苦,而他们更置身于生命朝不虑夕的危境,承受着不能明言的死亡恐怖。他们对现实强烈不满,却不能公开抗议,于是就以佯狂纵酒来宣泄苦闷、不满,又韬晦自全。相对而言,嵇康比较桀骜不驯,风流自赏;阮、刘更为任情不羁,惊世骇俗。李白内心的苦闷更接近屈原,而他宣泄苦闷的方式则更似阮、刘,杜甫说他:"纵酒狂歌空度日,飞扬跋扈为谁雄。"(《赠李白》)又说:"不见李生久,佯狂真可哀。"(《不见》)他像阮、刘一样佯狂纵酒、放浪不羁。

李白不但以才华、人格、境界自负,对自己的神采、风度也颇为自负,经常对人得意地宣扬道士司马承祯对他的品题:"仙风道骨,可与神游八极之表。"(《大鹏赋》)他不只一次地在诗文中自豪地转述贺知章对他的称赏:"太子宾客贺公,于长安紫极宫一见余,呼余为谪仙人。"(《对酒忆贺监》序)"即四明逸老贺知章,呼余为谪仙人,盖实录耳。"(《金陵与诸贤送权十一序》)"四明有狂客,风流贺季真。长安一相见,呼我谪仙人。"(《对酒忆贺监》)他言行举止倜傥洒落,毫不掩饰对个人神采风度的自赏自负,有点像嵇康。而从他这些自我夸扬之语中,可以见出他对个人神采风度的自负有过于嵇康。司马承祯、贺知章等人的称赏使李白确信自己是下凡仙人,可以蔑视一切世间礼法和社会秩序,从此李白的行为更为狂放不羁,更具叛逆性。

李白的狂士人格形象的特异处更表现在任侠尚义精神上。任侠尚义精神是初盛唐士人普遍追求的,初盛唐咏侠诗创作的高度繁荣即证明了这一点。李白是一个慷慨游侠,最具任侠尚义精神。他轻财好施,曾自云:"曩昔东游维扬,不逾一年,散金三十余万,有落魄公子,悉皆济之。"(《上安州裴长史书》)他"十五好剑术,遍干诸侯"(《与韩荆州书》),他自言曾行侠杀人,如魏万所传,他"少任侠,曾手刃数人"(《李翰林集序》)。他在诗中对行侠杀人的行为极表赞赏:"酒后竞风采,三杯弄宝刀。杀人如剪草,剧孟同游遨。"(《白马篇》)他认为行侠是一种英雄行为,值得为之付出生命的代价:"纵死侠骨香,不惭世上英。"(《侠客行》)

然而行侠杀人一向不被封建礼法所认可。先秦法家的集大成者韩非子将侠与儒相提并论曰："儒以文乱法,侠以武犯禁。"(《韩非子·五蠹》)侠客的行为具有强烈的破坏封建秩序、冲决封建礼法桎梏的叛逆性。对于李白来说,行侠是践履济世救民理想、博取声誉的一种手段,也是展示其狂放不羁的自由人格的一种方式。

龚自珍如此评价李白的诗歌,他说:"庄、屈实二,不可以并,并之以为心,自白始;儒、仙、侠实三,不可以合,合之以为气,又自白始也。其斯以为白之真源也已。"(《最录李白集》)[1]李白的狂士人格结构也呈现出庄、屈、儒、仙、侠多元统一的特点。他有时像屈原那样执着怨愤,却不像屈原那样抑郁不舒;他有时像孟子那样雄豪激进,却不像孟子那样入世践实;他本质上是一个道家型的士人,像庄子那样愤世嫉俗,凌虚蹈空,却不像庄子那样消极避世。他以"谪仙人"自居,来人间为的是济世救民,然后功成身退,飘然远引,所以他佯狂纵酒,行侠杀人,蔑视世间的一切礼法秩序。狂放飘逸是李白个性形象的最突出的特点。李白的个性形象体现了盛唐社会海纳百川、兼容并包、恢宏雄放的时代精神。

三、怨而不抑、豪放飘逸、风流俊爽

李白很早就立下济苍生、安社稷的理想抱负,对个人才能极为自负,却一生怀才不遇。不幸的际遇激化了他对黑暗现实的不满情绪,然而与杜甫不同的是,他很少对现实生活做如实的描写,他着重抒写的是个人的主观感受,多用比兴手法。"杜子美原本经史,诗体专是赋,故多切实之语。李太白枕藉庄、骚,长于比兴,故多惝恍之词。"(《剑谿说诗》卷上)[2]《梁甫吟》是李白入长安追求政治理想遭权奸谗毁,"赐金放还"后创作的。此诗几乎全用比兴,其最突出的特点是借大量历史故事和神话传说,抒写怀才不遇的怨愤,揭露朝政的黑暗。明人榭榛曰:"堆垛古人,谓之'点鬼簿'。太白长篇用之,自不为病,盖本于屈原。"(《四溟诗

---

[1] 夏田蓝编《龚定庵全集类编》,中国书店1991年版,第291页。
[2] 郭绍虞主编《清诗话续编》,上海古籍出版社1983年版,第1087页。

话》）①此法或以古人自比，或借古人反衬，是屈原常用的手法。以下数句尤其接近屈原：

> 我欲攀龙见明主，雷公砰訇震天鼓，帝旁投壶多玉女。三时大笑开电光，倏烁晦冥起风雨。阊阖九门不可通，以额扣关阍者怒。

在这里，诗人以天庭比当朝，以"玉女"比佞倖，抒写皇帝为佞倖小人包围，贤人无法接近的现实。其中"阊阖九门不可通，以额扣关阍者怒"二句明显化用《离骚》里的"吾令帝阍开关兮，倚阊阖而望予"二句。

《鸣皋歌送岑征君》是一首送别诗。在这首诗中，诗人既抒写别情，又写宵小得志，贤人失志的不平。此诗比《梁甫吟》更近屈原风格，如"鸡聚族以争食，凤孤飞而无邻。蝘蜓嘲龙，鱼目混珍。嫫母衣锦，西施负薪"，以"鸡""蝘蜓""鱼目""嫫母"比宵小，以"凤""龙""珍""西施"比贤人，这类手法是屈原作品中常用的善恶对举式的比兴手法。

李诗对屈原作品的依傍，在以上例述中可见一斑。不过就其风格而言，李诗不像屈诗那样缠绵抑郁，而是怨而不抑、狂放飘逸的，这种风格显然更近庄文。

裴敬说李白："为诗格高旨远，若在天上物外，神仙会集，云行鹤驾，想见飘然之状；视尘中屑屑米粒，虫蜇纷扰，菌蠢羁绊蹂躏之比。"（《翰林学士李公墓碑》）②这种"神仙会集，云行鹤驾"的境界在李白笔下频繁呈现，如《游泰山六首》这类记游诗，展示出来的也多是虚幻的神仙境界。此种境界与《离骚》中的境界相似，但《离骚》给人的审美感受并不飘逸，明人陈继儒云："盖屈原、庄周皆哀乐过人者也。哀者，毗于阴，故《离骚》孤沉而深往；乐者，毗于阳，故南华奔放而飘飞。"（出自明蒋之翘《七十二家评楚辞》）③由于借鉴《离骚》的仙境描写，李白的诗歌（尤其是游仙类）境界迷离绚烂，颇似《离骚》，而风神飘逸，则近于庄文。

庄子是第一个较多地运用壮大的形象和极度夸张手法说理的哲人，

---

① 丁福保辑《历代诗话续编》，中华书局1983年版，第1150页。
② 王琦《李太白全集》，中华书局1977年版，第1470页。
③ 杨金鼎《楚辞评论资料选》，湖北人民出版社1984年版，第273页。

如大鹏、巨鱼、百川灌河等都首出于《庄子》一书。李白则是大量运用壮大的形象抒情的诗人，如长鲸、大鹏、高山、大河、沧海、长风等都是李诗中常见的形象。

李白惯于运用极度夸张的手法突出描写对象的特点，如以"上有六龙回日之高标，下有冲波逆折之回川"（《蜀道难》）夸写蜀道之险峻；以"天台四万八千丈，对此欲倒东南倾"（《梦游天姥吟留别》）夸写天姥山之巍峨；以"一风三日吹倒山，白浪高于瓦官阁"（《横江词》）夸写横江浦的风险浪高；他极言庐山瀑布落势之壮曰："挂流三百丈，喷壑数十里。忽如飞电来，隐若白虹起。初惊河汉落，半洒云天里"（《望庐山瀑布》其一），"飞流直下三千尺，疑是银河落九天"（《望庐山瀑布》其二）。在以上所举之例中，诗人以极度夸张的手法极为成功地突出了表现对象某一个方面的特点，并且赋予实有之物以神奇的色彩，此为化实为虚；而对处于静止状态的高山之类往往能作化静为动的夸张，此于以上所举之两例中明显可见。李白有时还极度夸张某些微小之物，如"白发三千丈，缘愁似个长"（《秋浦歌十七首》），"燕山雪花大如席，片片吹落琼瑶台"（《北风行》），对"白发"和"雪花"作如此夸张，真是匪夷所思。更有一点与前人不同，李白经常夸张自我，如以大鹏自比曰："大鹏一日同风起，扶摇直上九万里。假令风歇时下来，犹能簸却沧溟水。"（《上李邕》）自夸笔力之雄健曰："兴酣落笔摇五岳，诗成笑傲凌沧洲。"（《江上吟》）夸张想象自己在平乱战争中一展"雄风"曰："壮士奋，雄风生，安得倚天剑，跨海斩长鲸。"（《临江王节士歌》）夸写自己内心的豪兴曰："我且为君槌碎黄鹤楼，君亦为我倒却鹦鹉洲。"（《江夏赠韦南陵冰》）由于注入了真情实感，李白诗中的夸张丝毫不显得虚假造作。李白在诗中大量运用动势猛烈的壮大形象和极度夸张的手法，在古人中最似庄子，而其中所注入的激情过于庄子，充分显示了李白比庄子更为狂放的个性。

由于个性的狂放不羁，李白创作诗歌往往一任情感的自由倾泻，不加节制。"李白则飘扬振激，如浮云转石，势不可遏。"（《能改斋漫录》引刘次庄语）[1]"太白雄姿逸气，纵横无方，所谓天马行空，一息千里。"（《唐诗境》）[2]他内心蕴涵着巨大的情感能量，奔涌而出，气势极其壮盛。

---

[1] 陈伯海《唐诗汇评》，浙江教育出版社1995年版，第550页。
[2] 陈伯海《唐诗汇评》，浙江教育出版社1995年版，第552页。

乐府诗《蜀道难》《将进酒》，歌行《宣州谢朓楼饯别校书叔云》《鸣皋歌送岑征君》都是典型的例子。《将进酒》为乐府鼓吹曲辞类，创作宗旨在于劝人饮酒。李白这篇乐府为劝友人岑勋、元丹丘尽情饮酒而作，借此抒发自己的失意情怀，抒情色彩极其浓烈。这首诗开头以排比长句夸张起兴，悲叹人生短暂，揭示当畅饮美酒的原因："君不见，黄河之水天上来，奔流到海不复回；君不见，高堂明镜悲白发，朝如青丝暮成雪。"二句凭空起势，如天风海涛，掀天揭地而来，为此诗定下狂放不羁的基调。面对如此短暂易逝的人生，我们应该作出怎样的生活抉择呢？李白劝告友人应该纵情行乐，畅饮美酒，要不惜千金，要"一饮三百杯"，不要停杯。至此诗情转向高昂，更加狂放。接下来是李白为友人劝饮助兴作的短歌，歌曰："钟鼓馔玉不足贵，但愿长醉不复醒。古来圣贤皆寂寞，惟有饮者留其名。陈王昔时宴平乐，斗酒十千恣欢谑。主人何为言少钱，径须沽取对君酌。五花马，千金裘，呼儿将出换美酒，与尔同销万古愁。"短歌前六句的意思是说富贵不值得去追求，唯愿沉醉酒中。古来的圣贤都默默无闻，只有饮酒者留下美名。陈思王曹植就是其中之一，他曾在平乐观开宴，挥金如土，畅饮美酒，尽情寻欢作乐。因此他劝告主人，不必在意金钱，钱用尽了，就用宝马、狐裘换酒，与友人畅饮。此数句照应"千金散尽"句，情绪显然更加狂放，并且狂放中有苦闷激愤。

《宣州谢朓楼饯别校书叔云》是李白在宣城饯别族叔秘书省校书郎李云创作的。发端以两长句"弃我去者，昨日之日不可留；乱我心者，今日之日多烦忧"，抒写强烈的苦闷情绪，有一泻千里之势，与《将进酒》的开头异曲同工。三四句"长风万里送秋雁，对此可以酣高楼"，点出"饯别"，面对眼前高爽壮阔的境界，当开怀畅饮，诗人暂时从苦闷中挣脱出来。五六句赞美主客双方的文采风流，七八句夸写二人此时的意兴，说二人酒酣兴发，简直要飞上青天揽取明月，情绪昂扬达到高潮，心中的苦闷情绪一扫而空。然而诗人一想起自己的现实处境，苦闷的情绪就再度袭来，"抽刀断水水更流，举杯消愁愁更愁"，举杯痛饮也不能消除，于是他的心中产生了飘然远引，荡舟江湖的念头。

这两首诗承转过度的痕迹有隐显之异，《将进酒》稍明显一些，《宣州谢朓楼饯别校书叔云》则根本看不到承转过度的痕迹。然而两诗的抒情结构特点大致无别：大开大阖、大起大落，情绪倏忽变化，无端而来，无端而去,而狂放的气势贯穿全篇。黄庭坚说:"余评李白诗如皇帝张乐于洞庭之野,无首无尾,不主故常,非墨工楑人所可拟议。"(《题李白诗草后》)①这种抒情结构显然更接近于庄子散文。《庄子·天下》说庄文的表现方式是"以天下为沉浊,不可与庄语,以卮言为曼衍,以重言为真,以寓言为广"。对于"卮言",解说纷纭不一,其中司马彪认为是"支离无首尾之言"②,此说最能从庄文中得到印证,堪称确解。后世最能传庄子之法乳者是李白,其中"卮言"法是李白常用的一种手法。清人方东树说:"大约太白诗与庄子文同妙:意接词不接,发想无端,如天上白云,卷舒灭现,无有定型。"③正说明李白诗歌的抒情结构受庄文的影响。

李白的乐府歌行表达情思往往倏忽变化,起落无端,而随着情思的起落变化,句式也错综变化,极其自由随意。如《将进酒》以七言为主,杂以三、五、十言,《蜀道难》也以七言为主,杂以三、四、五、十一言,《梦游天姥吟留别》以七言为主,杂以四、五、九言和骚体句式。长短的自由变化,极大地强化了李诗狂放的风格特点。这种语言风格,在古人中也最似庄子。

李白在形式自由的乐府歌行中淋漓尽致地展示了他狂放不羁的个性,而且在格律谨严的近体诗中注入了狂放不羁的气势。

绝句是近体诗中相对比较自由的诗体,李白特别擅长此体,如明人李攀龙说:"(太白)五七言绝句,实唐三百年一人,盖以不用意得之,即太白亦不自知其所至,而工者顾失焉。"(《唐诗选序》)④相对而言,李白的七绝更见个性,"太白七言绝句,多一气贯成者,最得歌行之体"(《唐诗选脉会通评林》)⑤。如《望庐山瀑布》:"日照香炉生紫烟,遥看瀑布挂前川。飞流直下三千尺,疑是银河落九天。"以极度夸张的手法状写庐山瀑布,真可谓"万里一泻,末势犹壮",与歌行体相近。不过七绝虽是相对自由的诗体,格式毕竟较为固定,李白时常突破格律的束缚,如《山中与幽人对酌》:"两人对酌山花开,一杯一杯复一杯。我醉欲眠卿且去,明朝有意抱琴来。"写与友人对酌的情景,态度自由不拘,形式也同样自由不拘,

---

① 陈伯海《唐诗汇评》,浙江教育出版社1995年版,第550页。
② 王弼、郭象《老子·庄子》,上海古籍出版社1995年版,第304页。
③ 方东树《昭昧詹言》,人民文学出版社1961年版,第249页。
④ 陈伯海《唐诗汇评》,浙江教育出版社1995年版,第552页。
⑤ 陈伯海《唐诗汇评》,浙江教育出版社1995年版,第553页。

其前二句运用的完全是歌行体的句法,前句句尾用近体诗避忌的三平调,后句在节奏点上,连用三个"杯"字,不合近体诗的粘对规则,是歌行体常用的句法。

五七言律诗在平仄、对偶等方面都有严格的要求,尤其是七律是唐代才定型的格律极严整的诗体。与李白同时的大诗人杜甫留下来的七律达一百五十一首,而李白留下来的较合于七律体式者仅有八首。总的来看,成就不高,并且除《题雍丘崔明府丹灶》和被疑为伪作的《送贺监归四明应制》二首外,其余六首都不完全合律。许学夷说:"太白七言律,集中仅得八篇,骀荡自然,不假雕饰,虽入小变,要亦非浅才可到也。"①指出李白七律形式自由随意,新变不很显著的特点。李白很少创作七律,部分的原因是七律在当时还不是十分流行的诗体,更重要的原因是七律对李白狂放不羁的个性是一种严重的束缚。相对而言,五律则是当时完全成熟的,较容易驾驭的诗体。李白留下来的五律达到七十多首,他熟练地把握了这种诗体,表现出强烈的个性。"青莲五律无一首不意在笔先,扫尽人千万言,破空而下。"(《精选五七言律耐吟集》)②此论或许有些夸张,却道出了李白五律的主要风格特点。这一特点,可从下引两首诗中分明见出:"青山横北郭,白水绕东城。此地一为别,孤蓬万里征。浮云游子意,落日故人情。挥手自兹去,萧萧班马鸣。"(《送友人》)"我来竟何事,高卧沙丘城。城边有古树,日夕连秋声。鲁酒不可醉,齐歌空复情。思君若汶水,浩荡寄南征。"(《沙丘城下寄杜甫》)这两首五律一写送别之情,一写别后相思之情,营造出广阔的空间背景,诗人无限的怅惘意绪,一气奔迸而出,荡人心魂。两首诗的颔联都用流水对,对仗显然不够工致,然而这正体现了李白律诗灵活自如的特点。《唐诗三百首》引述前人之论曰:"以谪仙之笔作律,如骖神龙于池沼中,虽勺水无波,而屈伸盘拏,出没变化,自不可遏,须从空灵一气处求之。"③许学夷说:"太白五七言律,以才力兴趣求之,当知非诸家所及;若必于句格法律求之,殆不能与诸家争衡矣。"④两条评语一说李白能在局促的律诗框架中驰骋自如,

---

① 许学夷《诗源辨体》,人民文学出版社 1987 年版,第 205 页。
② 陈伯海《唐诗汇评》,浙江教育出版社 1995 年版,第 680 页。
③ 喻守真《唐诗三百首详析》,中华书局 1957 年版,第 171 页。
④ 许学夷《诗源辨体》,人民文学出版社 1987 年版,第 205 页。

一说李白不为律诗框架所桎梏,此正见出李白能将狂放不羁的气势注入律诗的非凡才气。

由上论可知,李白的诗歌大源出于屈、庄,而风格更与庄文为近。由于李白是酒徒、是游侠,又以"谪仙人"自许,风流自赏,他比庄子更为狂放不羁,这些个性因素体现在诗歌创作中,所呈现出来的风格比庄文更为壮浪纵恣,且有庄文所缺乏的风流俊爽。又由于李白不像庄子那样消极避世,其强烈的进取精神很像孟子,内心涌动着强烈的安邦济世、一展雄才的热情冲动,如此的热情冲动灌注在诗歌中,就使他的诗歌呈现出比孟子散文更为豪猛的气势。

李阳冰在《草堂集序》中说:"自三代以来,《风》《骚》之后,驰驱屈、宋,鞭挞扬、马,千载独步,唯公一人。故王公趋风,列岳结轨群贤翕习,如鸟归凤。卢黄门云:'陈拾遗横制颓波,天下质文,翕然一变。'至今朝诗体尚有梁陈宫掖之风,至公大变,扫地以尽。"[①]李白将极其独特的精神个性展示在诗歌创作中,形成极其独特的艺术形态,从而扫荡了梁陈余习,推动了诗风的转变。

---

① 王琦《李太白全集》,中华书局1977年版,第1445页。

第六章　中唐狂士韩愈

韩愈是中唐朝政腐败、藩镇割据、混乱衰败、亟待振兴的时代背景下和特殊的家庭环境中涌现出来的狂士。他对当时藩镇割据的政治局面极为忧虑,强烈呼吁统一思想,"抵排异端,攘斥佛老",他有宏伟的抱负,高度的历史使命感,非凡的勇气,强烈的正义感、进取意志和好奇反俗的趣味,又具有明显的人格瑕疵。他的作品形成了与之大致相符的审美表现形态:散文呈现出雄豪壮伟、奔放不羁的风格特点;诗歌亦呈现出相似的风格特点,而荒诞不经的特点尤为突出,有违"不语怪力乱神"的儒家文化精神。

一、藩镇割据与朝纲紊乱

安史之乱导致大唐帝国的严重衰变。郭子仪在一篇奏疏中较详细地描述大乱所造成的破坏:"夫以东周之地,久陷贼中,宫室焚烧,十不存一,百曹荒废,曾无尺椽。中间畿内,不满千户。井邑榛棘,豺狼所嗥。既乏军储,又鲜人力。东至郑、汴,达于徐方,北自覃怀,经于相土,人烟断绝,千里萧条。"(《请车驾还京奏》)[①]沦陷区一派荒凉凄惨的景象,令人触目惊心。大乱造成皇权的严重削弱。为了维护苟安的政治局面,安抚众心,统治者不得不增加藩镇数量,大封功臣降将。藩镇拒绝向中央纳税,割据称雄,甚至兴兵作乱。很多藩镇首领(节度使)不由中央任命,公然搞世袭制,父子兄弟相传,甚至由军士们拥立,从肃宗始,军士逐帅、杀帅的事件时有发生。

对此,《资治通鉴》评述道:"今唐治军而不顾礼,使士卒得以陵偏裨,偏裨得以陵将帅,则将帅之陵天子,自然之势也。由是祸乱继起,兵革不

[①] 董诰《全唐文》,中华书局1983年版,第3366页。

息,民坠涂炭,无所控诉。"①赵翼在《廿二史札记》也指出:"秦汉六朝以来,有叛将无叛兵。至唐中叶以后,则方镇兵变比比而是。盖藩帅既不守臣节,毋怪乎其下从而效之,逐帅、杀帅视为常事。为之帅者,既虑其变而为肘腋之患,又欲结其心以为爪牙之助,遂不敢制以威令,而徒恃厚其恩施,此骄兵之所以益横也。"②

地方的混乱状态朝廷既无力控制,从宪宗朝开始,宫廷内部的乱象也愈演愈烈。其中宦官权势熏天,专横跋扈,肆意妄为,可谓前所未有,且看《廿二史札记》中的评说:"东汉及前明宦官之祸烈矣,然犹窃主权以肆虐天下,至唐则宦官之权反在人主之上,立君、弑君、废君,有同儿戏,实古来未有之变也。推原祸始,总由于使之掌禁兵、管枢密,所谓倒持太阿而授之以柄,及其势已成,虽有英君察相,亦无如之何矣。"③宦官专权从玄宗朝开始,高力士、李辅国、李揆、鱼朝恩、程元振等中朝官贪贿不法,肆意迫害废黜功臣良将,权势之大,令人侧目。到后来,宦官的权势更凌驾于皇帝之上,他们控制禁军(神策军),操纵枢秘院,不但肆意任免官员包括宰相,而且对皇帝也敢于肆行废立杀戮。

而朝廷官僚固位、升迁,地方官吏获取高位的捷径竟然是讨好贿赂宦官,为了个人地位、利益,很多官员不惜自污名节,与宦官同流,很多有才能、有气节之士遭到排挤、打击。同样令人痛心的是,中唐时期又迎来了牛、李两大朋党交替执政的时期。科场出身的李宗闵、牛僧儒和门荫出身的李德裕两个党派相互倾轧、相互打压,斗争异常激烈。两党人士为了获得宦官的支持,"都勾结宦官,与宦官狼狈为奸,表现了统治集团的腐朽"④。人们对两党所持的褒贬意见虽有不同,但事实上两派并无正邪之分,如柳诒徵谓:"唐之牛僧儒、李德裕,虽似两党之魁,然所争者官位,所报者私怨,亦无政策可言,故虽号为党,而皆非政党也。"⑤

藩镇割据、宦官专政、朋党之争种种社会乱相表明大唐王朝已到了礼崩乐坏的状态,社会风气恶化,到了难以收拾的地步。皇甫湜在《制策》中失望地说:"自中代以还,求理者继作,皆意甚砥砺,而效难彰明;莫

---

① 司马光《资治通鉴》,中华书局1956年版,第7066页。
② 赵翼《廿二史札记》,中华书局1984年版,第431页。
③ 赵翼《廿二史札记》,中华书局1984年版,第424页。
④ 翦伯赞《中国史纲要》,人民出版社1983年版,第478—479页。
⑤ 柳诒徵《中国文化史》,东方出版社1988年版,第517页。

不欲还朴厚,而浇风常扇;莫不欲遵简约,而侈物常贵;莫不欲远小人,而巧谀常近;莫不欲近庄士,而忠直常疏;莫不欲勉人于义,而廉隅常不修;莫不欲禁人为非,而抵冒常不息。"(《对贤良方正直言极谏策》)[①]封建士人自幼受儒家思想教育,以治国平天下为职志,具有高度的社会责任感,这混乱、堕落的景象不免让他们悲观失望,他们无力改变现实,心中萌生一种消极颓丧、逃避现实、苟且偷安的心理,盛唐士人那种乐观向上、积极浪漫的精神已荡然无存。到德宗登基后,尽管混乱的局面仍然在延续,经济却逐渐走出大萧条的低谷,社会也相对安定了一点,士人心中的冰凌逐渐融解,涌起变革现实,挽救危机,振兴国家的热情。文学名家如刘禹锡、柳宗元、白居易等都敢于揭露当时的社会弊端,指奸责佞,勇于承担社会责任,展示出独立进取的精神风范,而韩愈更是其中的翘楚。

二、抵排异端、以儒家道统自任

韩愈(768—824年)三岁即成孤儿,依兄嫂为生,特殊的生存环境使他明显比同龄人早熟,很早就开始自觉地读书习文,勤奋异常,进取意志特别强烈。他曾真诚地自言其读书求学的目的:"仆始年十六七时,未知人事,读圣人之书,以为人之仕者,皆为人耳,非有利乎己也。及年二十时,苦家贫,衣食不足,谋于所亲,然后知仕之不唯为人耳。"(《答崔立之书》)韩愈很坦率地承认,他的进取不仅为人也是为己。如前所述,韩愈所处的是这样一个时代,唐王朝在战乱的废墟中急待复兴,而摆在人们面前的却是一个礼坏乐崩的社会现实。如此的现实在他的心中激起强烈的历史使命感。个人和社会两方面的因素造就了韩愈执着进取的个性。

科考是士人走向仕途的必由之路,而进士科考试通过后,还要必须参加吏部主持的考试,才可能进入仕途,韩愈连续三次参加博学宏词科考试,可惜都没有通过,不得不走上书求仕一途。他于贞元十一年(公元795年)曾三次上书当朝宰相,痛陈自己的处境和抱负,请求宰相保荐,谦卑的词气中透漏出对自己才能的高度自信和执着的进取意志。后来他在仕途上虽然多受挫折,却从未产生退隐的念头。

[①] 董诰《全唐文》,中华书局1983年版,第7015页。

在专制制度下,有社会责任感的士人不少,但不畏强暴、不为势力所屈,敢作敢为者却不多见。韩愈历经坎坷,二十九岁走上仕途后,无论在朝廷还是在地方,都显示出常人所不及的社会责任感和非凡的勇气。贞元十九年(公元803年),京畿地区,先旱后霜,灾情极其严重,京兆尹李实却不据实上报,照旧向百姓征税,并对敢于说破实情和表示不满的人痛下杀手。据史籍所载:"京兆尹嗣道王实务征求以给进奉,言于上曰:'今岁虽旱而禾苗甚美。'由是租税皆不免,人穷至坏屋卖瓦木、麦苗以输官。优人成辅端为谣嘲之,实奏辅端诽谤朝政,杖杀之。"[①]大旱导致粮食大幅度减产,百姓为了上交赋税,被迫拆屋卖瓦木和麦苗;戏子成辅端忍不住作歌以讽,竟被杖杀。在李实的淫威震慑下,朝野上下几乎无人敢言。当时任监察御史的韩愈却上表据实以奏,为民请命:

> 臣伏以今年以来,京畿诸县,夏逢亢旱,秋又早霜,田种所收,十不存一。陛下恩逾慈母,仁过春阳,租赋之间,例皆蠲免,所征至少,所放至多。上恩虽宏,下困犹甚。至闻有弃子逐妻,以求口食,拆屋伐树,以纳税钱,寒馁道涂,毙踣沟壑。有者,皆已输纳;无者,徒被追征。臣愚以为此皆群臣之所未言,陛下之所未知者也。臣窃见陛下怜念黎元,同于赤子。至或犯法当戮,犹且宽而宥之,况此无辜之人,岂有知而不救?又京师者,四方之腹心,国家之根本,其百姓实宜倍加忧恤。今瑞雪频降,来年必丰。急之,则得少而并且停征,容至来年蚕麦,庶得少有存立。(《御史台上论天旱人饥状》)

此文表达了韩愈拳拳的忧民之心,矛头直指李实,对德宗皇帝,在遵循表状文特有的皇帝圣明这个俗套的前提下,也流露出批判锋芒。为此韩愈被贬为阳山县令。

元和五年(公元810年)韩愈任河南令。在河南,韩愈本以为找到了一个避害远祸的地方,不料在那里发生的不法事件让他无法回避。一些市井无赖"以钱财贿将吏,盗相公文牒,窃注名姓于军籍中"(《上留守郑相公启》)冒充军人,公然为非作歹,欺压良善。当时的官府对这些不法

[①] 司马光《资治通鉴》,中华书局1956年版,第7604页。

军人听之任之,姑息忍让。韩愈则毫不容情地予以惩治,"追而问""怒而杖"。这些不法军人向东都留守郑余庆诉冤,郑余庆屈从于军人的威胁,竟予以袒护,反而"追捕所告受辱骂者"。韩愈很尊敬郑余庆,但对郑这种颠倒是非的行径十分愤怒。他上书辩白,在书信的结尾,他表示:"愈无适时才用,渐不喜为吏,得一事为名,可日罢去,不啻如弃涕唾,无一分顾藉心。顾丧大君子纤介意如丘山重。守官去官,惟今日挥指。"(《上留守郑相公启》)他表示宁可辞官也决不妥协退缩,充分显示了果敢倔强的个性。

后来证实这些假冒的军人多为欲谋叛乱的藩镇所私养的,皇甫湜《韩愈神道碑》云:"魏、郓、幽、镇各为留邸,贮潜卒以橐罪士,官无敢问者。"①正因为有藩镇这个后台,他们才如此骄横跋扈。韩愈对这些军人的惩治,无疑在一定程度上打击了藩镇势力的嚣张气焰。

韩愈强烈反对藩镇割据,以恢复国家的安定统一为历史使命,在与藩镇割据势力的斗争中更表现出非凡的勇气。

元和年间最难控制的藩镇是平卢、魏博、成德、彰义(淮西),四镇结成联盟,共同抗拒朝廷。朝廷先采取分化的政策,然后于元和十年(公元815年)决定发兵讨伐淮西吴元济。此计划遭到平卢节度使李师道的破坏,朝廷的苟安势力又乘机唱起主和的论调。韩愈是坚定的主战派,他受命撰写《论淮西事宜状》,坚决支持武元衡、裴度。裴度率兵出征,在出征之列的武将张茂和托病不敢赴战,而文官韩愈则踊跃随行,参预军机,镇定自若。长庆二年(公元822年)二月初,兵部侍郎韩愈在无人敢往的情况下,自请宣抚杀帅叛乱的镇州,面对叛军首领王廷凑他毫无惧色,慷慨陈词,完全将生死置之度外。据皇甫湜《韩愈神道碑》所述:"王廷凑屠衣冠,围牛元翼,人情望之若大虵虺,先生奉诏入贼,渊然无事行者。既至,召众贼帅前,抗声数责,致天子命,词辩而锐,悉其机情,贼众惧伏。贼帅曰:'惟公指。'公乃约之出元翼,归士大夫之丧。功可意而复,穆公大喜,且欲相之。"②韩愈从容镇定,义正词严地折服了叛军首领,圆满地完成了宣慰使命。韩愈这一壮举轰动朝野,赢得了普遍的赞许,千百年后的人们追想他宣慰镇州时的英风壮概,都不禁发出由衷的赞叹之声,

---

① 董诰《全唐文》,中华书局 1983 年版,第 7038 页。
② 董诰《全唐文》,中华书局 1983 年版,第 7038 页。

如:"诏许迟留,而奋迅如此,仁者之勇,庶无愧焉。"[1]韩愈表现出来的是一种大无畏的"仁者之勇"!

安史之乱结束后,大唐王朝出现了以藩镇割据为主要标志的纲常紊乱、礼崩乐坏的局面。那么这种局面形成的根源是什么?韩愈认为是意识形态领域的混乱。要结束乱局,必须统一思想,排斥异端,恢复孔孟之道的权威地位,加强中央集权。因此韩愈反佛老,尊孔孟,立场坚定,态度决绝。

唐朝是儒、释、道三教并行的时代,佛、老二教特别盛行。以老子李耳为始祖的道教在唐初即被立为国教,其发展盛况空前,而佛教在持续的发展中自然达到了极盛阶段。出家的道士、女冠和僧尼及其一般信众数量激增,而最高统治者也多予以大力支持,推波助澜。

元和十年(公元815年),宪宗皇帝举行盛大的仪式迎接从印度送来的佛骨,文武众臣将随同观礼,没有异议,唯独韩愈上书,激烈反对。在《论佛骨表》这篇奏章中,韩愈通过佛教传入中国前后的帝王享寿长短的比较,尖锐地指出事佛不但不能增寿添福,适足以损寿招祸;又指出迎佛骨将会产生伤风败俗的恶劣影响,甚至说佛骨为凶秽之物,应该投之于水火,如果有什么灾殃愿一人承受,九死不悔。宪宗御览言辞如此偏激的奏章,怒不可遏地说:"愈言我奉佛太过,犹可容,至谓东汉奉佛以后,天子咸夭促,何言之乖剌邪?愈为人臣,敢尔狂妄,固不可赦。"(《新唐书·韩愈传》)[2]韩愈因为冒犯天威,差点丢了性命,幸得朋友相救,才免除死罪被贬潮州。

《原道》是韩愈的名篇,此文在阐发儒家之道的基础上,批判了佛老二家思想。虽然还算不上学理层次的批判,但对佛老尤其对老庄的某些观念的批判堪称尖锐,也具有相当的说服力。如他指出"圣人"教导人类"生养之道",带领人类从野蛮落后走向文明进步,使"无羽毛鳞介以居寒热,无爪牙以争食"的人类在恶劣的自然环境下生存繁衍下来,其贡献可谓大矣,从而有力地驳斥了老庄"圣人不死,大盗不止"的谬见。对于韩愈抵排异端之功,清人李光地作出如此评价,他说:"唐时佛教盛行,不得韩公大声疾呼,再过几年,竟将等于正教矣。韩公胆气最大,当时老子是

---

[1] 爱新觉罗·弘历《唐宋诗醇》卷三,春风文艺出版社1995年版。
[2] 刘昫《旧唐书》,中华书局1975年版,第4200页。

朝廷祖宗,和尚是国师,韩公一无顾忌,唾骂无所不至,其气竟压得他下。"①由无所顾忌地抨击受最高统治者庇护的佛老可见韩愈的"胆气"。

韩愈指出儒家道统从尧、舜等圣王延续到孔、孟,孟子后"不得其传"。他抵排异端正是为了接续儒学的道统,统一思想,挽救人心,为此他不惜付出一切代价。如在《与孟尚书书》中他说:"释老之害,过于杨墨;韩愈之贤,不及孟子。孟子不能救之于未亡之前,而韩愈乃欲全之于已坏之后……虽然,使其道由愈而粗传,虽灭死万万无恨。"这是一种"以身殉道"的执着。而在《重答张籍书》中曾这样写道:"天不欲使兹人有知乎,则吾之命不可期;如使兹人有知乎,则非我其谁哉!其行道,其为书,其化久其传后,必有在矣。吾子其何遽戚戚于吾所为哉?"韩愈认为抵排佛老,教化民众,使民众皈依儒家正道,他自己是不二人选。这是一种以道自任的自信。他以圣人的事业自我期许,自以为可以成就拯时济世,震古烁今的伟业。他在人生旅途中屡遭挫折仍无意退隐,在给当朝宰相的书信中曾道及其原因:"士之行道者,不得于朝,则山林而已矣。山林者,士之所独善自养而不忧天下者之所能安也。如有忧天下之心,则不能矣。"(《后廿九日复上宰相书》)他对宰相说他不肯退隐山林的原因是"忧天下",放不下社会责任。不管这是不是其全部原因,都可见他是一个孟子式的执着进取型的狂士。一个自以为才华卓荦的人执着进取却屡遭挫折,其心中必然会产生一种怀才不遇的郁愤不平情绪,郁愤不平情绪在韩愈的心中激荡,无法排解,导致他心理的扭曲和个性的愈发偏激、狂放。

韩愈敢言他人之所不敢言,为他人之不敢为,追求卓荦出众,特立独行,在审美趣味上也具有好奇反俗的倾向。他自言"少小尚奇伟"(《县斋有怀》),趣味不同流俗,而心理扭曲、个性偏激,使他的标新立异之好发展到不适当的地步。

韩愈以儒家道统的传承者自居,口中所谈多为孔孟之道,冠冕堂皇,于是人们即以圣贤的标准来衡量他,大儒朱熹就这样说:"他只是要做得言语似六经,便以为传道。至其每日功夫,只是作诗、博弈、酣饮取乐而已,观其诗便可见,都衬贴那《原道》不起。至其做官临政,也不是要为国

---

① 李光地《榕村语录·榕村续语录》,中华书局1995年版,第343页。

做事,也无甚可称,其实只是要讨官职而已。"①说他只要做官,不想为国做事,明显不合事实,不值一驳,说他每天只是"做诗、博弈、酣饮取乐"也未免夸大其词,但他好游戏是毫无疑问的,这正体现了他狂放不羁的一面;至于说他上书求官阿谀权贵,不讲原则,也无须看得过于严重,因为这是这类应用文体的共性所在,对于韩愈本人来说也是特定情势下不得已的行为,既体现了他通脱的一面,也体现了他执着进取的一面。他在《答李翱书》中为自己辩解道:"子之责我诚是也,爱我诚多也……子独安能使我洁清不污而处其所可乐哉?非不愿为子之所云者,力不足、势不便故也。及之而后知,履之而后难。"在这里韩愈沉痛地揭示了士人进取有为与保持人格完美难以两全的现实和苦衷。尽管如此,韩愈毕竟能够做到"临大事不放过"②,大节无亏。

韩愈不是圣人,是一个有宏伟抱负,高度的历史使命感,非凡的勇气,强烈的正义感和进取意志,又比较通脱的狂士。他"特具承先启后作一大运动领袖之气魄与人格,为其他文士所不及"(陈寅恪《论韩愈》)③,他以宏大的气魄,杰出的创作实绩,率领文坛同道,掀起了一场声势浩大的古文运动,一举扭转了南北朝以来萎靡不振的文风,又以雄豪怪异的诗歌创作推动了中唐诗风的转型,淋漓尽致地展露了他的精神个性。

三、奔放壮阔、雄奇险怪

韩愈共有各类文章三百余篇,有赋、杂著、书、序、哀辞、祭文、碑志、表状、杂文等。序言、哀辞、祭文、碑志都属于应酬性的文体,以褒为主,必然带有一定的虚饰成分,不宜也不可能带有多少个性色彩。可以淋漓尽致地展示个性的文体是论说文和杂文。这些作品所讨论的大多是君国大事如意识形态的问题、社会风气问题、民生问题、人才问题等,都是大的社会问题,其中也有抒写个人失意情怀的作品。

同时代人李翱给韩愈以极高的评价,他说:"我友韩愈非兹世之文,古之文也;非兹世之人,古之人也。其词与其意适,则孟轲既没,亦不见

---

① 黎靖德《朱子语类》卷一百三十七,中华书局1994年版。
② 李光地《榕村语录·榕村续语录》,中华书局1995年版,第629—630页。
③ 陈寅恪《金明馆丛稿初编》,三联书店2001年版,第332页。

有过于斯者。"(《与陆傪书》)①李翱认为韩愈是孟子以后第一人。和孟子一样,韩愈的散文风格雄豪奔放,气盛语极。"昌黎之文以气胜,故能字字立于纸上。"(《拙堂续文话》卷三)②苏洵形容他的散文风格云:"韩子之文,如长江大河,浑灏流转。"③

此种风格主要体现于以下几种修辞手法的运用上:

第一是善用铺排,句法灵活多变,如:

> 古之时,人之害多矣。有圣人者立,然后教之以相生相养之道,为之君,为之师,驱其虫蛇禽兽,而处之中土。寒然后为之衣,饥然后为之食。木处而颠、土处而病也,然后为之宫室。为之工以赡其器用,为之贾以通其有无,为之医药以济其夭死,为之葬埋祭祀以长其恩爱,为之礼以次其先后,为之乐以宣其壹郁,为之政以率其怠倦,为之刑以锄其强梗。相欺也,为之符玺、斗斛、权衡以信之;相夺也,为之城郭、甲兵以守之。害至而为之备,患生而为之防。(《原道》)

这节文字是以铺排手法写"圣人"的功德。开头几句以散句出之,接着是一连串的排比句,其中连用十七个"为"字,铺写可谓淋漓尽致。而排偶句参差错落,从六字到十五字不等,所用句类也从因果句转换到目的句再到因果句。这样的例子相当多,其中《送孟东野序》也是较有代表性的一篇。此文围绕"大凡物不得其平则鸣"展开铺写议论。首段由物引出人的不平则鸣,由草木、水、金石写到人和天。第二段写人的借言而鸣,列举历代善鸣者,最后写到"存而在下"的孟东野(孟郊)。铺排语言也极富变化,比如此文的开头一节:"大凡物不得其平则鸣:草木之无声,风挠之鸣。水之无声,风荡之鸣。其跃也,或激之;其趋也,或梗之;其沸也,或炙之。金石之无声,或击之鸣。"开头一句破空而来,非常简洁有力地点明主题,接着连用多个短促有力的句子进行铺排描写。而从整体上看,此文正如《古文观止》的编者所评:"句法变换,凡二十九样,如龙之变

---

① 董诰《全唐文》,中华书局1983年版,第6415页。
② 王水照《历代文话》,复旦大学出版社2007年版,第10000页。
③ 苏洵《嘉祐集笺注》,上海古籍出版社1993年版,第328页。

化,屈伸于天。"①《讳辩》也是比较有代表性的一篇。此文驳斥了"父名晋肃,子不得举进士"的谬说。作者先"质之于律"然后"考之于经,稽之于典",排比大量例子说明前人"不偏讳二名""不讳嫌名",排比句也长短不拘,"反反复复,如大海回风,一波未平,一波又起"(《古文观止》卷八)②。

排比手法的运用、骈散相间、长短错综、句类的转换,形成了汪洋浩瀚、汹涌澎湃的局面和奔放不羁的气势。而其他如语气等方面的变化更强化了这样的风格特点。如《原道》接下来的几句云:"今其言曰:'圣人不死,大盗不止,剖斗折衡,而民不争。'呜呼!其亦不思而已矣!如古无圣人,人之类灭久矣。何也?无羽毛、鳞介以居寒热也,无爪牙以争食也。"

笔锋一转,引用老子观点,并将其一笔驳倒。此数句连用感叹句和设问句,如涛飞浪卷,喷薄激溅,将情感推向高潮。《送孟东野序》也间杂各种不同语气的句子。如其首段在一段铺排后发出这样的感叹:"凡出乎口而为声者,其皆有弗平者乎!"第二段结尾一节在排比魏晋以下"鸣者"的文章之弊后发出这样的疑问:"将天丑其德莫之顾邪?何为乎不鸣其善鸣者也?"《讳辩》也多用疑问句,如"今贺父名晋肃,贺举进士,为犯二名律乎?为犯嫌名律乎?父名晋肃,子不得举进士,若父名'仁',子不得为人乎?""宦官宫妾之孝之于其亲,贤于周公、孔子、曾参者邪?"以感叹句和疑问句加强语势,使文章的情感强度大增。

在韩愈的笔下,篇幅较长者多波澜壮阔,奔放不羁,短章也多能如此,其中《杂说》第四首尤为突出。此文以千里马比喻贤才,为被埋没的贤才鸣不平,矛头指向不合理的用人制度,篇幅短小却极富变化,极有气势。文中有顶针有排偶,又有陈述、感叹和疑问等句类的变换。至其结尾一段:"策之不以其道,食之不能尽其材,鸣之而不能通其意,执策而临之曰:'天下无马!'呜呼!其真无马邪?其真不知马邪?"(《杂说四》)排比句后接以一个感叹词和两个疑问句,不平情感畅快淋漓地喷涌出来,极具冲击力。诚如钱基博先生所评,此文"尺幅甚狭,而议论极伟,波澜极阔,层波叠浪,浑浩流转,如大海汪洋之烟波无际,此所谓'缩须弥

---

① 吴文治《韩愈资料汇编》,中华书局1983年版,第1124页。
② 吴文治《韩愈资料汇编》,中华书局1983年版,第1125页。

于芥子也'"①。

对比和夸张也是韩文常用的手法。如《原毁》中"古之君子"和"今之君子"的对比,《进学解》第二段是先生之才学修养、为人行事和不遇之状的对比,《师说》有"古之圣人"的"从师而问"和"今之众人"的"耻学于师"的对比,"巫医、乐师、百工之人"的"不耻相师"与"士大夫之族"的耻于相师的对比。《论佛骨表》列举佛教传入中国前"天下太平,百姓安乐寿考"和其后的"乱亡相继,运祚不长"相对比;又将宪宗皇帝登基之初的抑佛和当下的佞佛相对比。在对比中寄寓了作者强烈的褒贬态度,形成了顿挫转折、大起大落的节奏,其中有不少对比带有夸张色彩,比较典型的例子是《伯夷颂》,此文以"昭乎日月不足为明,崒乎泰山不足为高,巍乎天地不足为容也"这类赞词将伯夷的风节夸扬至无以复加。接着略述其独异于众的事迹,称他"信道笃而自知明",不在意世人的毁誉。接下来的一层又与今人之卑琐相对比:"今世之所谓士者,一凡人誉之,则自以为有余;一凡人沮之,则自以为不足。"由对伯夷的极度夸扬到对今之士人的贬抑,仿佛悬河由山巅倾泻到山谷,形成巨大的情感落差。

在《答李翊书》中,韩愈指出:"气,水也;言,浮物也。水大而物之浮者大小毕浮。气之与言犹是也,气盛则言之短长与声之高下者皆宜。"韩文起伏跌宕的节奏律动,长短错综的语言形态,完全是"气",即强烈的情感气势驱动下自然形成的。韩文以"气盛"见称,这种"气"正是作者狂者"阳刚"气质的体现。一个懦弱的人很难写出这样"气盛"的雄文,尤其《论佛骨表》更能体现韩愈刚勇的个性气质。

韩愈崇尚奇伟,他的散文呈现出相应的风格特点,他的诗也是如此:他惯用体积庞大的意象,惯用夸张语。比较典型的如"想当施手时,巨刃摩天扬。垠崖划崩豁,乾坤摆雷硠",以大禹治水夸写李、杜作诗的壮伟气势;"流落人间者,太山一毫芒"(《调张籍》),极言李、杜创作之丰富。"是时新晴天井溢,谁把长剑倚太行!冲风吹破落天外,飞雨白日洒洛阳",夸写飞瀑的壮观景象。《陆浑山火一首和皇甫湜用其韵》中的"天跳地踔颠乾坤,赫赫上照崖垠。截然高周烧四垣,神焦鬼烂无逃门。三光驰隳不复暾,虎熊麋猪逮猴猿。水龙鼍龟鱼与鼋,鸦鸱雕鹰雉鹄鹍。

---

① 钱基博《韩愈志》第六卷,上海古籍出版社2012年版。

烀炰煨爔孰飞奔,祝融告休酌卑尊",极力渲染陆浑山火势之猛烈盛大、各种动物慌乱奔逃的场景。前三例运用夸张性的比喻,后一例运用夸张性的描写,都使诗歌呈现出气势雄放又想象奇异的特点。

韩诗中还经常出现"激电""惊雷""怒涛"等腾跃震激的意象和狠重有力的动词,如"撞""搅""崩""射""堕""舂""斩""斫""剀""刺""排"等。《南山诗》以大量的动态词语营造出躁动喧闹的境界,这从以下四句中可见一斑:"微澜动水面,踊跃躁猱狖。惊呼惜破碎,仰喜呀不仆。"据统计,《南山》一首诗中动态词语即达 175 个。而此四句写水面嬉戏的猿猱、水中晃荡错乱的山影、诗人的惊呼声,连用多个动态词语。《岳阳楼别窦司直》也具有同样的特点:

> 炎风日搜搅,幽怪多冗长。轩然大波起,宇宙隘而妨。巍峨拔嵩华,腾踔较健壮。声音一何宏,轰鞺车万两。犹疑帝轩辕,张乐就空旷。蛟螭露笋簴,缟练吹组帐。鬼神非人世,节奏颇跌踢。阳施见夸丽,阴闭感凄怆。朝过宜春口,极北缺堤障。夜缆巴陵洲,丛芮才可傍。星河尽涵泳,俯仰迷下上。余澜怒不已,喧聒鸣瓮盎。明登岳阳楼,辉焕朝日亮。飞廉戢其威,清晏息纤纩。

此诗描写洞庭湖湖面景色,颇具宏伟诡奇之美,又极动荡奔突之致,令人惊心动魄。

与韩文一样,韩诗中也有不少代表作行文节奏颇为急促,具有特别强烈的动感,其中较为突出的是五言古诗《南山诗》。顾嗣立曰:"此等长篇,亦从骚赋化出,然却与《焦仲卿妻》、杜陵《北征》诸长篇不同者,彼则是实叙事情,此则虚摹物状。公以画家之笔,写得南山灵异缥缈,光怪陆离,中间连用五十一个'或'字,复用十四个叠字,正如骏马下冈,手中脱辔。忽用'大哉立天地'数语作收,又如柝声忽惊,万籁皆寂。"[①]此诗想象奇异,又连用五十一个"或"字,十四个叠词状写山峦的千姿百态,节奏如急管繁弦,气势如天风海涛。韩愈阳刚的个性、愤激热烈、狂躁不平的内心世界以这样的文学形态淋漓尽致地表现出来。

---

① 钱仲联《韩昌黎诗系年集释》,上海古籍出版社 1984 年版,第 460 页。

韩诗以"奇伟"为特点。不过相对于"伟",其"奇"的特点更为显著。

韩文固然很奇特,如《毛颖传》《送穷文》两文可谓千古奇文。但总的来看,他的散文以"载道"为职志,基本上是"约六经以成文"(陈沆《诗比兴笺》)[①],显然受儒学思想的束缚。有人说韩诗也是如此,如刘熙载就曾经指出:"昌黎诗有正有奇,正者所谓'约六经之旨而成文',奇者即所谓'时有感激怨怼奇怪之辞'。"[②]事实上,韩诗受儒家思想约束的程度相对较轻,因此风格也更为奇特。

有时韩愈追求奇异到了荒诞不经的程度,如"玉碗不磨著泥土,青天孔出白石补。兔入臼藏蛙缩肚,桂树枯株女闭户"(《昼月》),把白昼的月亮比作玉碗没有磨光上面粘着泥土;青天出了一个圆孔用白石贴补,又说玉兔藏到捣药臼里,蟾蜍收缩鼓起的肚子;桂树仿佛也变成枯株,嫦娥也关起门来。构思之新奇怪异,真是匪夷所思!

他的不少诗作以可怕和丑恶的事物入诗,如"青鲸高磨波山浮,怪魅炫曜堆蛟虬。山狖讙噪猩猩游,毒气烁体黄膏流"(《刘生诗》),"有如阿鼻尸,长唤忍众罪。马牛忍不食,百鬼聚相待"(《嘲鼻睡》),"昼蝇食案繇,宵蚋肌血渥"(《纳凉联句》)。"怪魅""蛟虬""山狖""毒气""黄膏""昼蝇""宵蚋"诸如此类的事物都写入诗中,或令人毛骨悚然,或令人作呕,真是奇崛怪异到了极点。而大量运用生硬古奥、佶屈聱牙的词语更强化了韩诗的"奇"。求奇太过不免使他的一些诗留下明显的生造痕迹。朱彝尊就曾指出韩诗:"一味排空生造,不无牵强凑泊之失。"[③]很明显,韩诗的这种"荒诞不经"是有违"不语怪力乱神"的儒家原则的。

韩愈的文学作品通过诸如句法灵活多变的排比手法、夸张手法、具有夸张色彩的对比手法、体积庞大或险怪丑恶或极富动感的意象、狠重有力的动词的运用,形成了气豪势猛、奔放不羁和生硬怪异的风格,充分体现了他追求卓异、刚勇激进、执着倔强又奔放不羁的个性,激愤不平的情怀,还有好奇反俗的艺术趣味。

---

① 陈伯海《唐诗汇评》,浙江教育出版社 1995 年版,第 1597 页。
② 刘熙载《艺概》,上海古籍出版社 1978 年版,第 62 页。
③ 钱仲联《韩昌黎诗系年集释》,上海古籍出版社 1984 年版,第 523 页。

第七章　南宋中兴狂士陈亮

宋代最高统治者的整顿和理学思潮的深度濡染，使宋代士人的心态迥异于唐代士人，他们自觉地以道德自律，恬淡寡欲，宁静内敛。而"靖康之变"后，最高统治者长期实行妥协退让的对外政策，苟且偷安，不思进取，致使举国上下弥漫着一派颓靡的气息。在此背景下涌现出一批有高度社会责任感的狂士，陈亮是其中的杰出代表。他猛烈抨击现实和理学家们的修养论，倡导功利主义，追求能文能武的才具和血气方刚的粗豪人格。他的散文和词作都呈现出粗豪狂放、锋芒毕露的风格特色。

一、屈辱退让与空谈性理

大唐帝国灭亡后，中国历史进入五代十国时期，朝代频繁更迭，社会秩序混乱不堪，社会风气败坏到极点，士风也败坏到极点。此期士人大多柔媚卑污，廉耻丧尽，气节全无。诚如大文豪欧阳修说："五代终始，才五十年，而更十有三君，五易国而八姓，士之不幸而出乎其时，能不污其身全其节者鲜矣。"(《王彦章画像记》)[1]北宋建国之初，最高统治者为了巩固皇权，实行佑文抑武的基本国策，削夺了武将的兵权，特别优礼重用文士。这一政策使士人们充分认识到自身的价值，残唐五代以来笼罩在士人内心的强烈的自轻自贱的心理很快消除了，士风发生了明显的转变。但是让统治者担忧的是，这一政策同时也刺激起士人强烈的功利欲望。有鉴于此，统治者特别提倡清虚淡泊、恬退寡欲的品格，屡次征召种放、陈抟、魏野、林逋等隐逸之士，以示礼重，对贪功躁进之士则处处裁阻，对百官既重其奋励有为，又重其老成持重，进而知退。最高统治者的整顿规范为士人的人格发展确定了大致的方向。

---

[1] 欧阳修《欧阳修全集》，中国书店1986年版，第272页。

而为了论证封建等级秩序和道德规范的合理性和永恒性,为士人开辟一个修养人格的法门,适应新时代的需要,从北宋中期开始,宋儒就致力于整合儒、释、道三家哲学,构建以儒学为主体,兼容释、道的新的哲学体系。后人将此一哲学思潮称为理学思潮。宋儒参照道家、佛家的体系框架,力图将不成体系的传统儒学构建成为完整的形上哲学体系。他们把封建社会的等级秩序、道德规范提升到本体的高度,将本体伦理道德化,认为仁义礼智等道德属性是人先天禀受或人心所固有的,人先天就被赋予自觉认同和维护封建等级秩序,遵循道德规范的本性,而个人修养的最终目标就是"存天理,灭人欲",恢复本性,达到与天理通合为一的境界。理学思潮从北宋中期兴起,影响不断扩大,对铸造宋代士人的人格至关重要。

宋代士人的人格形态也具有三教合一,以儒学为主体的特点。他们兼重外在事功和内在心性修养;既以天下为己任,密切关注国家和民族的命运,积极进取,又以自我人格的完善为最高追求目标,恬淡寡欲;他们既追求个性自由,又能以道德规范自律。如果说唐代士人是躁动、热烈、张扬的,相对而言,宋代士人则是宁静、淡泊、内敛的。这种人格形态固然是高深的道德文化修养的体现,却难免有点血性不足。

赵宋王朝长期奉行的佑文抑武政策,大大促进了文化的繁荣发展,同时也导致了武力的削弱。赵宋与周边国家发生战争,总是败多胜少,为此数次被迫接受屈辱的和约,割地赔款,以维持苟安的局面。到北宋后期,宋徽宗更是不思进取,尽情享乐,终于导致了"靖康之变"的发生。金人攻陷汴京,掠走徽钦二帝及宗族、宫人及文武众臣等三千余人。这是赵宋王朝的奇耻大辱,而即位的康王赵构却不思恢复,继续奉行妥协退让的政策。他从即位地南京(河南商丘)一路南逃,最后以杭州为国都建立起一个偏安的小朝廷。他重用主和派,迫害打击主战派,变本加厉地割地纳币,将大片国土、大量财物拱手送与金人。他的继承人赵眘(孝宗)即位后,锐意恢复,于隆兴元年(公元1163年)出兵攻金,但一遇挫折,便再度与金人议和。从此宋金休战数十年,南宋王朝文恬武嬉,战备废弛,举国上下弥漫着一派颓靡的气息。

阴极生阳,柔极生刚,一批士人心中的忠义之气被空前强烈地激发出来。清代大儒顾炎武说:"《宋史》言士大夫忠义之气,至于五季变化殆尽,宋之初兴,范质、王溥犹有余憾。艺祖首褒韩通,次表卫融以示意向。真、仁之世,田锡、王禹偁、范仲淹、欧阳修、唐介诸贤,以直言谠论倡于朝。于是中外荐绅知以名节为高,廉耻相尚,尽去五季之陋,故靖康之变,志士投袂而勤王,临难不屈,所在有之。"(《日知录集释》三十三)[①]一大批忠义之士涌现出来,这种现象是其来有自的。但其中相当一部分士人展示出来的精神风范与"真、仁之世"的忠义之士明显不同:他们既重民族大义,又具有强烈的功利欲望,展示出血气方刚、狂放不羁的个性风采,一反新儒学铸造的理想的人格范型,可以说是一种新的狂士类型。陆游、辛弃疾、刘过和陈亮是此种狂士类型的代表人物,其中以陈亮最为突出。

二、倡导功利主义,追求粗豪人格

与同是主战派的陆游、辛弃疾和刘过等人不同的是,陈亮(1143—1194年)不仅是一个词人,更是一个思想家,事功学派的代表人物。他不但激烈地反对偏安,而且激烈地反对空谈性理。

中原长期沦陷于异族之手,最高统治者却不思进取,苟且偷安,醉生梦死。这种颓堕腐朽的政局让陈亮十分忧虑、痛心,他力主进兵中原,恢复故地,一雪国耻。他以布衣身份多次上书孝宗皇帝,痛陈现状之可忧,维持现状、苟且偷安之可耻,激励孝宗发奋图强,言辞之间含有锐利的批判锋芒。

陈亮生活的时代是理学发展的巅峰时期,众多的理学大师涌现出来。他们中的多数也并非不关心现实,但他们更注重的是心性义理之学,他们整日以空谈性理为务,绝口不谈功利,更反对追求功利,对汉、唐两代的功业鄙夷不屑。陈亮看不起这些儒生,在《上孝宗皇帝第一书》中给予猛烈的抨击,骂他们是"风痹不知痛痒之人"。

陈亮与朱熹在平治天下的途径上有严重的分歧。朱熹同样是主战派,但他认为要平治天下首先要整饬人心,涵养道德;谈王霸,言事功,是舍本逐末。他尊崇"理义""王道",反对"利欲""霸道"。在给陈亮的一封信中,他说:"夫人只是这个人,道只是这个道,岂有三代、汉、唐之别? 但

[①] 顾炎武《日知录集释》,上海古籍出版社1985年版,第473页。

以儒者之学不传,而尧、舜、禹、汤、文、武以来转相授受之心不明于天下,故汉唐之君虽或不能无暗合之时,而其全体却只在利欲上。此其所以尧、舜三代自尧、舜三代,汉祖、唐宗自汉祖、唐宗,终不能合而为一也。"(《答陈同甫》)[1]他认为三代行的是"理义""王道",汉唐行的是"利欲""霸道",三代与汉唐政治的区别是王霸、义利之别,汉高祖、唐太宗迥不能与尧、舜等三代圣人相提并论。对朱熹的观点,陈亮不以为然,他认为汉高祖、唐太宗"禁暴缉乱,爱人利物而不可掩者,其本领宏大开阔故也"(《又甲辰秋书》),刘邦的"三章之约",李世民的"定天下之乱",正体现了孟子讲的"恻隐之心";至于他们"以位为乐"是为了施行"仁政","总天下为一家"是为了防止人欲横流,不可诬为人欲。陈亮又指出他们在王道中确实杂有霸道,但"其道固本于王也"(《又甲辰秋书》),霸道以王道为本,是实现王道的手段。刘邦、李世民的用心与三代圣人没有区别,汉唐与三代不存在王霸、义利之别。陈亮在这封书信里还对"义利双行,王霸并用说"作出这样的界定:"诸儒自处者曰义曰王,汉唐做得成者曰利曰霸,一头自如此说,一头自如彼做;说得虽甚好,做得亦不恶;如此却是义利双行,王霸并用。"(《又丙辰秋书》)他指出诸儒修养自我,独善其身的准则是"义"与"王",而汉唐成就大业,兼济天下的途径是"利"与"霸"。把二者合在一起即"说"与"做"结合起来就是"义利双行,王霸并用"。

陈亮是激烈的主战派人士,又是第一个对理学发动猛烈抨击的思想家。他极力美化汉唐君主,毫不妥协地坚持"义利双行、王霸并用"之说,其学说与恢复汉唐故地的现实需要紧密结合,具有浓厚的功利色彩,其中透露出他对现状的强烈不满情绪。

朱熹说他"立心之本在于功利"(《寄陈同甫书》),又曾驰书劝告他:"愿以愚言思之,绌去义利双行、王霸并用之说,而从事于惩忿窒欲、迁善改过之事,粹然以纯儒之道自律,则岂独免于人道之祸,而其所以培壅本根、澄源正本,为异时发挥事业之地者益光大而高明矣。"(《与陈同甫》)[2]朱熹劝陈亮放弃"义利双行、王霸并用"的学说,致力于"纯儒之道",最终成为一个恂恂儒者。陈亮则不屑于做这种柔弱无用的纯儒,他一生的追求是要使自己成为能文能武的济世之才。

---

[1] 朱熹《朱熹集》,四川教育出版社1996年版,第1600页。
[2] 朱熹《朱熹集》,四川教育出版社1996年版,第1590页。

宋朝重文轻武的政策导致文武截然分为二途，"文士专铅椠，武夫事剑盾"，文士武夫"彼此相笑，求以相胜"。陈亮对此现状十分不满，他提出理想的人才应该是能文能武的："文非铅椠也，必有处事之才；武非剑盾也，必有料敌之智。才非所在，一焉而已。"（《酌古论》）他特别推崇友人辛弃疾，称赞辛"眼光有棱，足以映照一世之豪；背胛有负，足以荷载四国之重"（《辛稼轩画像赞》）。辛弃疾既是文人，又是一个武将，与陈亮情投意合，友谊最笃，陈亮最欣赏的就是辛弃疾能文能武的非凡才具。而陈亮的画像自赞也将自己描绘成一个粗豪狂放之士："其服甚野，其貌亦古。倚天而号，提剑而舞。惟禀性之至愚，故与人而多忤。叹朱紫之未服，谩丹青而描取。远观之一似陈亮，近眂之一似同甫。未论似与不似，且说当今之世，孰是人中之龙，文中之虎！"（《陈亮言行录》）陈亮虽然只是一介书生，没有辛弃疾金戈铁马、纵横沙场的武勇，却一样以经世之略自负，其雄豪刚烈不在辛弃疾之下，而其锋芒之外露过于辛弃疾。朱熹说他"才太高、气太锐、论太险、迹太露"（《答陈同甫》）[1]，准确地道出了他的个性。对陈亮的个性，明人李贽给予高度肯定："堂堂朱夫子，反以章句绳亮，粗豪目亮，悲夫！士唯患不粗豪耳；有粗有豪，而后真精细出矣。不然，皆假也。"（《李氏藏书名臣传·陈亮传》）[2]李贽认为"粗豪"并非士人个性的缺陷，而是士人应该具有的真性情。郭士望更是高度评价了陈亮这种粗豪个性的现实价值，他说："余谓宋儒无病，病在太精细；豪之一字，正宋儒对症之药也。同甫之言曰：'浩然之气，百炼之血气也。'此语当入孟氏膏肓，犹谓不细乎？故吾谓：宋儒知为后世之人心虑而不为当时之国脉虑，怒然恐宇宙之阒窅不章，而俶然忘乾坤之腥膻未洗也。宋之儒，理有余而气不足者也。同甫其气绰然，足支弱宋，杯酒淋漓，神色悲壮，一世之人鲜不以为怪物，敢大言撼朝廷，坎壈以老，岂足异哉！"（《万历刻本龙川文集序》）[3]指出粗豪可以医治宋儒过于精细的弊病，它是"浩然之气，百炼之血气"。陈亮以他的粗豪与"理有余而气不足"的宋儒对抗，实际上是与宋代士人所普遍追求的人格范式对抗，为时人所排斥实属必然。

---

[1] 朱熹《朱熹集》，四川教育出版社1996年版，第1591页。
[2] 李贽《藏书》，社会科学文献出版社2000年版，第333页。
[3] 陈亮《陈亮集》，中华书局1987年版，第564页。

陈亮的个性气质的形成,无疑与他的个人际遇有关。他曾两度被诬入狱,时乖命蹇,一生布衣,穷困潦倒。尽管他在给吕祖谦的一封信中说:"海内知我者惟兄一人,自余尚无开口处。虽浮沉里间,而操舍不足以自救,安得有可乐之事乎!然一夫之忧患悲乐,在天地间去蚊虻之声无几,本无足云者,要不敢不自列于知我者之前耳。"(《陈亮集》卷二十七《与吕伯恭正字又一书》)从他一生布衣却时刻关心国家和民族的命运这一点来看,这话并非虚语。但不幸的个人际遇对他的心态毕竟是有一定影响的,他并不讳言内心的不平,在给朱熹的一封书信中,他说:"亮二十岁时,与伯恭(吕祖谦)同试漕台,所争不过五六岁,亮自以为姓名落诸公间,自负不在伯恭后。而数年之间,地有肥硗,雨露之养,人事之不齐,伯恭遂以道德为一世师表;而亮陆沉残破,行不足以自沉于乡间,文不足以自奋于场屋,一旦遂坐于百尺楼下,行路之人皆得以挨肩叠足,过者不看,看者如常,独亮以为死灰有时而复燃也。"(《又甲辰秋书》)个人际遇的不平情绪,不自觉地表现在他的言行中,在一定程度上强化了他粗豪狂放的个性。

三、海涵泽聚、纵横奇伟

陈亮在散文创作上取得了重要的成就。他的散文以政论和史论为主,多具有特别鲜明的现实针对性,其精神个性也凸显在其中。陈亮的史论很值得重视。从史论代表作《酌古论》来看,陈亮很少从道德的立场,而是更多地从"伯王大略、兵机利害"的角度评判古人的成败得失,谈自己的心得,多能发前人所未发,如他自己所说:"能于前史间窃窥英雄之所未及,与夫既已及之而前人未能别白者。"其宗旨在于为恢复大业提供经验教训。他在《酌古论序》指出《酌古论》"可以观,可以法,可以戒,大则兴王,小则临敌,皆可以酌乎此也"。陈亮特别推崇中兴汉室的光武帝,说光武帝"料敌明,遇敌勇,豁达大度,善御诸将",更称赞光武"取乱诛暴,或先或后,未尝无一定之略"。评价其功绩说:"光武发高帝之所未能为,而中兴之功远过古人。"陈亮总结夷陵之战刘备失败的原因是"怒敌取危,轻敌取败";称赞孙权"临大变而不慑",拒绝曹操招降,与刘备协力,击败强大的曹操;言晋朝名将羊祜"攻守之间容有未善者";论马援

"不明乎履险之术"。韩信攻赵,背水一战,以少胜多,大破赵军,擒赵王歇,斩赵国主帅成安君陈余。后世论者一致认为若陈余采纳李左车的建议,以骑兵断汉军的粮草辎重,陈余自己深沟高垒据守不出,则韩信肯定不敢进兵井陉,若进兵井陉,必然被擒。陈亮推翻前人成说,认为即使李左车的计策被采纳,韩信也必然进兵井陉,打败赵军。"淝水之战"前秦苻坚的百万大军与谢玄率领的东晋数万军队在淝水两岸隔河对峙,谢玄要求苻坚挥兵稍退,以便在淝水北岸决战。前秦退兵之时,阵势大乱,一发而不可止,东晋军队乘势追击,大破秦兵。论者都认为若前秦军队不退,则胜负难料,更以为苻坚若兵分十路进击,则必胜晋军。陈亮的观点与前人截然相反,他认为若分兵,前秦会败得更惨,对于晋朝来说,"许退者,晋之不幸也;不分者,又晋之大不幸也"。诸如此类的史论文立足于现实,从对历史史实的别具手眼又平实剀切的分析中论证自己的观点,新见迭出却又令人信服,无论是在战略上还是在战术上都很有参考价值。陈亮论一人一事,又往往将历史上的类似和相反的事例贯穿起来,类比反衬,如论汉光武帝"未尝无一定之略",以安史之乱后唐肃宗"不能立一定之略"反衬;如论孙权和吕蒙"志之不大,谋之不深",以汉高帝的志大、谋深反衬;他认为即使陈余采纳李左车的建议,韩信也同样能够击破赵军,以曾处于类似形势中,军事才能逊于韩信的曹操击败张绣和刘表相印证。陈亮运用此种手法,极大地强化了文章的论证效果。其史论用语简洁明快,干净利落,斩钉截铁。从陈亮的这些史论文中可以见出他超卓的见识、雄视千古的狂者风范。

清人姬肇燕在《康熙刻本龙川文集序》中评价陈亮:"为文章,上关国计,下系民生,以祖宗之业为不可弃置,子孙之守为不可偏安。其崇论宏议备见于全集,而此四书中为尤备,岂与庸庸碌碌之辈,低头而谈性命无补于时者,所可同日语哉?"[①]这里的"四书"是给孝宗皇帝的四篇奏议,抨击和议以来苟且偷安的现状,纵论恢复大计,是陈亮政论文的代表作。此类作品还有《中兴五论》(包括《中兴论》《论开诚之道》《论执要之道》《论励臣之道》和《论正体之道》),和《廷对》《制举》《四弊》《国子》等策问,围绕恢复大业,覃思极虑,提出很多具体的建议。

陈亮的散文风格从他的"四书"中最能见出。如《上孝宗皇帝第一

---

① 陈亮《陈亮集》,中华书局1987年版,第566页。

书》着重揭示和议以来举国上下颓靡柔堕、苟且偷安的现状,劝告孝宗锐意变革,发奋图强,报仇雪耻,完成国家统一大业。议论出入古今,纵横捭阖。作者善于古今对比,以古衬今。南宋是偏安南方的王朝,与东晋王朝相似。然而东晋从未与北朝议和,东晋军民也从未忘记恢复大业。而南宋王朝则不然,南渡之初,军民群情激昂,同仇敌忾,恢复中原是大有希望的。而从秦桧为相,以屈辱的条件与金人议和以来,士气颓堕,难以收拾。作者以东晋的史实反衬南宋王朝的不思恢复、苟且偷安;又以春秋时孔子为拯时济世,周游列国,奔走多年,而壮志未酬,晚年作《春秋》"以惧乱臣贼子"的史实,反衬今世儒者不激励君主奋发有为,却使君主灰心丧气、苟且偷安的现实。论及与金人议和,造成贤才的闲置不用,而"庸愚龌龊之人"多得重用的局面,以东晋不与虏人通和,朝中多可用之才相映衬。古今对比,以古衬今的方法在古今褒贬的转换中造成巨大的情感落差,形成跌宕起伏、纵横不羁的气势。

此文是一篇议论文,议论文多以理性分析为主,更注重以理服人,而陈亮撰写此文则不但要以理服人,更追求震撼人心的情感力度。作者在文章的开头就大声疾呼:"中国,天地之正气也,天命之所钟也,人心之所会也,衣冠礼乐之所粹也,百代帝王之所以相承也,岂天地之外夷狄邪气之所可奸哉!"以五个短句构成的排比句后接一个感叹句开头,气势磅礴,情调高昂激越。作者在行文中又多次不可遏止地发出这样充满激情的议论,如"是以一天下者,卒在西北,而不在东南,天人之际,岂不甚可畏哉!一日之苟安,数百年之大祸也""恭惟我国家二百年太平之基,三代之所无也;二圣北狩之痛,汉唐之所未有也。堂堂中国,而蠢尔丑虏安坐而据之,以二帝三王之所都,而为五十年犬羊之渊薮,臣子之愤不得伸,天地之正气不得不发泄也""南师之不出,于今几年矣,河洛腥膻,而天地之正气抑郁而不得泄。岂以堂堂中国,而五十年之间无一豪杰之能自奋哉""今世之儒者自以为得正心诚意之学者,皆风痹不知痛痒之人也。举一世而安于君父之仇,而方低头拱手以谈性命,不知何者谓之性命",洋洋洒洒的长篇大论穿插着情感激愤的感叹句,气盛语极,锋芒尽露,极具震撼力。

陈亮与大儒朱熹的往来书信今存八封,其中有几封是激烈的论战文字,论战的焦点是"道"和王霸、义利的问题。陈亮在书信中任情挥洒,议论如波翻浪涌,滚滚滔滔,喷薄激溅,其中多情绪激烈的语句:"心有时而泯,可也,而谓千五百年常泯,可乎?法有时而废,可也,而谓千五百年常废,可乎?至于'全体只在利欲上'之语,窃恐待汉唐之君太浅狭,而世之君子有不厌于心者矣!""使千五百年之间成一大空阙,人道泯息而不害天地之常运,而我独卓然而有见,无乃甚高而孤乎!宜亮不能心服也。""亮不敢有望于一世之儒先,所深恨者,言以人而废,道以人而屈,使后世之君子不免哭途穷于千五百年之间,亮虽死而目不瞑矣!"(《又乙巳春书之二》)"亮大意以为本领宏阔,工夫至道,便作得三代;有本领无工夫,只做得汉唐。而秘书必谓汉唐并无些子本领,只是头出头没,偶有暗合处,变得功业成就,其实则是利欲场中走。使二千年之英雄豪杰不得近圣人之光,犹是小事,而向来儒者所谓'只这些子殄灭不得',秘书便以为好说话,无病痛乎?""天下之间,何物非道?赫日当空,处处光明,闭眼之人,开眼即是。岂举世皆盲,便不可与此共光明乎?"(《又乙巳秋书》)这样气壮情激的语句令人神骇目夺,有巨大的震撼力,无怪朱熹收到《又乙巳春书之一》,在回书的开头便作出这样的评价:"来教累纸,纵横奇伟,神怪百出,不可正视。"[1]这无疑可用以评价陈亮总的论战风格。元人刘壎对陈亮的论战风格有这样的评价:"至其雄才壮志,横弩绝出,健论纵横,气盖一世,与文公往复辩论,每书则倾竭浩荡,河奔海聚。"(《隐居通义论陈龙川二则》)[2]评陈亮论辩文可谓颇有心得。

陈亮的友人叶适总评他的文章道:"海涵泽聚,天霁风止,无狂浪瀑流,而回漩起洑,映带妙巧,极天下之奇险,固人所共知,不待余言也。"[3](《书龙川集后》)

清人王柏心评曰:"夫龙川先生天下士也,以豪杰而有志圣贤,坎壈不遇,乃用文章显,虽阅百世,而光芒魄力,如雷霆虹电,犹挥霍震烁于霄壤。"[4](《同治壬辰刻本龙川文集跋》)

此种风格特点正体现了陈亮的精神个性。朱熹曰:"同父才高气粗,故文字不明莹。要之,自是心地不清和也。"又曰:"同父在利欲胶漆

---

[1] 朱熹《朱熹集》,四川教育出版社1996年版,第1597页。
[2] 陈亮《陈亮集》,中华书局1987年版,第559页。
[3] 陈亮《陈亮集》,中华书局1987年版,第532页。
[4] 陈亮《陈亮集》,中华书局1987年版,第570页。

盆中。"①

朱熹这个评价明显含有贬义,他以理学家共同追求的审美标准来衡量陈亮的文章,乃是一偏之见,但确实也道出陈文的风格特点及其形成的原因。

陈亮的议论文所论范围极广,政治、军事、经济、财政、哲学等无所不包,展示出海涵地负的才学和卓荦不凡的识见。他并不刻意追求文章的修辞技巧,他说:"大凡论不必作好语言,意兴与理胜则文字超众。故大手之文,不为诡异之体而自然宏富,不为险怪之辞而自然典丽,奇寓于纯粹之中,巧藏于和易之内。不善学文者,不求高于理与意,而务求于文采辞句之间,则亦陋矣。"(陈亮《书作论法后》)陈亮的论辩文,毫无虚饰造作,一任正大狂放的个性自然袒露,呈现出雄豪壮伟的风格,一反宋儒"理有余而气不足"的柔弱局促。

陈亮又是一个词人,存词七十四首,其中也有一些吟风弄月、风格婉丽的作品,但他之所以能在词史上占有重要的地位,主要是因为他创作了一些直陈"经济之怀"的作品,其词风之狂放横肆过于辛弃疾。今人姜书阁云:"龙川之词,干戈森立,如奔风逸足,直欲吞虎食牛,而语出肺腑,无少矫饰,实可见其胸襟怀抱。"(《陈亮龙川词笺注序》)②其中比较有代表性的是他与辛弃疾的三首《贺新郎》唱和词、《念奴娇·登多景楼》和《水调歌头·送章德茂大卿使虏》等。《水调歌头·送章德茂大卿使虏》是为章德茂出使金国的送别之作,激励章展示出大宋使者的自信和气度,不辱使命,流露出对屈辱妥协、苟且偷安的南宋统治者的强烈不满情绪,表达了抗金必胜的信心。陈廷焯谓此词:"精警奇肆,几于握拳透爪,可作中兴露布读。"精妙警策,奇特恣肆,锋芒毕露,可以作为不缄封的文书即政论来读。同为豪放词,较之于辛词,陈词有过分直露的倾向。邓广铭云:"抑郁磊落犹过稼轩,警动人心,然俊昌豪荡,圆融婉转意味已逊已。"③陈词的风格更可以用"粗豪"来品题,正体现了他作为一个功利主义思想家的追求和个性特征。

---

① 陈亮《陈亮集》,中华书局1987年版,第545页。
② 姜书阁《陈亮龙川词笺注》,人民文学出版社1980年版,第3页。
③ 邓广铭《稼轩词编年笺注》,上海古籍出版社1993年版,第197页。

第八章　南宋狷士姜夔

王国维先生在《人间词话》卷上中说过这样的话:"苏、辛词中之狂,白石不失为狷,若梦窗、梅溪、玉田、草窗、中麓辈,面目不同,同归于乡愿而已。"①王国维将词格和人格联系起来,指出姜夔是词中的狷者。

姜夔存词八十余篇,内容不出伤时世、叹漂泊、追忆昔日恋情,没有显著的开拓性,艺术风格却非常独特。南宋末年词人张炎谓:"白石词如《疏影》《暗香》《扬州慢》《一萼红》《琵琶仙》《探春》《八归》《淡黄柳》等曲,不惟清空,又且骚雅,读之使人神观飞越。"(《词源》)②张炎以"清空"和"骚雅"两个词来品题姜夔词。笔者认为也可以将这两个词分成四个字,即清、空、骚(怨)、雅,再加上一个"刚"字来概括姜词的风格特点。而狷者和狂者一样是"天真不为伪"③的,其人格精神往往会充分地展示在作品中。姜词的这种风格特点正是其狷者人格精神的体现。

一、境界的清空

明人郝敬云:"狷者,挥霍虽不及狂,而清操不受点染。"(《论语详解》卷十三)④狷者就奔放这一点而言,不及狂者,却能保持清高的节操。这种清高首先表现为洁身自好,即狷洁。

姜夔(1154—1221年)字尧章,号白石道人,饶州鄱阳(今江西省鄱阳县)人。他是一个江湖游士,屡试不第,"困踬场屋",不得已而湖海飘零,寄人篱下,一生布衣,贫困潦倒,却能洁身自好。他与张鉴情同骨肉,

---

① 陈鸿祥《〈人间词话〉〈人间词〉注评》,江苏古籍出版社2002年版,第133页。
② 唐圭璋《词话丛编》,中华书局1986年版,第259页。
③ 皇侃《论语集解义疏》卷七,知不足斋本。
④ 《续修四库全书》经部第153册,上海古籍出版社2002年版,第316页。

却没有接受张鉴为他出资买官。清人严杰称述他"恬淡寡欲,不乐时趋,气貌若不胜衣"(《拟南宋姜夔传》)①。可见姜夔的情怀是淡泊超脱的。

姜夔所处的时代是儒、佛、道三家兼容并蓄的时代。儒家追求清品高节,道家崇尚清虚超逸,佛家标举清净素洁。作为一个士人,姜夔追求儒家的清品高节,自然也不免受到佛、道二家观念的濡染,这使他的"清"的品格得到强化。

唐文治云:"昔人云:志大者乃能言大,此狂者之事也。鄙人又推演一说云:志清者乃能言清,此狷者之事也。"(《国文大义》上)②这种清高的狷者人格表现为文学语言的"清"。

姜夔词最突出的风格特点是"清空",那么何谓"清空"呢?沈祥龙云:"清者不染尘埃之谓,空者不着色相之谓。"(《读词随笔》)③

"清"首先表现为意象的净洁。姜夔词多咏物,其中以梅和荷为最多,仅专门咏梅的词就有《暗香》《疏影》《小重山令》《玉梅令》《夜行船》《一萼红》《清波引》等,专咏荷的词有《念奴娇》《惜红衣》等。其中咏梅词就达 17 首,仅次于赵长卿(40 首)和几乎专门咏梅的朱雍(19 首),在两宋词人中与韩淲(今存词 197 首)并列第三,在所有词作中所占比例明显超过赵长卿(赵所传词作 339 首);此外梅、荷也是姜词中特别常见的意象。姜词虽然没有专门咏雪、咏月的词,但雪和月(涉及月的达 30 多首)也是多次出现的意象,写到水的多达 50 余首。荷花"出淤泥而不染,濯清涟而不妖"(周敦颐《爱莲说》),其品格之清人所共知;梅花被赋予更丰富的品格,"清"则是其特别重要的品格。张端义云:"诗句中有梅花二字,便觉有清意。"④而雪、月和水看起来都是洁净之物,无疑也具有"清"的特点。在姜夔词中,几乎找不到不洁的意象。

宋人陈祥道说:"狂譬则阳,狷譬则阴,中行譬则冲气。"⑤相对而言,狷者的气质偏于阴。狷者选择独善,缘于他们对社会现实、个人前途持有的悲观失望的态度,这种态度容易凝固成一种阴郁冷僻的性格特征。姜夔所处的是一个令人灰心的时代,他的身世是不幸的,个人光景是暗

---

① 夏承焘《姜白石词编年笺注》,上海古籍出版社 1981 年版,第 323 页。
② 王水照《历代文话》第 9 册,复旦大学出版社 2007 年版,第 8203 页。
③ 唐圭璋《词话丛编》,中华书局 1986 年版,第 4054 页。
④ 张端义《贵耳集》卷中,中华书局 1958 年版。
⑤ 陈祥道《论语全解》卷七,上海古籍出版社 1987 年版。

淡的,种种原因造成了他阴郁冷僻的性格,如此的性格使他习惯于以一种凄凉暗淡的心境感受世界,这使他的词作散发出一种异常凄冷的气息。

元人方回在《冯伯田诗集序》中说:"天无云谓之清,水无泥谓之清,风凉谓之清,月皎谓之清。一日之气夜清,四时之气秋清。空山大泽,鹤唳龙吟为清,长松茂竹,雪积露凝为清。荒迥之野笛清,寂静之室琴清,而诗人之诗亦有所谓清焉。"[①]可见"清"是一个诉诸视觉、触觉和听觉的内涵丰富的范畴。

姜词中常见的梅、荷、雪、月、水等意象不但给人以视觉上的"洁"的感受,也能给人以触觉和心理上的"凉"的感受。姜词的色调以素淡冷暗为主,他词中所用的大多是青、苍、翠、碧、绿等意思相同或相近的冷色调字词,词牌标题和词序不计,"青"和"青青"出现8次,"苍"出现2次,"翠"出现10次,"碧"出现6次,"绿"则多达23次。姜词中也不是没有暖色调的字面,如"红"字出现18次,但从整体上看往往处于陪衬的地位,显得孤寂落寞。冷色调的字词会使人产生一种冷意。

姜夔词中直接诉诸触觉的"凉""寒""冷"等字面出现频次特别高,80余首,"凉""寒"和"冷"分别出现10次、32次和14次,诸多意象都与此三字相关联,尤其是"寒""冷"二字。如"渚寒烟淡"(《八归》),"折寒香,倩谁传语"(《夜行船》),"更衰草寒烟淡薄"(《凄凉犯》),"清角吹寒"(《扬州慢》),"杨柳夜寒犹自舞"(《浣溪沙》),"蔫蔫寒花小更垂"(《浣溪沙》其二),"月上汀洲冷"(《湘月》),"冷云迷浦"(《清波引》),"月冷龙沙"(《翠楼吟》),"淮南皓月冷千山"(《踏莎行》),"冷香飞上诗句"(《念奴娇》),"香冷入瑶席"(《暗香》),"冷香下,携手多时"(《角招》),"冷月无声"(《扬州慢》),"天风夜冷"(《摸鱼儿》),"谁念我,重见冷枫红舞"(《法曲献仙音》),等等。

在姜夔的笔下,似乎一切都是寒冷的,即使是春,也大多没有暖意。如"采香径里春寒"(《庆宫春》),"沙河塘上春寒浅"(《鹧鸪天》),"却怕春寒自掩扉"(《鹧鸪天·元夕不出》),"楼上对春寒"(《万山溪·咏柳》)。"春"总是随着"寒"字,而"东风"也只让人感到一种冷意,如"东风冷,香远茜裙归"(《小重山令》)等。

---

① 方回《桐江集》卷一,宛委别藏本,第15页。

姜夔词也多有声音描写。如"渐黄昏,清角吹寒,都在空城"(《扬州慢》),"空城晓角,吹入垂杨陌"(《淡黄柳》),"幽寂,乱蛩吟壁"(《霓裳中序第一》),"还见条墙萤暗,藓阶蛩切"(《八归》),"岑寂,高柳晚蝉,说西风消息"(《惜红衣》),"坐久西窗人悄。蛩吟苦,渐漏水丁丁,箭壶催晓"(《秋宵吟》),《齐天乐·庾郎先自闻愁赋》专咏蟋蟀。这里的角、蛩、蝉和蟋蟀等微弱的鸣声都是在残春、秋季、清晨、黄昏、夜晚等空寂的气氛中发出的,显得格外凄清。

"凉""寒""冷"三个字都可冠以"清"字,组合成清凉、清寒和清冷三个词。凉是比较舒适的温度,寒、冷有点让人难以禁受,而气氛的寂寥更使此种感觉得到强化。柳宗元《小石潭记》中有这样几句描写:"坐潭上,四面竹树环合,寂寥无人,凄神寒骨,悄怆幽邃。以其境过清,不可久居……"由此可见,凄寒、寂寥、幽邃是一个清得有点过度的境界。姜夔的相当一部分词作的风格可以说是过清。

就外在行为而言,狷者大多拘谨内敛,不像狂者那样不拘礼法、疏放不羁,但超脱的愿望往往更为强烈,因此他们时而也表现出洒脱超俗的风致。论者一致认为姜夔风度似晋宋名士,如陈郁言其"襟期洒落如晋宋间人"(《藏一话腴》内编卷下)[1]。姜夔所处的时代与晋宋虽有相近之处,但由于受当时渗透整个社会的淑世精神和理学思想的濡染,南宋士人一般来说并不像晋宋士人那样对于封建礼教束缚有一种强烈的冲决意识、任诞放纵。狷者姜夔更是如此,在他身上表现出来的是一种毫不做作的洒脱飘逸。昔人以"野云孤飞,去留无迹"(张炎《词源》)[2]品题姜词。"野云孤飞"借以喻示姜词之"清","去留无迹"则借以喻示姜词之"空"。如果说"清"具体表现为洁净、清凉、色调素淡,"空"则更表现为意象疏朗,描写空灵蕴藉,不留滞于物。姜夔词写恋情很少着墨于女性的容貌和热恋的细节,写景咏物也不将景与物的形貌客观细致地再现出来。词中绝少铺排,多简笔勾勒,往往略事点染随即宕开,又时常运用侧面描写、虚处传神的手法,"不着色相",着重于写意抒情,主观色彩很强。

姜夔的大多数作品都具有清空的风格特点:

他的《扬州慢》写江南繁华都会扬州遭金人破坏后的残破寂寥景象,

---

[1] 夏承焘《姜白石词编年笺校》,上海古籍出版社1981年版,第327页。
[2] 唐圭璋《词话丛编》,中华书局1986年版,第259页。

是抒写黍离之悲的名篇。词人并没有拘拘于扬州残破寂寥景象的正面铺排描写，更多是借侧面描写即虚写抒发悲感，如"废池乔木，犹厌言兵"，以人的情感赋予物，是拟人，又以回荡在空城上凄凉的黄昏清角声加以反衬；下阕设想风流才子杜牧如果再次来到扬州定然会震惊于扬州的残破寂寥景象的，尽管他才华出众也难以道尽其内心的感受，此种虚拟笔法，飘忽空灵；结尾又以"桥边红药"无人欣赏来反衬。虚处传神手法给人留下极其广阔的想象空间，极有张力，而写扬州主要写黄昏夜晚景象："渐黄昏，清角吹寒""波心荡，冷月无声"，境界凄寒。这里有"清角"之声，并非一片死寂，不但反衬扬州城的寂寥，更为之平添了浓重的凄清意味。这里也有"桥边红药"，并非没有暖色调，却显得那么孤单，远不足以打破整体色调的冷暗，却适足以反衬之。可以说这首词的境界真是"空""清"到了极点。

《点绛唇》为自伤身世之作。与《扬州慢》一样，词人没有对眼前景物做客观细致的刻画，而是以主观化、拟人化的手法略加点染：上阕以"无心"写"燕雁"，以"清苦"写峰峦，并说几座峰峦在一起酝酿一场雨。从这两句主观色彩浓厚的简笔勾画中，曲折地透漏出词人孤寂凄苦的心境，给人留下的想象空间也是极其广阔的。下阕为抒情，却以景结情，以"残柳参差舞"五字收束，"无穷哀感，都在虚处"，真可谓疏可走马，余韵无穷。从整体看，这首小词视角频繁转换，起落无迹，笔法空灵，境界空寂。而由这些意象营造而成的境界同样散发出清冷的气息，可谓过清。

《暗香》是一首咏物词，实际上是借梅花寄托怀人之情。起调追忆月夜梅边吹笛，与"玉人"一起冒着"清寒"折梅的往事，接着写自己没有作词的雅兴，却为梅花醉人的冷香逗引起情思。下阕词人拟想在雪夜将梅花寄给远人以寄托相思而不能，只能对着"翠尊"和"红萼"陷入缠绵的思念中，接着又忆起在低垂到"西湖寒碧"的上千株梅树边携手同游的往事，结尾又转写梅花凋谢，无限今昔之慨寄寓其中。这首咏梅词将咏物与怀人结合起来，"辞虽不离梅不黏着于梅"，正如刘永济先生所评"此中技术，似咏梅而实非咏梅，非咏梅又句句与梅有关，用意空灵"[①]。词人对梅花都没有做客观细腻的描写，而是略作勾画，随即宕开，尤其是那低垂到湖面上的千株盛开的梅树当是多么绚烂的景象，词人却点到即止，

[①] 陈书良《姜白石词笺注》，中华书局2009年版，第129页。

未加渲染,以上所述就是这首词的"空"。全词主要意象除了"梅"外,还有"雪""月""竹"等,都给人一种冷意,唯一给人一点暖意的是"红萼"。对此,清人先著、程洪指出:"味梅嫌纯是素色,故用'红萼'二字,此谓之破色笔。"(《词洁辑评》)①不过这孤寂的"红萼"并没有改变这首词整体色调之"素";词中的意象都可以说是一尘不染,"月夜",特具寒意的意象"雪",再加上"清寒""香冷""寒碧"等词,营造出一个寒冷的氛围,可谓"清"到了极点。

"空"与"清"两者相得益彰:意象密而不疏,描写黏着于物,"清"的效果会大打折扣;反之不洁不素,"空"的效果也会有所减弱。姜词可谓达到了清和空的极致,这种"清"的特点体现了姜夔清高冷僻的人格,而"空"更体现他洒脱不羁的风度。

二、情感的清怨

张炎在《词源》中以"骚雅"评姜词,他虽没有对"骚雅"的含义作出明确的阐释,但这里的"骚"指《离骚》,"雅"指《小雅》当是常识性问题。司马迁曾指出:"《国风》好色而不淫,《小雅》怨诽而不乱,若《离骚》者,可谓兼之矣。"(《屈原贾生列传》)②从写情这一角度看,司马迁认为《离骚》和《小雅》一样怨而不怨。司马迁这样评价《离骚》并没有赢得普遍的认同,不过若以此来评姜夔词应该是没有疑问的。姜词中流露出的怨情仍然是十分强烈的。

"骚"字有几个义项,其中之一与"怨"同义,两字可组合成一个词汇,即"骚怨"。清人唐甄在《潜书·思愤》中就用过这个词汇:"发为骚怨之辞,肆为狂悖之行。"③因此笔者认为若用一个字来概括姜词的情感特点,"骚"与"怨"二字均可。

姜夔是一个淡泊的士人,但他不是那种冷漠的、以麻木为修养的人,他锐感深情,于旧日情人、于个人身世、于国家时世始终不能忘怀。

姜夔生活的时代,南宋政府不思恢复,苟且偷安,朝野上下弥漫着一

---

① 陈书良《姜白石词笺注》,中华书局 2009 年版,第 127 页。
② 司马迁《史记》,中华书局 1982 年版,第 2482 页。
③ 唐甄《潜书注》,四川人民出版社 1984 年版,第 119 页。

派腐朽糜烂的气息,国家面临着严重的危机。"乱世之音怨以怒",不过狂者和狷者对现实的态度并不相同。王通在《中说·事君篇》曾这样评论南朝的几个作家:"鲍照、江淹,古之狷者也,其文急以怨;吴筠、孔稚珪,古之狂者也,其文怪以怒。"[1]王通的论断确切与否,暂且不论,不过在这里他却道出了狂者多怒,狷者多怨这样的现象。现实,在陆游、辛弃疾、陈亮和刘过等狂士的心中激起的是怨怒交迸的情感,他们的词多抨击之语,而在姜夔的心中触发的似乎总是怨情。《扬州慢》《凄凉犯》是抒写现实感受的代表作。两首词分别写繁华都市扬州和边城重镇合肥遭金人破坏后的荒凉残破的景象,后一首又追念西湖旧游,都流露出无限低沉哀怨的情绪。

缪钺先生云:"同为忧国哀时之作,稼轩词如钟鼓镗鞳之声,白石词如箫笛怨抑之音。"(《论姜夔词》)[2]以"箫笛怨抑之音"比喻姜夔词的情调,堪称精当。

不过,姜夔更多的词表达的是离别和漂泊的哀怨情绪。程杰在《宋代咏梅文学研究》中指出:"我们读姜夔的词,戴复古、方岳等人的诗,凡有梅处,固然'冷香飞上诗句',高情雅意顿生,但其中低徊不已的却是一份自怜幽独、自伤漂泊的感慨骚怨。"[3]其实无梅的姜词也是如此,"感慨骚怨"之情往往抑制不住地从他的心底里喷涌而出:

"万里乾坤,百年身世,唯有此情苦!"(《玲珑四犯》)"文章信美知何用?漫赢得、天涯羁旅!"(《玲珑四犯》)"南去北来何事?荡湘云楚水,目极伤心!"(《一萼红》)"自随秋雁南来,望江国,渺何处?"(《清波引》)"谁念飘零久?漫赢得,幽怀难写。"(《探春慢》)"满汀芳草不成归,日暮,更移舟向甚处?"(《杏花天影》)"远浦萦回,暮帆零乱向何许?"(《长亭怨慢》)……

姜夔以疑问句和感叹句宣泄怨情,特别真切动人。吟诵这些词句,我们仿佛可以感受到特定时代造成的一个江湖漂泊者的凄苦心境,感受到一种至为强烈的感染,觉得王国维以"有格而无情"评姜夔词,未免有点粗率。

---

[1] 王通《文中子》元禄刻本。
[2] 缪钺、叶嘉莹《灵溪词说》,上海古籍出版社1987年版,第465页。
[3] 程杰《宋代咏梅文学研究》,安徽文艺出版社2002年版,第175页。

儒家的中和审美观主张"怨而不怒",姜夔词固然"怨而不怒",但其怨情仍然是十分浓烈的。他词中的怨情与陆游、辛弃疾和同为江湖游士的刘过都有所不同,大多是在孤凄静默的吟味中产生的,可以称为"清怨",即凄清的怨情,是狷者典型的情感。

三、格调的清雅

狷者缺乏建功立业的强烈愿望和自信心,选择无为,淡泊功名利禄,更注重道德的完善、心灵的修炼。相对于狂者,他们的志趣自然更为高雅,这也许是汉语中没有"狂雅"而有"狷雅"这个词汇的原因。

南宋词人周密在《齐东野语》中转述范成大对姜夔的评价云:"参政范公成大以为翰墨人品,皆似晋、宋之雅士。"①姜夔多才多艺,耽于书卷翰墨,志趣高雅,堪称古代士人中典型的雅士,此一点几乎为历代论者所公认。真正的高雅之士厌恶陈词滥调,与众不同却不流于怪诞,含蓄内敛而不张狂外露,姜夔的"雅"正表现出这样的特点。而他的词品之"雅"也可谓独超众类。

清人蔡宗茂云:"词盛于宋代,自姜、张以格胜,苏、辛以气胜,秦、柳以情胜。"(《拜石山房词序》)②"格"即格调,格调有雅俗之分,说姜夔和张炎"格胜",就是说此二人的词以格调高雅见胜,不过两相比较,姜词更胜一筹:"玉田追踪于白石,格调亦近之,而逊其空灵,逊其浑雅。"③清人李佳在《左庵词话》中称姜词之雅为词人之最:"词以意趣为主,意趣不高不雅,虽字句工颖,无足尚也。意能迥不如人最佳。东坡词最有新意,白石词最有雅意。"(李佳《左庵词话》卷上)④时贤对姜词之"雅"也多有阐发,尽管如此,关于此一问题尚须做更全面深入的探讨。

说到"雅",人们自然会想到其对立的范畴"俗",弄清什么叫俗,雅就不言自明了。南宋的严羽将诗歌的俗分为五个方面,他说:

"学诗先去五俗:一曰俗体,二曰俗意,三曰俗句,四曰俗字,五曰

---

① 周密《齐东野语》卷十二,华东师范大学出版社1987年版,第229页。
② 《姜夔资料汇编》,中华书局2011年版,第323页。
③ 陈廷焯《白雨斋词话》卷八,人民文学出版社1983年版,第213页。
④ 贾文昭《姜夔资料汇编》,中华书局2011年版,第456页。

俗韵。"①

学诗去五俗,学词亦然。第一"俗体",陶明濬《诗说杂记》卷九谓:"俗体者何? 当是所盛行如应酬诸诗,毫无意味,谀词靡靡,若试帖等类。"第二"俗意",《诗说杂记》卷九云:"俗意者何? 善颂善祷,能谀能谐,毫无超逸之志也。"②

姜夔创作态度非常严肃,词前几乎都加序言,作词少而精,很少应景和应酬之类的泛泛之作,他不满社会现实,又淡泊名利,自然不屑于歌功颂德,其诗词都是如此。

姜夔也略写了几首为人祝寿的词作,如《石湖仙》是送给范成大的,《阮郎归》是送给张鉴的。范、张二人都是姜夔的挚友,趣味高雅的人物。《石湖仙》赞美范成大潇洒超俗的品格和在朝为官时使金的功绩,并预言范成大不久必然被朝廷重新起用。《阮郎归》二首其一劝张鉴摆脱公务劳顿,尽情享受自由美好的休闲时光;其二祝其身体康健,以便游览名山胜水。寿词是一种实用性词体,内容往往陈陈相因,虚伪造作,多夸饰、谀颂的不实之语,姜夔这三首词所以不俗,在于他的创作态度是真诚的,词中又寄寓了他个人的高雅志趣。

咏物是词的重要题材,姜夔之前的词人如柳永、欧阳修、苏轼、周邦彦、辛弃疾都在咏物词的创作上取得了重要成就。不过咏物词特别容易形成一种俗滥的模式,即使像梅、莲这样的高雅之物也不例外。就梅而言,宋代咏梅词和咏梅诗一样以几何级数大增,其思想内容大多没有什么新意。而姜夔的咏梅名篇《暗香》和《疏影》则借咏梅寄托相思之情和君国之忧,却是别出心裁。张炎称其"前无古人,后无来者,自立新意,真为绝唱"(《词源》卷下)③。

恋情是姜夔词的重要表现内容,他的恋情词略去恋爱细节的描写,多写别后相思,从而将恋情雅化,在学界,这一点已尽人皆知,无须赘述。

俗体、俗意主要是指诗歌内容之俗,而俗句、俗字和俗韵都是指诗歌形式之俗。

陶明濬云:"俗句者何? 沿袭剽窃,生吞活剥,似是而非,腐气满纸者

---

① 郭绍虞《沧浪诗话校释》,人民文学出版社1961年版,第108页。
② 郭绍虞《沧浪诗话校释》,人民文学出版社1961年版,第108页。
③ 唐圭璋《词话丛编》,中华书局1986年版,第266页。

是也。""何谓俗字？风云月露,连累而及,毫无新意者是也。""何谓俗韵？过于奇险,困而贪多,过于率易,虽二韵亦俗者是也。"①

照陶明濬的理解,如果诗歌的字句能避免沿袭剽窃,陈词滥调,用韵避免过分奇险和过于率易,自然不俗。

相对于诗,词的用韵较宽,一般来说过于奇险的问题较少,姜词不用冷僻字,又无敷衍和凑韵的现象,符合严羽"雅"的标准。姜词也并非绝无俗句,如陈廷焯指出:"白石《石湖仙》一阕,自是有感而作,词亦超妙入神。惟'玉友金蕉,玉人金缕'八字,鄙俚纤俗,与通篇不类。正如贤人高士着一伧父,愈觉俗不可耐。"②不过这类俗句在姜词中只是个例。

用典无疑是文学雅化的一个重要标志,从苏轼开始,词中用典风气大开,词的书卷气越来越浓厚,其中姜夔是比较突出的一个,不过姜夔词用典十分讲究。

刘熙载在《艺概》中说:"词中用事,贵无事障。晦也,肤也,多也,板也,此类皆障也。姜白石用事入妙,其要诀所在,可于其《诗说》见之,曰:'僻事实用,熟事虚用。'"③

所谓"僻事实用"是说生僻的典故,要较明确地点出。姜夔词基本上不用"僻事",所用典故大多比较常见。对这些常见的典故往往"虚用",比如"浮云安在？我自爱绿香红舞"(《石湖仙》)用《论语·述而》中的"不义而富且贵,于我如浮云";"剪灯心事峭寒时"(《浣溪沙》)用李商隐《夜雨寄北》里的"何当共剪西窗烛,却话巴山夜雨时";"化作西楼一缕云"(《鹧鸪天》)用宋玉《高唐赋》楚王与巫山神女相会的故事。读者通过其中的几个词语"浮云""剪灯"和"一缕云"和词句表达的意旨即可断定典故的出处。"犹记深宫旧事,那人正睡里,飞近蛾绿"(《疏影》)用典出自《太平御览》所载的"宋武帝女寿阳公主事",也比较常见,这里即以模糊语"那人"指代"寿阳",又不明言梅花落额,只说"飞近蛾绿(指代眉)"。用典毫无疑问会赋予文学作品以浓厚的书卷气、典雅的特征,而一些典故经多人染指,必然成为俗滥化的东西,暗用,即"熟事虚用"则是一种避免俗滥化、化俗为雅的处理方式,姜夔于此道之精可见一斑。由于字词

---

① 郭绍虞《沧浪诗话校释》,人民文学出版社1961年版,第109页。
② 陈廷焯《白雨斋词话》卷二,人民文学出版社1983年版,第30页。
③ 刘熙载《艺概》,上海古籍出版社1978年版,第119页。

典雅,一些"俗调"在姜夔笔下也俗气全无,如清人许宝善评《江梅引》云:"此调最易近俗,而白石作雅令乃尔,可知雅俗在词不在调也。"(《自怡轩词选》卷七)①

姜词的"雅"更体现在意趣方面。陈廷焯云:"姜尧章词,清虚骚雅,每于伊郁中饶蕴藉。"②其意思是说姜词情感抑郁,却含蓄蕴藉,意在言外,令人玩味,引人遐思,这就是所谓的意趣。清末诗人陈衍在《石遗室诗话》说过这样的话:"词者,意内而外也,意内者骚,言外者雅,苟无悱恻幽隐不能自道之情,感物而发,是谓不骚;发而不有动宕宏约之词,是谓不雅。"③陈衍将骚说成是内在情感,将雅说成是外在形式,认为只有把情感表达得曲折深远,方可谓之雅。陈衍与陈廷焯都以"意趣"释"雅",所见略同。

文学作品过多地借助赋法抒写情怀往往会导致表情的直露,柳永词就是典型的例子,秦观以小令的笔法作慢词,弥补了柳词的不足,后人称赞他的词是情韵兼胜,姜夔的词也有此特点。论者多认为姜夔的代表作《扬州慢》《齐天乐》寄寓君国之忧,却欲吐还吞,含蓄曲折,余韵无穷。姜词表情之曲折深远,在两宋词人中是罕有其匹的。

与姜夔同时的大词人辛弃疾抒写个人怀抱多能刚柔相济,含蓄蕴藉,但也有一些作品流于粗豪叫嚣,过于直露。姜夔曾与辛弃疾相唱和,一定程度上受到辛弃疾的影响,但表达情感却没有过于粗豪直露的现象。如周济说:"白石好处,无半点粗气也。"(《宋四家词选》)④粗近于俗,与雅是不相容的,姜夔词没有丝毫"粗气",可见其雅。

从内容和形式的各个方面来看,姜夔词表现出来的雅的特点都特别突出,形成了一种不同凡响的雅格,而雅与清合,雅意倍增,达到了雅的极致。姜词的"雅"是一种清雅,狷士之雅。

四、气质的清刚

南宋以前,总的来看,词风比较柔软。苏轼等个别词人除外,北宋杰

---

① 贾文昭《姜夔资料汇编》,中华书局2011年版,第228页。
② 陈廷焯《白雨斋词话》,人民文学出版社1983年版,第28页。
③ 陈衍《石遗室诗话》卷二十,辽宁教育出版社1998年版,第271页。
④ 吴熊和《唐宋词汇评》,浙江教育出版社2004年版,第2713页。

出词人柳永、黄庭坚、秦观、周邦彦等词人都是如此。清人江顺诒云:"尝惜秦黄周柳之才,徒以绮语柔情,竞夸艳冶。"(《词学集成》卷五)① 而到了南宋,这种格局发生明显的转变,如谢章铤曾谓:"北宋人多工软语,南宋人多工硬语。"(《赌棋山庄词话》卷十二)② 张元幹、张孝祥、陆游、辛弃疾、陈亮、刘过等南宋豪放派词人都是这一时代特点的体现者。姜夔不是豪放词人,词作也呈现出刚硬的风格:"白石脱胎稼轩,变雄健为清刚,变驰骤为疏宕;盖二公皆极热中,故气味吻合,辛宽姜窄,宽故容秽,窄故斗硬。"(周济《宋四家词选》)③"盖白石硬语盘空,时露锋芒;玉田则返虚入浑,不啻嚼蕊吹香。"(邓廷桢语)④ 古代的学人都一致认为姜夔词的风格清刚瘦硬,却没有人作出令人信服的阐发。

一些当代的学人试图从用字的角度加以阐发。如去声字易产生峭劲的声响效果,而词的领字多为去声,有论者认为姜夔词多用去声领字,句首也多用去声字,如《扬州慢》中的"过""尽""自""废""渐""杜""算""纵""念"等,二十三个分句用九个去声字。⑤ 其实这一现象在姜词中并不普遍,更不为姜词所独具。被视为软媚的柳永词也不乏类似的例子,如他的婉约词代表作《雨霖铃》句首就用了"对""骤""竟""念""暮""便",并两用"更"字,二十分句,八个去声字,比例与姜词大致相当。

又有论者谈到姜词中"入""浸""沁"和"压"等字的运用。"入"字"给人一种棱角分明之感"(萧瑞峰、韩经太《开清空骚雅之风的姜夔》)⑥,高峰称道《小重山令·赋潭州红梅》云:"此处'沁'字与上片'浸'字的使用,笔触瘦硬,清劲有力,传写出凄艳感人的情致。"(《姜夔词的感官意象及其幽冷词风》)⑦

而事实上,这些字都是常用字。据笔者统计,姜词"入"17次,比较多,而"浸""沁"和"压"分别为2次、1次和5次,并不多。这几个字在其他重要词人的词中也多有运用,如"入"字,与姜夔同时而稍后的史达祖

---

① 唐圭璋《词话丛编》,中华书局1986年版,第3270页。
② 唐圭璋《词话丛编》,中华书局1986年版,第3470页。
③ 夏承焘《姜白石词编年笺校》,上海古籍出版社1981年版,第142页。
④ 黄畲《山中白云词笺》,浙江古籍出版社1994年版,第515页。
⑤ 参见江西师范大学2006年王艺的硕士论文《姜夔与江西诗派》第35页。
⑥ 吴熊和主编《十大词人》,上海古籍出版社1989年版,第150页。
⑦ 《江海学刊》2011年第6期。

在词中曾用过 23 次,吴文英用过 56 次,而词风偏软的柳永也用过 12 次,周邦彦用过 16 次。"沁"姜夔只用过 1 次,史达祖 2 次,吴文英达 10 次,周邦彦也用过 1 次;"浸"字姜夔 2 次,史达祖 5 次,柳永 2 次,周邦彦 2 次;"压"字姜夔 5 次,吴文英 16 次,柳永 3 次,秦观 4 次,周邦彦 2 次。可见较之于其他词家,这些字在姜夔词中的使用频次并不是很高,因此单从用字这个角度入手论证姜词的刚硬风格不能令人信服。

那么我们主要应该从哪个角度把握姜词的刚硬风格呢?笔者认为主要还是应该从整体上来把握。

婉约词多描写柔美、慵懒的女性形象以及轻柔细小的物象,多抒发女性化的柔情,风格柔靡软媚。花间词这方面的特点尤其突出,柳永、秦观和周邦彦等婉约派词人也多此类作品。

姜夔词也并不是没有这类描写,如"燕燕轻盈,莺莺娇软"(《踏莎行》),描写女性的柔美,不过这只是只言片语,就全篇而言,这首《踏莎行》词不能算软媚;他也写过如《霓裳中序第一》这类略显颓堕无力的词,但只是个别的。姜夔一生的活动区域不出江南水乡,其词中的物象也多具有柔美的特色,但由于姜词往往对物象点到即止,这个特点很少得到凸显。

总的来看,姜夔词多转折顿宕,又刚劲有力。缪钺先生指出姜夔词"用笔瘦折,气格紧健"①,大致就是这个意思。不过缪先生虽举作品为例,却未作具体分析。那么姜词的这种风格到底是怎么体现出来的?略举两例即可见出:

叠鼓夜寒,垂灯春浅,匆匆时事如许!倦游欢意少,俯仰悲今古。江淹又吟恨赋,记当时,送君南浦。万里乾坤,百年身世,惟有此情苦!

扬州柳,垂官路。有轻盈换马,端正窥户。酒醒明月下,梦逐潮声去。文章信美知何用?漫赢得、天涯羁旅!教说与,春来要,寻花伴侣。(《玲珑四犯》)

这首词先以感慨的语气,极精简的文字点出时间,接下来抒写内心

---

① 缪钺《诗词散论》,上海古籍出版社 1982 年版,第 85 页。

的孤寂悲哀；然后追忆昔日离别情景，逗引出强烈的抒情句。下阕换头处先描写昔日情事，也是点到即止，继而感叹美梦一去难回，接着是喷涌而出的怀才不遇和漂泊无依的感慨，结尾又转写结伴赏花聊以自解——行文曲折多变。全词主要内容在于写意抒怀，迟暮、倦游、怀旧和怀才不遇之感相继涌上心头，出现的数处疑问句、感叹句，都是感情喷发处，尤其是上阕结尾的议论性抒情，冲击力特别强烈（此为"时露锋芒"处）。《长亭怨慢》也具有类似特点：

渐吹尽，枝头香絮，是处人家，绿深门户。远浦萦回，暮帆零乱向何许？阅人多矣，谁得似，长亭树？树若有情时，不会得青青如此！
日暮，望高城不见，只见乱山无数。韦郎去也，怎忘得，玉环分付？第一是早早归来，怕红萼，无人为主。算空有并刀，难剪离愁千缕！

此词写离情别绪。上片写昔日分别之情。开头描写柳絮飞尽、柳叶繁茂，略加渲染，交代了离别的季节时间。随后以疑问句从送别女子的视角抒写"暮帆"远去的怅惘，点明离别题旨。接下来词人没有正面铺写离别的场景、过程，抒写离情，而是虚拟柳树若有人情，也会为离情的折磨而衰老，不会如此青苍翠绿，一个疑问句，一个感叹句，感情喷薄而出（此为"时露锋芒"处），中间又以顶真法相接，数句一气直下。下阕转写舟中人即词人自己的所见所想。换头处写"韦郎"（词人）回望高城，又以"不见"和"只见"相连接，气脉贯通，笔力峭拔；随之写"韦郎"绝不会忘记分别时约定，要"早早归来"，唯恐如花美人没人做主。此数句更是一气贯穿。结尾以带有夸张语气的黏连法宣泄离愁，崭绝刚健。

刘勰在《文心雕龙》中说："若瘠义肥辞，繁杂失统，则无骨之征也。思不环周，索莫乏气，则无风之验也。"[1]姜夔将男女之间的离别相思之情和漂泊生活的感受写得如此曲折多变，又气脉贯通，刚健有力，绝少"瘠义肥辞"，诚可谓风骨兼具。

同样是刚健，姜词与辛词明显不同：辛弃疾词雄豪奔放，而姜夔词瘦

---

[1] 范文澜《文心雕龙注》，人民文学出版社1998年版，第513页。

硬疏宕。姜词风格的形成向来被认为是受了江西诗派的影响。缪钺先生在《论宋诗》中曾如此品评宋诗与唐诗的风格之异："唐诗之美在情辞,故丰腴;宋诗之美在气骨,故瘦劲。"①而从风格上讲宋诗最具代表性的是江西诗派的核心人物黄庭坚和陈师道。尽管姜夔曾"三薰三沐师黄太史氏"(《白石道人诗集自叙》)②,苦学黄庭坚诗,但笔者认为相对而言,姜夔词的风格更似陈师道。朱熹说:"后山雅健强似山谷,然气力不似山谷较大,但却无山谷许多轻浮的意思。"③就气魄而言,陈师道不及黄庭坚,却比黄庭坚更雅,没有黄庭坚的"轻浮"。方回更以一个形象的比喻来品题陈诗的风格:"后山诗瘦铁屈蟠,海底珊瑚枝不足以喻其深劲。"④姜词也没有"轻浮的意思",其风格也可以"海底珊瑚枝"来比拟,即瘦劲而不宏肆。

不过瘦劲或瘦硬太过,易流于"老硬枯瘦"⑤,枯燥无味,黄庭坚和陈师道的诗歌都有此流弊。姜词则无此流弊,其风格更可以用刘永济提出的新范畴"阴刚"来品题。刘永济先生在评论元人散曲的风格时云:"苟核而论之,散曲之中,盖有阴刚而阳柔者焉。阴刚之喻,如霜月凄魂,冰澌折骨;阳柔之喻,如炎曦丽物,烈火熔金。夫俯仰古今,发摅感慨,易入雄肆,或则苍凉。而元人为之,则多寒峭。寒峭者,阴刚也。"⑥"阴刚"以"寒峭"为特点,在姜词中有特别突出的体现,如果再考虑"洁"的因素,我们可以更确切地以"清刚"来形容姜词的风格。

毫无疑问,姜词刚健或瘦硬风格的形成与时代风会和江西诗派的影响有关。但为什么江西诗派对其他词人的影响不像姜夔那样显著呢?那是因为一个作家对某种文化遗产的选择接受往往是由其人格气质决定的。朱熹指出:"狂狷是个有骨肋底人。乡原是个无骨肋底人,东倒西摇,东边去取奉人,西边去周全人,看人眉头眼尾,周遮掩蔽,惟恐伤触了人。"⑦用更通俗的语言来说,狷者与狂者一样,是有气骨的人。姜夔就

---

① 缪钺《诗词散论》,上海古籍出版社 1982 年版,第 37 页。
② 夏承焘《白石诗词集》,人民文学出版社 1959 年版,第 1 页。
③ 朱熹《朱子语类》卷一百四十,中华书局 1994 年版,第 3334 页。
④ 李庆甲《瀛奎律髓汇评》卷二十六,上海古籍出版社 1986 年版,第 1144 页。
⑤ 胡应麟《诗薮》卷五,上海古籍出版社 1979 年版,第 218 页。
⑥ 刘永济《宋代歌舞剧曲录要·元人散曲选》,中华书局 2007 年版,第 139 页。
⑦ 朱熹《朱子语类》第六十一卷,中华书局 1994 年版,第 1477 页。

是这样一个狷者,据传记所载:"丞相谢深甫闻其书,使其子就谒,夔遇之无殊礼,衔之。"(张羽《白石道人传》)[1]在一个官本位的社会,人们都将高官的赏识看做一种荣光,炙手可热的宰相派儿子前来求书,一般人都会受宠若惊,尽可能地取悦之,而姜夔的态度却有点轻慢,可见他不仅是一个不肯趋炎附势的人,而且是一个敢于向权势说不的有气骨的人。陆游、辛弃疾、陈亮等同样是有气骨的士人,但他们是张扬外露的狂士,而姜夔则是孤傲内敛的狷士,其人格气质清中有刚。人格气质决定他的审美趣味,决定他对黄、陈瘦硬诗风的接受。而由于身世、经历、修养等方面的有所不同,姜夔的人格气质与黄、陈也同中有异,特有的人格气质体现在词中,使姜词呈现出一种特别显著的清刚风格。

综上所述,可见姜夔的人格是典型的狷者人格,几乎具备了狷者的各方面的特点,其词也相应地呈现出清、空、骚(怨)、雅和刚的风格特点,具体地说是境界上的清空、情感上的清怨、格调上的清雅和审美特质上的清刚,在每一个方面都显得非常突出。在婉约和豪放两大词派并存相竞的时代,姜夔"矫世独立"[2],在词中充分展示了他的狷者人格精神,开创了以"清空"为标志的一派词风。

---

[1] 夏承焘《姜白石词编年笺注》,上海古籍出版社1981年版,第321页。
[2] 周宗建《论语商》,四库全书本。

第九章 明末"异端之尤"李贽

明代晚期,政治文化环境相对宽松自由,涌现出一批有思想、有个性的狂士,李贽是其中最为突出的一个。他猛烈抨击从南宋后期开始就成为最高统治者的意识形态的程朱理学和千年来一直为人们所遵奉的孔孟之道,否定外在权威和封建等级观念,无情揭露道学家的虚伪丑陋嘴脸,"颠倒千万世之是非",强烈呼吁个性解放,思想极具叛逆性。其文章多直抒胸臆,疏放不羁,痛快淋漓;而其批判文章又多呈现出狠鸷刻深、诙谐辛辣的特点。

一、思想桎梏的放松与个性解放思潮的兴起

朱元璋得天下后,为了谋求朱明王朝的万世基业,无视法度,采取极其残暴的手段,大肆屠戮功臣文士,动辄株连上万。朱元璋的暴政没有随着他的死亡而结束,他的儿子朱棣篡夺政权后,屠戮异己,手段之残忍更是令人发指。这种"族诛"暴行在朱棣之后有所收敛,但朱明王朝一直没有放松全国范围的监控,从开国皇帝朱元璋开始,先后设有锦衣卫、东厂和西厂等特务机关,厂卫员役四处探寻,动辄诬人叛逆,处以重刑。因此明代士人的生存状态十分窘困。另一方面,朱明王朝从建国之初即开始推行文化钳制政策。程朱理学在元代正式成为官学,到了明初,更被定于一尊。明初开始以程式化的八股文取士,朱元璋和刘基一起制定八股文的程式,规定在朱熹注的"四书"和宋元人注的"五经"中出题,举子不许偏离原意,有所发挥。永乐年间,由朱棣钦定,众多儒生参与,汇集经传、集注,编辑完成了《五经大全》《四书大全》《性理大全》三部理学大全,三部大全独尊程朱,"合众途于一轨,会万理于一原","使家不异政,国不殊俗",标志理学独尊地位的确立。

在朱元璋父子暴行的震慑下,明初的士人诚惶诚恐,大多以苟全性命为唯一的追求,士风颓靡卑污。范文澜先生如此描述朱元璋统治时期士人的生存状态:"文人学士,一经作官,无异入狱,求进不敢,求退不能,结果养成了一种风气,认昏庸无名誉、品格欠佳不合录取资格算是幸福,相率习为卑污,不复顾及羞耻。士大夫间本极微薄希罕的道德气节,被朱元璋摧残尽了。"①在思想上,他们几乎无不亦步亦趋地恪守程朱理学:"原夫明初诸儒,皆朱子门人之支流余裔,师承有自,矩镬秩然。曹端、胡居仁笃践履,谨绳墨,守儒先之正传,无敢改错。"《明史·儒林传》②这种状态到成化(宪宗朱见深年号)年间几乎没有变化:"成化以前,追求尚一,而天无异学,士大夫视周、程、朱子之说,诚四体然,唯恐伤之。"(《眉轩存稿序》)③程朱理学垄断了思想学术,严重束缚着士人的精神个性,要求摆脱束缚的呼声越来越高。到弘治年间,孝宗朱祐樘在位时,思想钳制政策虽然未变,但政治环境已不再像明初那样恐怖得令人战栗,言论较为自由,持续百年之久的思想一元所造成的沉闷僵化的局面逐渐被打破。王阳明孤明先发,提出"致良知"的学说。同南宋心学大师陆九渊一样,他也认为心外无物,心外无理,心即是理,理即是心,认识就是对"心"的认识,却将陆九渊的"发明本心说"进一步发展为"致良知"的新说。他说:"夫良知者,即所谓'是非之心,人皆有之',不待学而有,不待虑而得者也。"(《书朱守乾卷》)④"良知",就是"是非之心",它是人所固有的,人可以凭良知判断善恶是非:"夫学贵得之心,求之于心而非也,虽其言出于孔子,不敢以为是也。"(《答罗整庵少宰书》)⑤他指出如果以"良知"作判断,某人的言论是错误的,即使出之于孔子之口,也不敢以为是正确的。王阳明反对悬空谈说,他凭"良知"立身行事,进行道德践履,这使他成为一个毫无伪饰、光明磊落,具有"狂者胸次"的人:"我今信得这良知真是真非,信手行去,更不着些复藏。我今才做得个狂者的胸次,使天下之人都说我行不掩言也罢。"⑥王阳明的学说突出主体精神

---

① 范文澜《中国通史简编》,河北教育出版社 2000 年版,第 547 页。
② 张廷玉等《明史》第 24 册,中华书局 1974 年版,第 7222 页。
③ 黄佐《泰泉集》,影印文渊阁四库全书本卷三五,台湾商务印书馆 1986 年版。
④ 王守仁《王阳明全集》,上海古籍出版社 1992 年版,第 279 页。
⑤ 王守仁《王阳明全集》,上海古籍出版社 1992 年版,第 76 页。
⑥ 王守仁《王阳明全集》,上海古籍出版社 1992 年版,第 116 页。

的作用,为人们摆脱程朱理学所标举的"理"即外在道德教条的束缚提供了理论依据,大儒黄宗羲称赞阳明的学说:"可谓震霆启寐,列耀破迷,自孔孟以来,未有若此深切著明者也。"①黄宗羲高度肯定阳明学说破除迷信、解放思想的作用。而阳明展示出来的狂者精神风范在假道学、乡愿遍地的当时社会是令人惊为异数的,具有开晚明士风之先的作用。王阳明否定外在权威,肯定内在良知,但"致良知"的目的仍然在于"去人欲",他虽然讲过"良知良能,愚夫愚妇与圣人同",认为所有的人都先天地具有"良知良能",但他又说过"惟圣人能致其良知,而愚夫愚妇不能致,此圣、愚之不同处也"(《答顾东桥书》)②。承认圣人与百姓之间的差距,二者之间的界限是不可逾越的。王阳明的思想未能彻底突破程朱理学的束缚。他的弟子王艮创立泰州学派(亦称王学左派),自成一家。王艮的思想深受当时流行的狂禅之风的影响,其突出特点表现在个人主义和重感性的市民化倾向上,他倡导"百姓日用之学",力图恢复孔子"有教无类"的平民教育传统,以"愚夫俗子"的"日用之学"取代"经生文士"的正宗儒学。《明史·王艮传》说:"王(阳明)氏弟子遍天下,率都爵位有气势。艮以布衣抗其间,声名反出诸弟子之上。然艮本狂士,往往驾师说上之,持论益高远,出入于二氏。"③王艮思想的叛逆性显然比王阳明更为突出。王艮之后的王学左派(泰州学派)士人愈加狂放。黄宗羲说:"泰州之后,其人多能以赤手搏龙蛇,传之颜山农、何心隐一派,遂复非名教所能羁络矣。"④一些思想家和文学家虽然还不敢将批判的锋芒直接指向最高统治者,却纷纷指向为统治者定为一尊的程朱理学,他们大肆张扬与天理相对立的人欲和激情,公开蔑视名教礼法,展示出狂放不羁的精神个性。其中最突出的是号称"异端之尤"的思想家李贽。

二、"颠倒千万世之是非"

李贽(1527—1602年),号卓吾,又号温陵居士、百泉居士、宏父(宏

---

① 黄宗羲等《明儒学案》卷首,中华书局1985年版。
② 王守仁《王阳明全集》,上海古籍出版社1992年版,第49页。
③ 张廷玉等《明史》第24册,中华书局1974年版,第7275页。
④ 黄宗羲等《明儒学案》卷三二,中华书局1985年版。

甫)、宏父(宏甫)居士、思斋居士、龙湖叟、秃翁等,原名林载贽,福建泉州人。李贽的童年是不幸的,"生而母太宜人徐氏没,幼而孤,莫知所长"(《卓吾论略》)①。他幼年丧母,在缺乏母爱的生活环境中养成了孤傲、倔强、叛逆的个性。这种个性在幼年读私塾时就显示出来了,十二岁他作了一篇《老农老圃论》,就《论语》中樊迟问稼和子路遇荷蓧老人两个典故,讽刺了不懂农事、轻视稼穑的孔子,异端的锋芒初露。而对那个被明代统治者尊崇为孔子以后第一人的大圣人朱熹的经传,他在读私塾时就不喜欢:"稍长,复愦愦,读传注不省,不能契朱夫子深心。因自怪,欲弃置不事。"(《焚书》卷三《卓吾论略》)李贽禀赋出众,与其说他读不通朱子的传注,不如说他对深究朱子传注没有兴趣,这是其不迷信权威的叛逆个性使然。而成年后不幸的生活际遇,对历史现实认识的加深,尤其是对王学的接受,更使李贽的叛逆个性达到了横绝古今的文化高度。

李贽四十岁开始接触王学,他遍读王阳明及其门人的著作,并编写了一部《阳明先生年谱》。他在《阳明先生年谱后语》中自云:"余自幼倔强难化,不信道,不信仙、释,故见道人则恶,见僧则恶,见道学先生则尤恶。惟不得不假升斗之禄以为养,不容不与世俗相接而已。然拜揖公堂之外,因闭户自若也。不幸年逼四十,为友人李逢阳、徐用检所诱,告我龙溪先生(王畿)语,示我阳明先生书,乃知得道真人不死,实与真佛、真仙同,虽倔强,不得不信之矣。"(《王阳明先生道学钞》)②他从早期的怀疑一切变得有所信从,并以王学的"良知说"为理论武器,衡量古今,盱衡一切,进一步突破传统价值观的束缚。

明代后期,以王阳明为代表的王学中人主张以人固有的良知判断世间的是非善恶,否定外在权威,掀起了一场揭批禁锢人性的程朱理学的高潮。其中李贽的揭批最具深度、广度和力度。

在李贽看来,程、朱等道学家及其后世传人是虚伪丑恶的。《又与焦弱侯》是李贽写给友人焦竑的信,在这封信的开头,李贽就向焦竑称道一个不肯讲学,即不肯传授周、程、张、朱之学的士子郑子玄。之所以如此,是因为郑子玄认为周、程、张、朱的人格不足取,他指出:"周、程、张、朱者皆口谈道德而心存高官,志在巨富;既已得高官巨富矣,仍讲道德、说仁

---

① 李贽《李贽文集》第一卷,社会科学文献出版社2000年版,第78页。
② 《续修四库全书》,上海古籍出版社2002年版,第937册,第699页。

义自若也；又从而哓哓然语人曰：'我欲厉俗而讽世。'彼谓败俗伤世者，莫甚于讲周、程、张、朱者也，是以益不信。"（《焚书》卷二）郑子玄把这些理学大师看作口是心非的伪君子，"败俗伤世者"，这当然也是李贽本人的观点。像郑子玄这样"质实有耻"的士子在当时是罕见的，绝大多数是言清行浊、口是心非的伪君子。黄生就是这样的人，他不远千里从京师来找在湖北为官的林汝宁抽丰，顺便到麻城拜见李贽，却诡称自己"欲游嵩、少"，欺骗李贽，又借眷恋李贽掩盖他的真实目的，欺骗林汝宁。李贽指出当今的士子都是此类人，他揭露道："今之所谓圣人者，其与今之所谓山人者一也，特有幸不幸之异耳。幸而能诗，则自称曰山人；不幸而不能诗，则辞却山人而以圣人名。幸而能讲良知，则自称曰圣人；不幸而不能讲良知，则谢却圣人而以山人称。展转反复，而以欺世获利，名为山人而心同商贾，口称道德而志在穿窬。"在《初潭集》中他尖锐地指出当时的士子是"阳为道学，阴为富贵，被服儒雅，行若狗彘然也"。在李贽看来，"讲道学"已成为那些不学无术的士子猎取富贵的手段："夫世之不讲道学而致荣华富贵者不少也，何必讲道学而后为富贵之资也？此无他，不待讲道学而自富贵者，其人盖有学有才，有为有守，虽欲不与之富贵而不可得也。夫唯无才无学，若不以讲圣人道学之名要之，则终身贫且贱焉，耻矣。此所以必讲道学以为取富贵之资也。然则今之无才无学，无为无识，而欲致大富贵者，断断乎不可以不讲道学矣。"（《初潭集》卷一一《释教》）①"讲道学"更成为追求名位、欺骗世人的手段："世之好名者必讲道学，以道学之能起名也；无用者必讲道学，以道学之足以济用也；欺天罔人者必讲道学，以道学之足以售其欺罔之谋也。噫！孔尼父亦一讲道学之人耳，岂知其流弊至此哉！"（《初潭集》卷二十《道学》）②程、朱等人向来被视为道德典范，而道学先生们在当时也颇受尊重，李贽毫不留情地亮出他们的底牌，让人们看到了道学中人的真面目。

为了确立道学的正统地位，道学家们虚构了一个儒学的传道世系。《宋史·朱熹传》记载："黄干（朱熹门徒）曰：'道之正统待人而后传，自周以来，任传道之责者不过数人，而能使斯道章章较著者，一二人而止耳。由孔子而后，曾子、子思继其微，至孟子而始著。由孟子而后，周、程、张

---

① 李贽《李贽文集》第五卷，社会科学文献出版社 2000 年版，第 88 页。
② 李贽《李贽文集》，社会科学文献出版社 2000 年版，第 216 页。

子继其绝，至熹而始著。'识者以为知言。"①李贽根本不承认这个传道世系，他说："道之在人，犹水之在地也；人之求道，犹之掘地而求水也。然则水无不在地，人无不载道也审矣。而谓水有不流，道有不传，可乎？顾掘地者，或弃井而逃，或自甘于浑浊咸苦，终身不见甘泉而遂止者有之，然而得泉者亦已众矣。彼谓轲之死不得其传者，真大谬也。惟此言出，而后宋人直以濂、洛、关、闽接孟氏之传，谓为知言云。吁！自秦而汉而唐，而后至于宋，中间历晋以及五代，无虑千数百年。若谓地尽不泉，则人皆渴死久矣；若谓人尽不得道，则人道灭矣，何以能长世也？终遂泯灭不见，混沌无闻，直待有宋而始开辟而后可也，何宋室愈以不竞，奄奄如垂绝之人，而反不如彼之失传者哉？"（《藏书》卷三二《德业儒臣前论》）李贽认为每一个人都可以像得到地下水那样得道，说"道"在孟子之后失传，直到宋代才出现接续者这种说法是非常荒谬的。为什么道学勃兴的宋朝竟萎弱得像垂死之人，反而不及道学不传的汉、唐等王朝呢？可见这个道统说纯属虚构。

宋明道学家们将孔孟之道奉为金科玉律，竭力神化孔、孟，而明代的王学中人虽然已不再将孔孟之道奉为金科玉律，但他们所建立的理论体系仍然以儒学为主体，他们对孔子、孟子基本上是尊重的，而李贽的学说在很大程度上摆脱了传统儒学的束缚，他对孔子的态度也不甚尊重。

李贽大胆地揭示了长期以来中国思想文化领域独尊孔学，将其他学派一概视为"异端"的蒙昧状况及其原因：

> 人皆以孔子为大圣，吾亦以为大圣；皆以老、佛为异端，吾亦以为异端。人人非真知大圣与异端也，以所闻于父师之教者熟也；父师非真知大圣与异端也，以所闻于儒先之教者熟也；儒先亦非真知大圣与异端也，以孔子有是言也。其曰"圣则吾不能"，是居谦也。其曰"攻乎异端"，是必为老与佛也。儒先亿度而言之，父师沿袭而诵之，小子朦聋而听之。万口一词，不可破也；千年一律，不自知也。不曰"徒诵其言"，而曰"已知其人"；不曰"强不知以为知"，而曰"知之为知之"。至今日，虽有目，无

---

① 脱脱《宋史》，中华书局1985年版，第12769—12770页。

所用矣。(《题孔子像于芝佛院》)

李贽在这里指出,孔子长期以来被奉为大圣人,老、佛被视为异端,是父师之教陈陈相因、相沿成习所致,世人对他们根本不了解。在这万口一辞、千年一律的大合唱中,人们丧失了独立的判断能力。

李贽指出将孔子的学说奉为金科玉律,神圣不可侵犯,这实际是一种荒谬不合情理的现象。在给论敌耿定向的一封书信中,李贽写道:"此公所得于孔子而深信之以为家法者也。仆又何言之哉!然此乃孔氏之言也,非我也。夫天生一人,自有一人之用,不待取给于孔子而后足也。若必持取足于孔子,则千古以前无孔子,终不得为人乎?故为愿学孔子之说者,乃孟子之所以止于孟子,仆方痛憾其非夫,而公谓我愿之欤?且孔子未尝教人学孔子也。使孔子而教人学孔子,何以颜渊问仁,而曰'为仁由己'而不由人也欤哉! ——由是观之,孔子亦何尝教人学孔子也哉!夫孔子未尝教人之学孔子,而学孔子者务舍己而必以孔子为学,虽公亦必以为真可笑矣。"(《答耿中丞》)耿定向是道学中人,他以孔教正脉自居,认为对于孔教"天下尊之则治,违之则乱",他为捍卫孔教与李贽往复论争,十分激烈。李贽这段辩词的大意是说:每一个人都应该发挥自己的独特作用,不必效法孔子,以孔子的做人标准来规范自己。倘若一定要如此才算是真正的人,难道孔子出世之前的人都是动物不成?而事实上孔子也未曾教人效法他,因此以消解自我为代价去效法孔子是可笑的。李贽还作了一篇杂文《赞刘谐》,塑造了一个迂腐的道学先生形象,这个道学先生"高履大履,长袖阔带,纲常之冠,人伦之衣,拾纸墨之一二,窃唇吻之三四,自谓真仲尼之徒焉",一个叫刘谐的人讽刺他"未知我仲尼兄",他"勃然作色"说:"天不生仲尼,万古如长夜。子何人者,敢呼仲尼而兄之?"刘谐反唇相讥道:"怪得羲皇以上圣人尽日燃纸烛而行也!"(《焚书》卷三)李贽借此诙谐辛辣地讽刺了道学先生的荒唐迂腐,他呼孔子为"仲尼兄",显然是大不敬。

李贽还站在功利主义的立场揭露儒家名教的不切世用。在《孔明为后主写申韩管子六韬》一文中,他指出儒家"泛滥而靡所适从",他引述汲长孺的观点批评儒家是"内多欲而外施仁义""博而寡要,劳而少功"。诸葛亮不能算名教中人,但他屡次兴师北伐、劳而无功正是奉行儒家的思想方法的结果。而商鞅在秦国的成功、吴起在楚国的成功是他们不顾后患,勇于破旧立新的结果。他又称赞法家人物商鞅、申子、韩非子"虽天下以我残忍刻薄不恤也",称赞陈平和苏秦、张仪"虽天下以我为反复不信不恤也"。谯周力劝后主降魏,冯道历仕五朝,都是颇受后人诟病的没有气节的人物,李贽却称赞他们"宁受祭器归晋之谤,历事五季之耻,而不忍无辜之民日遭涂炭,要皆有一定之学术,非苟苟者"。在这篇文章的结尾部分,李贽写道:"瞻前顾后,左顾右盼,自己既无一定之学术,他日又安有必成之事功耶?而又好说'时中'之语以自文,又况依仿陈言,规迹往事,不敢出半步者哉!"在李贽看来,顾忌过多、不学无术、墨守成规是儒家中人普遍性特征,也是他们无法成就功业的原因。清代史学家谈迁评说李贽:"所著《焚书》《藏书》《卓吾大德》等刻,惑乱人心,谓吕不韦、李园为智谋,李斯为才力,冯道为吏隐,卓文君为善偶,司马光论桑弘羊欺武帝为可笑,秦始皇为千古一帝,俱剌谬不经。"(谈迁《李贽传》)[①]以儒家正统的眼光审视,李贽称赞的人物大多是有道德缺陷的人物。李贽从功利主义的视角对他们作出肯定的评价,是对传统价值观的公然挑战。

儒家的社会伦理思想千百年来一直被人们视为宝贵的文化遗产,李贽则将其视为祸乱之源:"夫天下之人得所也久矣.所以不得所者,贪暴者扰之,而'仁者'害之也。'仁者'以天下之失所也而忧之,而汲汲焉欲贻之以得所之域。于是有德礼以格其心,有政刑以絷其四体,而人始大失所矣。"(《答耿中丞》)李贽认为百姓之所以无法过上安定的生活,是"贪暴者"和"仁者"造成的。"仁者"要济世救民,用"德""礼""政""刑"来教育约束百姓,使他们的生活更不安定。

儒学是内圣外王之学,内在修养和外在事功并重,其实践品格和伦理教化功能为人们普遍认可,李贽不但不予以认可,竟予以全盘否定,历数其严重危害,观点之奇令人惊愕。不过李贽对儒学的批判不像韩愈对佛老的批判那样"忿其外而遗其中",仅止于表层,他更从学理层面上做出了深入的批判。

对儒家的"礼",李贽更写了一篇专论《四勿说》予以批判:"人所同者谓礼,我所独者谓己。学者多执一己定见,而不能大同于俗,是以入

[①] 张建业《李贽研究资料汇编》,社会科学文献出版社 2013 年版,第 217 页。

于非礼也。非礼之礼,大人勿为;真己无己,有己即克:此颜子之四勿也。……盖由中而出者谓之礼,从外而入者谓之非礼;从天降者谓之礼,从人得者谓之非礼;由不学、不虑、不思、不勉、不识、不知而至者谓之礼,由耳目闻见,心思测度,前言往行,仿佛比拟而至者谓之非礼。"儒家所谓的"礼"是外在的行为规范,人的视、听、言、动都必须合于"礼",即"非礼勿视,非礼勿听,非礼勿言,非礼勿动"(《论语·颜渊》)①。李贽则认为"礼"发自人的内心,是人先天具有的良知,外烁的、人为的规范不是"礼",是"非礼",真正的"礼"是"无路径可寻,无途辙可由,无藩卫可守,无界量可限,无扃钥可启"的。

宋儒惨淡经营,以佛、道二教为参照系,虚构一个伦理化的宇宙本体"理",以"理"为基础,将儒学构建成为可与佛、道二教抗衡的哲学体系。程、朱等人所构建的儒学体系即程朱理学是其中的主流派别,从南宋中期始成为官方哲学,影响极大。人类社会的等级秩序和伦理道德规范都是"理"的体现。要颠覆程朱理学必须否定其本体即最高范畴。李贽的《鬼神论》里有这样一段话:"朱子曰:'天即理也。'又曰:'鬼神者,二气之良能。'夫以天为理可也,而谓祭天所以祭理,可欤? 以鬼神为良能可也,而谓祭鬼神是祭良能,可欤? 且夫理,人人同具,若必天子而后祭天地,则是必天子而后可以祭理也,凡为臣庶人者,独不得与于有理之祭,又岂可欤? 然则理之为理,亦大伤民财,劳民力,不若无理之为愈矣。"(《焚书》卷三)李贽雄辩地驳斥了朱熹"天即理也""鬼神者二气之良能"的论断,对"理"的否定堪称切中肯綮。

"理""欲"之辩是中国思想史上的一个重要问题。《礼记·乐记》说:"夫物之感人无穷,而人之好恶无节,则是物至而人化物也。人化物也者,灭天理而穷人欲者也。"②天理和人欲是尖锐对立的,放纵人欲,人心中的天理势必荡然无存。这个问题后来成为宋明理学的核心问题。无论理学家们的观点有何不同,他们却都将"存天理、灭人欲"作为心性修养的终极目标。李贽的观点与理学家们截然不同,他肯定私欲存在的合理性:"夫私者,人之心也。人必有私,而后其心乃见;若无私,则无心矣。如服田者,私有秋之获,而后治田必力;居家者,私积仓之获,而后治家必

---

① 朱熹《四书章句集注》,上海古籍出版社2001年版,第155页。
② 陈澔《礼记集说》,中国书店1994年版,第320页。

力；为学者，私进取之获，而后举业之治也必力。故官人而不私以禄，则虽召之，必不来矣；苟无高爵，则虽劝之必不至矣。虽有孔子之圣，苟无司寇之任、相事之摄，必不能一日安其身于鲁也决矣。此自然之理，必至之符，非可以架空而臆说也。然则为无私之说者，皆画饼之谈，观场之见，但令隔壁好听，不管脚跟虚实，无益于事，只乱聪耳，不足采也。"（《藏书·德业儒臣后论》）他指出私欲是人心所固有的，它是人们奋斗的原动力，即使大圣人孔子也不例外。李贽认为"人必有私"，他不以私欲为恶，肯定私欲存在的合理性，颠覆了道学家宣扬的禁欲主义，其观点是切实的。

李贽继承王阳明"万物一体"的平等说，提出"致一之理"，反对封建等级的先天决定论，认为人先天具有同等的认知能力、道德意识。

李贽从德性的角度出发，反对人有圣凡高下之别的论调。在给友人的一封书信中，他说："天下之人，本与仁者一般，圣人不曾高，众人不曾低，自不容有恶耳。"（《焚书·复京中友朋》）所谓的"天下之人"与"仁者""圣人"与"众人"没有本质的区别。人在德性方面没有圣凡高下之别，在认知能力方面也没有绝对的高下之别："圣人之所能者，夫妇之不肖可以与能，勿下视世间之夫妇为也；夫妇所不能者，则虽圣人亦必不能，勿高视一切圣人为也。"（《明灯道古录》卷下）李贽告诉人们圣人和平民男女各有所长，不要贬低平民男女的才智，也不要把"圣人"的才智看得太高。他鲜明地提出圣凡平等观："尧舜与途人一，圣人与凡人一。"李贽又大胆地提出君民平等观。君民的不平等由来已久："为天子者，自视太高，自视太高则谓我有操纵之权，下视庶民如继蚁而不恤。"天子高高在上，视庶民如继蚁，李贽对君民的绝对不平等深感不平，他说："侯王不知致一之道与庶人同等，故不免以贵自高。高者必蹶，下其基也；贵者必蹶，贱其本也，何也？致一之理，庶人非下，侯王非高，在庶人可言贵，在侯王可言贱，特未知之耳。……人见其有贵有贱，有高有下，而不知其致之一也。曷尝有所谓高下贵贱者哉？彼贵而不能贱，贱而不能贵，据吾所见，而不能致之一也，则亦琭琭落落，如玉如石而已矣。"李贽指出高贵的侯王原来就出身于卑贱的庶族，他们由于不知道这一点才自恃高贵。他进而指出君与臣的关系不是主奴关系，应该是师友关系，"君臣以义交"（《初潭集》卷二十四）。李贽并不反对传统的忠君思想，但他反对愚忠。

他认为臣对贤明的君主应该忠,而对昏庸的君主可以不忠。因此他对一些忠臣的行为并不认可,如他评价伍子胥、晁错曰:"为尽忠被谗而死如楚之伍子胥,汉之晁错是矣,是为不知其君,其名曰不智。"对民族英雄岳飞他也有微词,认为他对高宗的忠是愚忠。而对历史上的一些欺主的强臣,他却能给予同情之理解,在《强臣论》一文的开头,他揭示了强臣产生的原因:"臣之强,强于主之庸耳,苟不强,则不免为舐痔之臣所谗,而为弱人所食啖矣。死即死而啖即啖可也,目又安得瞑也,是以不得已于强也。"(《续焚书·强臣论》)他认为倘若遇到昏庸的君主,你不强起来,成为强臣,就难免会被弱者所吞噬,落个死不瞑目的下场,所以一个臣子成为强臣是迫不得已的。这种平等观上继孟子,是对"君权"的蔑视。

"男尊女卑"的偏见千百年来一直根植在人们的心中,李贽是较早对这种偏见进行批判的思想家。李贽没有否认事实存在的"妇人见短"的现象,但他正确地指出这是她们的生活空间相对狭窄造成的。如果女人和男人处于同样的生活环境中,未必会形成见识长短的差距。他提出这样的观点:"谓人有男女则可,谓见有男女岂可乎?谓见有长短则可,谓男子之见尽长,女子之见尽短,又岂可乎?"(《答以女人学道为见短书》)他认为根本不存在男子之见和女子之见的差别,说男子的见解都是高明的,而女子的见解都是短浅的,这绝对是错误的。既然女子在智力上并不逊色于男子,那么女子就应该有取得与男子同等地位的权利。李贽对武则天才能的称赞体现了他的男女平等观,他说:"武氏固聪明主也,非吕氏比也。试观近古之王,有知人如武氏者乎?亦有专以爱养人才为心、安民为念如武氏者乎?此固不能逃于万世之公鉴矣!"他称赞武则天知人善任,近古所无,又断言她"胜高宗十倍、中宗万倍矣"(《后妃·唐太宗才人武氏》)。在《初谭集》中,李贽历数二十五个"才智过人、识见绝甚"的女子的事迹,后多加评赞语,以大量的事例反证"男尊女卑"观念的荒谬。

从儒生或道学先生的虚伪丑陋,儒学道统的无中生有,儒学学理的不合逻辑、有悖人情,儒家思想的不切世用,封建等级观念的陈腐荒谬诸方面,李贽对儒学做出全面的批判,其广度、深度、尖锐性、颠覆性是空前的。

李贽自云:"天幸生我大胆,凡昔人之所忻艳以为贤者,余多以为假,多以为迂腐不才而不切于用;其所鄙者、弃者、唾且骂者,余皆以为可托国托家而托身也。其是非大戾昔人如此,非大胆而何?"(《读书乐并引》)其思想极具叛逆性,可谓"颠倒千万世之是非"。

时人目他为"异端",他竟坦然以"异端"自居。在《答焦漪园》中他曾自云:"又今世俗子与一切假道学,共以异端目我,我谓不如遂为异端,免彼等以虚名加我,何如?"从中可见李贽对"世俗中人"和"假道学"的不屑。

对于李贽其人,多有不以为然者。连大儒顾炎武都对他深表不满,居然说:"自古以来,小人之无忌惮,而敢于叛圣人者,莫甚于李贽。"①纪昀言其"狂悖乖谬,非圣无法"②。近人吴虞却能对李贽给予同情之理解,他说:"卓吾生儒教专制之时,天王圣明之世,而快口直肠,愤激过甚,破道一风同之见。学与时忤,其身既杀,其书屡毁,记其人者每甚其词,因学术异同之故,挟爱憎攻击之私,自不能免。此即释迦、少正卯、杨朱、墨翟及诸子百家在儒教之国,皆居于排斥诛锄之地位。矧卓吾一身,兼'非儒''学佛'二者,为异端之尤者乎?"(吴虞《明李卓吾别传》)③吴虞的意思是说李贽所处的时代是"儒教专制"时代,要破除"道一风同之见",言论偏激不足为怪。而人们因学术观点不同攻击他自属难免,不过说他是"异端之尤"却没有什么道理。在笔者看来,站在儒教的立场上,称李贽为"异端之尤"当然没错;而站在自由的立场上,可以称他为"反文化专制的狂人"。

李贽之狂,惊世骇俗,震古烁今,但他并非单纯的狂人,更有狷洁的一面。而他也曾自言:"余性好高,好高则倨傲而不能下。然所不能下者,不能下彼一等倚势仗富之人耳;否则稍有片长存善,虽隶卒人奴,无不拜也。余性好洁,好洁则狷隘而不能容。然所不能容者,不能容彼一等趋势谄富之人耳,否则果有片长寸善,纵身为大人王公,无不宾也。"(《高洁说》)这一面从他对道学先生卑污行为的深恶痛绝中可见。对其人格的复杂性,袁中道曾作出比较全面的评述:"大都公之为人,真有不可知者:本绝意仕进人也,而专谈用世之略,谓天下事决非好名小儒之所

---

① 顾炎武《日知录集释》,华山文艺出版社 1990 年版,第 833 页。
② 张建业《李贽研究资料汇编》,社会科学文献出版社 2013 年版,第 279 页。
③ 张建业《李贽研究资料汇编》,社会科学文献出版社 2013 年版,第 300 页。

能为。本狷洁自厉,操若冰霜人也,而深恶枯清自矜,刻薄琐细者,谓其害必在子孙。本屏绝声色,视情欲如粪土人也,而爱怜光景,于花月儿女之情状亦极其赏玩,若借以文其寂寞。本多怪少可,与物不和人也,而于士之有一长一能者,倾注爱慕,自以为不如。本息机忘世,槁木死灰人也,而于古之忠臣义士、侠儿剑客,存亡雅谊,生死交情,读其遗事,为之咋指斫案,投袂而起,泣泪横流,痛哭滂沱而不自禁。若夫骨坚金石,气薄云天;言有触而必吐,意无往而不伸。排摅胜己,跌宕王公,孔文举调魏武若稚子,嵇叔夜视钟会如奴隶。鸟巢可复,不改其风味;鸾翮可铩,不驯其龙性,斯所由焚芝锄蕙,衔刀若卢者也。嗟乎!才太高,气太豪,不能埋照溷俗,卒就囹圄,惭柳下而愧孙登,可惜也夫!可戒也夫!"(《李温陵传》)① 袁中道这番评述道出了李贽人格的复杂性和亦狂亦狷的特点。

三、痛快淋漓、诙谐辛辣、狠鸷刻深

李贽的散文谈经论史、谈佛论道、谈文论艺,批判儒家正统观念,抨击假道学,针砭时弊,思想内容非常丰富。他直言不讳地表达自己的思想观点,大胆尖锐,新见迭出。

他的文章大体呈现出疏放不羁、痛快淋漓的特点,这一点从上文所引的批判性的文章片段中可明显见出,而从其他文章中也多能见出。如他的名篇《童心说》是一篇有针对性的立论文。开头即言明何谓"童心","夫童心者,真心也","绝假存真,最初一念之本心",然后点出"失却童心"的弊害。接着陈说人们的"童心"是如何丧失的,即"童心胡然而遽失也"的问题。作者认为从幼到长不断增加的"闻见""道理"是造成"童心"丧失的原因。这些"闻见""道理"从何而来?当然主要从书本中来,是"多读书识义理障其童心"。这里用一对比,指出"古之圣人"多读书可护持童心不失,而今之学者正好相反,他们多读书适足以障蔽其童心。然后以一段文字铺写童心丧失的恶果,无论谈话、为政、作文都不顺畅,尤其是作出的文章言不由衷,虚假可厌。因此他指出只有出自于童心的文章才可能是"天下之至文",无论采用什么文学体裁即"创制体格"都可以

---

① 张建业《李贽研究资料汇编》,社会科学文献出版社2013年版,第140页。

写出"天下之至文",不是只有六经、语孟才算得上。最后一节提出这样惊人的见解:人们极力推崇和赞美的六经、语孟多为圣人的"迂阔门徒""懵懂弟子"所记录的师说,"有头无尾",疏失甚多,大半不是圣人的话,即使真出于圣人之口,也是"有为而发",特定语境下有针对性地说出来的,不可一概视为"万世之至论",而如今这些儒学经典都成了"道学之口实,假人之渊薮",因此断然不是什么"童心之言"。结尾一句:"呜呼!吾又安得真正大圣人童心未曾失者而与之一言哉!"言外之意是说如今遍地都是乡愿、假道学,很难找到童心未失的"大圣人"与之共语,其中蕴含着强烈的愤世嫉俗情绪和浓重的孤独感。

此文高度肯定"童心"的价值,尖锐地批判了在复古主义和道学思想观念束缚下,弥漫整个文坛的迂腐虚假的文风,否定他们奉为"万世之至论"的六经、语孟,呼唤"童心"、真情。立论有现实针对性,出语无所顾忌,讽刺意味浓厚,情感激越,痛快淋漓。

批判文章在李贽文集中占有相当大的比重,也是最能显示其个性的一类。这类文章的代表作当然更其痛快淋漓,此外还呈现出诙谐辛辣、狠鸷刻深的特点。

李贽善于直接抓住批判对象言论的荒谬之处,言行的矛盾之处,予以致命的一击,他自云:"凡人作文,皆从外面攻进里去;我为文章,只就里面攻打出来,就他城池,食他粮草,统率他兵马,直冲横撞,搅得他粉碎,故不费一毫气力而自然有余也。"(《与友人论文》)这可以说是"以子之矛,攻子之盾"的手法。《答耿司寇》《答耿中丞》和《赞刘谐》就运用了这种手法。

《答耿司寇》中有这样一段文字:"试观公之行事,殊无甚异于人者。人尽如此,我亦如此,公亦如此。自朝至暮,自有知识以至今日,均之耕田而求食,买地而求种,架屋而求安,读书而求科第,居官而求尊显,博求风水以求福荫子孙。种种日用,皆为自己身家计虑,无一厘为人谋者。及乎开口谈学,便说尔为自己,我为他人;尔为自私,我欲利他;我怜东家之饥矣,又思西家之寒难可忍也;某等肯上门教人矣,是孔、孟之志也,某等不肯会人,是自私自利之徒也;某行虽不谨,而肯与人为善,某等行虽端谨,而好以佛法害人。以此而观,所讲者未必公之所行,所行者又公之所不讲,其与言顾行、行顾言何异乎?以是谓为孔圣之训可乎?翻思此等,反不如市井小夫,身履是事,口便说是事,作生意者但说生意,力田作者但说力田。凿凿有味,真有德之言,令人听之忘厌倦矣。"耿司寇即耿定向,是李贽的好友耿定理的兄长,当时湖北的大官僚,理学的代表人物。他以儒学正统自居,为维护理学的权威曾与李贽发生过激烈的论争。他标榜自我,说自己大公无私,与人为善,而说李贽一类人自私自利,以佛法害人。李贽在书信中先将耿定向一心为己,毫不利人的行为展示出来,然后引述耿定向的扬己抑人的言论,立见其言与行之间的相互龃龉,耿定向虚伪丑陋的嘴脸昭然若揭。然而李贽没有就此打住,他乘胜追击,又将耿定向的言行不一与"市井小夫"的言行一致相对比,指出耿连"市井小夫"都不如,将一贯以圣贤自居的伪道学逼到极其尴尬的境地。《答耿中丞》批驳耿定向主张应一概以孔子的标准要求自己和别人的观点,李贽尖锐地指出:"千古以前无孔子,终不得为人乎?"抓住对方观点的破绽,顺势一击,将对方置于荒谬可笑的境地。在《赞刘谐》这篇短文中,李贽借一个虚构的道学先生之口说出"天不生仲尼,万古如长夜"的陈腐观点,然后又借虚构的"聪明士"刘谐之口反唇相讥:"怪得羲皇以上圣人尽日燃纸烛而行也!"在这里"刘谐"同样抓住对方观点的要害,顺势牵引,将对手逼到无可置辩的境地。李贽的文章运用"以子之矛,攻子之盾"的手法往往能一击致命,用笔相当狠鸷,可谓"剔肤见骨",入木三分,又诙谐辛辣。

李贽在文章中还时常运用刻毒的话语,如他以"守尸鬼"骂那些整日坐禅,一心追求个人解脱的僧人;他以"行若狗彘"骂那些表里不一的伪道学,这两个比喻已见上文所引。当然类似的例子还可以找到一些,比如在《又与焦弱侯》中,他将黄生贪得无厌的"抽丰"行径比作"饿狗思想隔日屎"。这类刻毒的话语大大强化了李贽文章的打击力度,使其文章更显狠鸷刻深,其中也流溢着浓厚的诙谐之趣。

李贽的文章多直抒胸臆,语流中裹挟着强烈的愤世嫉俗情绪,具有很强的冲击力。不过他的文章并非一味直抒胸臆,也有不少表意曲折婉转的篇什。如卢世㴶指出:"卓吾先生书,人第知其直截痛快,而不知其纡回层折之极。"①其中《三大士像议》就是其中的显例。《三大士像议》一文从为观世音、文殊和普贤三大士造像谈起。李贽借一个和尚之口,

---

① 卢世㴶《尊水园集》,清顺治十七年卢孝余刻本,第153页。

阐述了他"尚真"的美学思想,如三大士的雕像应各具神采,生动逼真,应遗貌取神,不应像伪道学那样只图外形的好看,这一部分是借题发挥,批判伪道学。接着又谈到装饰菩萨像的宝石,说通过能否吸草的实验,可辨别宝石的真伪,但宝石只能吸附新草,不能吸附腐草,然后借题发挥,生发出"唯真识真、唯真逼真、唯真念真"的道理,如果这块真宝石"遇腐人投腐草",必将被埋没。这里的腐人当是影射那些伪道学。接下来的一段文字谈论为何不要为菩萨像"安五脏"、开眼,表达了李贽不重形式、重真诚的思想,暗含对刻意追求外在形式,而无真情的伪道学的讽刺。最后称道泥的可塑性,叹人不如"泥巴土块",暗讽伪道学的冥顽不化、不可救药。这几节文字的批判意旨显然都不是直截了当而是比较曲折委婉地传达出来的,尤其是第二、三两节更需用心体会。但此文讽刺意味同样浓厚,也可谓入木三分。

李贽文章的表达方式并不是单一的,是多样化的,而更具代表性,更能体现李贽个性的还是那些"直截痛快"的文章。

总的看来,李贽的文章风格疏放不羁、痛快淋漓。在批判文章中,他善于运用"以子之矛,攻子之盾"的表现手法,又惯用刻毒的话语,使其文章呈现出"狠鸷刻深"、诙谐辛辣的艺术特征。诸如此类的特征不但体现出他狂放激进的狂者个性,更反衬出他的狷洁人格。其文风对明代中前期雍容典雅、毫无生气的审美风尚造成了强有力的冲击,影响是巨大的。

第十章 明末"越中狂生"徐渭

徐渭与李贽处于同一时代,同样是个特立独行的狂人。两人的作品都有强烈的叛逆色彩:李贽以"异端"的思想引领思想潮流,而徐渭则主要以奇异的诗文戏剧和书画开启文艺新风。他禀赋超凡,自我期许极高,却坎壈终生,遭遇极其不幸。由于庶出,他备受家人歧视压抑,成年后又屡试不中,好不容易获得了展示才能的机会,却又卷入一场政治风波,又由于杀妻而入狱数年,曾自杀多次而不死,身心遭受极其严重的摧残践踏。不幸的遭遇导致他的心理严重畸变,他偏执多疑,既自傲又自卑,对社会和一切外在束缚都持有激烈的对抗态度,其个性敏感偏激狂放,尽显于各种文艺形式中,转化成极其奇崛颓放的艺术形态。

一、心理严重畸变,敏感放纵

徐渭(1521—1593年),字文长,山阴人。他是婢妾所出,出生后不久,父亲就去世了,他是由母亲抚养成人的。徐渭禀赋异常聪敏,同郡陶望龄说他:"幼孤,性绝警敏,九岁能属文。"(《徐文长传》)[1]他八岁入私塾读书,以出众的记诵能力和文字功夫受到私塾先生陆如冈的激赏。徐渭在《畸谱》中自豪地回顾陆如冈对他的称道之语:"昔人称十岁善属文,子方八岁,较之不尤难乎?噫!是先人之庆也,是徐门之光也!所谓谢家之宝树,非子也耶?"[2]他在《上提学副使张公书》中自述道:"渭少嗜读书,志颇闳博,自有书契以来,务在通其概焉。"在《自为墓志铭》中又说:"生九岁已能习为干禄文字,旷弃者十余年。及悔学,又志迂阔、务博综,取经史诸家,虽琐至稗小,妄意穷极,每一思废寝食,览则图谱满席间。"

---

[1] 徐渭《徐渭集》,中华书局1983年版,第1339页。
[2] 徐渭《徐渭集》,中华书局1983年版,第1325页。

可见他在少年时就博览群书,鄙弃八股时文,自我期许极高。然而由于徐渭是婢妾所生,在封建大家庭中处于被歧视的地位。父亲死后,生母又被逐出家门,他的处境更是不堪。他虽然才高学富,进取欲望很强,却命途坎坷,多次科场受挫,铩羽而归。而结发妻子潘氏的不幸早夭给他的心灵造成难以弥合的创伤,同时也将入赘妻家、寄人篱下的他置于更为难堪的境地。徐渭一生布衣,壮志难伸,精神倍感压抑,不过他也曾一度遇到施展才能的机会。嘉靖年间以王直、徐海为头领的中国海盗伙同日本海盗多次侵扰我国东南沿海,烧杀抢掠。浙江巡抚胡宗宪奉旨抗倭,嘉靖三十一年(公元1552年)胡宗宪延请徐渭为幕僚,共商御侮大计。徐渭参与军机,献计献策,深受胡宗宪赏识,在剿除外患的过程中起了重要作用。然而不久朝廷发生重大变故,奸相严嵩和儿子严世蕃倒台,继任者徐阶为确保相位的稳固,捏造严世蕃"通蕃",世蕃被判死罪,严嵩遭流放。胡宗宪被列入严党名录,投入监狱,于嘉靖四十四年(公元1565年)死于狱中。徐渭痛惜胡宗宪的遭遇,又担心自己受到株连侮辱,精神崩溃,自杀未遂。隆庆元年(四十六岁,公元1567年)因为疑心继室张氏红杏出墙将其杀死,被判入狱。万历二年(五十三岁,公元1574年)为张天复和张元忭父子保释出狱。出狱后,他流连辗转于北京和故乡山阴等地多年,直到万历十年(六十二岁,公元1582年)才决定落叶归根,重返故乡山阴定居。万历二十一年(公元1593年),七十三岁的徐渭在贫病交加中结束了他凄凉痛苦的一生。

徐渭禀赋超凡,自我期许极高,却不幸由于庶出,备受家人歧视压抑,成年后又屡试不中,一生布衣,穷困潦倒,好不容易获得了展示才能的机会却又不幸卷入一场政治风波,自杀多次,后来又为杀妻而入狱数年。不断的刺激使他的心理严重畸变,他偏执多疑,既自傲又自卑,对社会和一切外在束缚都持有激烈的对抗态度。

胡宗宪任浙江巡抚,延请徐渭为幕僚,徐渭推托再三,最终应聘,他与胡宗宪事先约定了应聘的前提条件,说:"若欲客某者,当具宾礼,非时辄得出入。"(袁宏道《徐文长传》)[①]徐渭要求胡宗宪给他以宾客的礼遇,来去自由,不受限制。而在胡宗宪幕府,他的行为十分疏狂放纵,据陶望龄作的《徐文长传》里说:"渭性通脱,日与诸少年昵饮市肆。幕中有急

---

① 徐渭《徐渭集》,中华书局1983年版,第1342页。

需,召渭不得,夜深,开戟门以待之。侦者得状,报曰:'徐秀才方大醉号嚣,不可致也。'公闻,反称甚善。时督府势严重,文武将吏庭见,惧诛责,无敢仰者,而渭戴敝乌巾,衣白布浣衣,直闯而入,示无忌讳。"①嘉靖四十二年(公元1563年)冬,徐渭曾应礼部尚书李春芳之聘入京掌文书,繁多的文字事务尤其是严格的管束,让他不堪忍受,使他的尊严受到严重损害,他毅然决然地提出辞聘要求,明知会因此得罪李春芳也在所不顾。他被张元汴保释出狱后,曾作为门客在张府寄宿了一段时间,对他的疏狂放纵,张元汴颇不以为然,曾有所劝诫,但徐渭则非常反感,强烈抗议道:"吾杀人当死,颈一茹刃尔,今乃碎磔吾肉!"②可见徐渭是将尊严和自由看得比生命还要重要的人。徐渭的疏狂放纵类似阮籍和李白,而他对权贵的蔑视更甚于阮籍、李白。

据袁宏道说:"文长眼空千古,独立一时,当时所谓达官贵人、骚人墨客,文长皆叱而奴之,耻不与交,故其名不出于越。"(《徐文长传》)③

王思任说:"不喜富贵人,纵飨以上宾,出其死狱,终以对贵人为苦,辄逃去,与不如公荣者饮即快。卒然遭之,科头戟手,鸥眠其几,豕接其盆,老贼呼其名氏,饮更大快。"(《徐文长先生佚稿序》)④

他喜欢交往的人多是"不如公荣者",对达官贵人、礼法之士的态度往往有点不近人情。此中透露出的是徐渭自尊和自卑交织的内心世界。尤其是胡宗宪随严氏父子一起倒台后,他害怕受到株连,"椠耳锤囊",多次自杀,其实徐渭未必真的想死,他的行为更似自虐或自戕。

徐渭疏狂放纵的个性主要是他特殊的禀赋和人生际遇造成的,不过并不是什么样的时代,人们都能充分展示其个性。徐渭能将他的个性充分展示出来,当然与晚明相对开放自由的时代氛围有关。王阳明否定外在权威、外在的价值标准,主张按照自我的良知去行动、去判断是非善恶的思想给他以相当大的影响。他的思想与王阳明是一脉相承的,而叛逆的色彩更为强烈。

他对朱熹的嘲讽颇为辛辣:"文公件件要中鹄,把定执板,只是要人

---

① 徐渭《徐渭集》,中华书局1983年版,第1139页。
② 徐渭《徐渭集》,中华书局1983年版,第1340页。
③ 徐渭《徐渭集》,中华书局1983年版,第1343页。
④ 徐渭《徐渭集》,中华书局1983年版,第1350页。

说他是个圣人,并无一点破绽。所以做别人着人人不中他意,世间事事不称他心,无过中必求有过,谷里拣米,米里拣虫,只是张汤、赵禹伎俩。此不解东坡深。"(《评朱子论东坡文》)说朱熹为了要人把他当圣人,对别人总是居高临下,横加挑剔,他对东坡文的苛评如"谷里拣米,米里拣虫",迹近酷吏张汤、赵禹的伎俩。朱熹被朱明王朝追认为祖先,尊崇为圣人,是不可亵渎的"神明",徐渭嘲讽他是触犯时忌的。

在徐渭看来,圣人不是个别人的专利,是无处不有的,他说:"自上古以至今,圣人者不少矣,必多矣,自君四海、主亿兆,琐至治一曲之艺,凡利人者,皆圣人也。周所谓道在瓦砾,在屎溺,意岂引且触于斯耶,故马医、酱师、治尺箠、洒寸铁而初之者,皆圣人也。"(《论中》三)"良知说"的创立者王阳明虽然承认"良知良能,愚夫愚妇与圣人同"(《答顾东桥书》),但他认为,愚夫愚妇毕竟是有差别的:"惟圣人能致其良知,而愚夫愚妇不能致,此圣愚之不同处也。"[①]王艮与乃师的观点有所不同,他竭力把圣人平民化,说:"夫子亦人也,我亦人也。"[②](徐樾《王艮别传》)不过王艮又认为"愚夫愚妇"没能成为圣人,是因为他们不学习,只要学习,一样可以成为圣人。其实王艮与乃师一样,也把"致良知"作为圣人的前提。而徐渭则认为只要是于人有利的人,即"利人"的人,都是圣人,"利人皆圣"。这就彻底剥去了人为地加在个别人身上的神圣光环,真正将圣人平民化了。

徐渭这种具有浓厚叛逆色彩的思想,是特殊时代的产物,是他展示个性的精神力量。而他长期生活在社会底层,接触到的多是平民,这使他的思想个性具有浓厚的平民化色彩。因此可以说徐渭是一个心理畸变、思想叛逆、行为放纵的平民狂士。

二、险怪颓放

徐渭多才多艺,他以各种文艺形式全方位地展示他的内心世界,形成极其奇特的形态。他的画多以花卉、竹石、芭蕉、蔬果以及鱼蟹之类为题材,以水墨为材料,以狂草笔法为画法。他曾自题其画竹作品道:"我

[①] 王守仁《王阳明集》,上海古籍出版社1992年版,第49页。
[②] 王艮《王心斋先生全集》卷五,清道光六年乐学堂刻本,1912年版。

亦狂涂竹,翻飞水墨梢。不能将石绿,细写鹦哥毛。"(《题画竹染绿色》)他画竹如疾风骤雨,笔势澜翻,一气呵成。不仅是画竹,他画所有的画几乎都是如此,从而创造了极具个性的水墨大写意画法。

他的画改变了表现对象原有的色彩。不仅梅、竹、菊等用水墨涂抹,色彩浓艳的富贵花牡丹花也用水墨涂抹。他说:"牡丹为富贵花,主光彩夺目,故昔人多以勾染烘托见长,今以泼墨为主,虽有生意,终不是此花真面目。盖余本窭人,性与梅竹宜,至荣华富丽,风若马牛,宜弗相似也。"[1]他在一幅《墨牡丹》画中题过这样一首诗:"五十八年贫贱身,何曾妄念洛阳春?不然岂少胭脂在,富贵花将墨写神。"他借牡丹来表达不同流俗的追求。

他的画形象多夸张变形。《芭蕉梅花图轴》将芭蕉叶子画得非常宽大,既突出了芭蕉的特点,又给人一种绿荫遮天蔽日的气势。再如他的《黄甲图轴》,蟹的体态异常肥大,借以讽刺那些不学无术,脑满肠肥之辈。他画人物乘舟骑驴,将舟和驴画得很小,而着力夸张突出人物这个主体。《墨葡萄图》里的葡萄不圆,全是墨点,叶瓣无一规整,严重变形。

他大胆突破时空的束缚,将不同季节的花卉放在同一幅画里,如《芭蕉梅花图轴》等。他有一幅画《雪里荷花图》,冬雪竟然遮盖着夏荷。据说,艺术大师王维曾画过一幅《雪中芭蕉图》,借以寄托"人身空虚"的佛教思想。徐渭这幅画的创作明显受到王维画的启发,但他的《雪里荷花图》却旨在讽刺世道的不公。画上还题有一首诗云:"六月初三大雪飞,碧翁却为窦娥奇。近来天道也私曲,莫怪笔底有差池。"以此诗点明创作主旨。

对徐渭的画,清末书画艺术大师吴昌硕曾作出如此评价:"青藤画,奇古放逸,不可一世,似其为人。想下笔时,天地为之低昂,虬龙失其夭矫,大似张旭、怀素草书得意时也。"(《缶庐诗附别存》卷一)[2]徐渭以狂草笔法作画,风格"奇古放逸",前无古人。

徐渭的书法形式也极为奇特,他兼擅真、行、草三体书法,其中草书成就最高。"徐渭草书的章法结篇有两种类型,一种较为疏散,如《草书白燕诗卷》《草书春雨诗卷》等,字距较密而行距较阔。另一类则较密集,

---

[1] 庞元济《虚斋名画录》卷十二,北京故宫博物院藏本
[2] 续修四库全书本,上海古籍出版社 2002 年版。

多见于立轴,如《草书杜甫诗轴》《应制咏墨词轴》,还有《应制咏剑词轴》等,皆字距行距很密,几无空隙,如担夫争道,如乱石铺阶,字形连属,笔法连贯,望之满纸如屯云滚滚,生气涌动,气势壮阔。"①其中字距行距密集的狂草更为新奇独特。他的草书极富变化,"字形忽大忽小,笔墨忽粗忽细,笔触忽干忽湿,布局忽密忽疏,线条扭曲,点画零落,满纸云烟,摄人心魄"②。在用笔用墨、构字布局方式等诸多方面都有新变。徐渭的狂草可说是张旭、怀素之后个性最为鲜明突出的。

我们从徐渭的大写意画和狂草中可以见出他狂放不羁、愤世嫉俗,又抑郁不舒,时而迷离恍惚、惆怅无着的精神世界。

徐渭吟诗作文也惯于采用狂草大写意手法,形式极其奇特。他三十岁以后曾在相当长一段时间内耽溺于韩愈、李贺等人的诗歌。他在一篇给朋友的书信说:"韩愈、孟郊、卢仝、李贺诗,近颇阅之。乃知李杜之外,复有如此奇种,眼界始稍宽阔。不知近日学王孟人,何故伎俩如此狭小?在他面前说李杜不得,何况此四家耶?殊可怪叹。菽粟虽常嗜,不信有此龙肝凤髓,都不理耶?"(《与季友》)他把韩愈、孟郊、卢仝、李贺的诗说成是"奇种",比作"龙肝凤髓",与时人的审美趣味颇不相同。而他作诗主要追摹的是李贺:

老树拿空云,长藤网溪翠。碧火冷枯根,前山友精祟。或为道士服,月明对人语。幸勿相猜嫌,夜来谈客旅。(《夜宿秋园,乔木蔽天,大者几十抱,复有修藤数十寻,悬络溪渚》)

白日午未倾,野火烧青昊。蝇母识残腥,寒唇聚秋草。海门不可测,练气白于捣。望之远若迟,少焉忽如扫。阴风噎大块,冷艳拦长岛。怪沫一何繁,水与水相澡。玩弄狎鬼神,来去准昏晓。何地无恢奇,焉能尽搜讨。(《丙辰八月十七日,与肖侍师季长沙公,阅奁山战地,遂登冈背观潮》)

阴风吹火火欲燃,老枭夜啸白昼眠。山头月出狐狸去,竹

---

① 李德仁《徐渭》,吉林美术出版社1996年版,第238页。
② 朱仁夫《中国古代书法史》,北京大学出版社1992年版,第451—452页。

径归来天未曙。黑松密处秋萤雨，烟里闻声辨乡语，有身无首知是谁，寒风莫射刀伤处。关门悬蘽稀行旅，半是生人半是鬼。犹道能言似昨时，白日牵人说兵事。高墉影卧西陵渡，召鬼不至昆庐怒。大江流水枉隔侬，凭将咒力攀浓雾。中流灯火密如萤，饥魂未食阴风鸣。髑髅避月攫残黍，幡底飒然人发竖。谁言堕地永为厉，宰官功德不可议。(《阴风吹火篇呈钱刑部君附书》)

这几首诗酷似长吉(李贺字)体。诗中出现的"碧火""精祟""蝇母""怪沫""鬼神""阴风""老枭""狐狸""秋萤""饥魂""髑髅"等都类似于长吉体的独特意象，借这些意象营造出阴森恐怖、诡谲险怪的境界。长吉体是徐渭敏感多疑、扭曲变态又不同流俗的叛逆心理的最佳载体，他选择长吉体作为模仿对象绝非偶然。这类诗作颇似他那些线条扭曲、布局闷塞的书法作品。

徐渭出狱后，已渐入老境，对个人前程已彻底失望，但内心的愤世嫉俗情绪更为强烈。此阶段他的诗歌脱去了模拟的痕迹，形成了以"颓放"为主的独特风格。"及乎时移事易，侘傺穷愁，自知决不用于时，益愤激无聊，放言高论，不复问古人法度为何物。"[①]徐渭还以生动诙谐的比喻来评说自己诗风的转变："始女子之来嫁于婿家也，朱之粉之，倩之鬐之，步不敢越裾，语不敢见齿，不如是，则以为非女子之态也。迨数十年，长子孙而近妪姥，于是黜朱粉、罢倩鬐，横步之所加，莫非问耕织于奴婢，横口之所语，莫非呼鸡豕于圈槽，甚至龋齿而笑，蓬首而搔，盖回视向之所谓态者，真赧然以为妆缀取怜、矫真饰伪之物。而娣姒者犹望其宛宛婴婴也，不亦可叹也哉？渭之学为诗也，矜于昔而颓且放于今也，颇有类于是，其为娣姒哂也多矣！"(《书草玄堂稿后》)他的诗风由昔日的矜持一变而为今朝的颓放。

少年定是风流辈，龙泉山下鞲鹰睡。今来老矣恋猢狲，五金一岁无人理。

无人理，向予道，今夜逢君好欢笑，为君一鼓姚江调。鼓声

---

① 永瑢《四库全书总目》，中华书局1965年版，第1606页。

忽作霹雳叫,掷槌不肯让渔阳,猛气犹能骂曹操。(《少年》)

这是万历二年(公元1574年),作者五十四岁时创作的,前有一小序云:"郑老,为塾师于富阳,老而贫,人侮之,醉而为予一击大鼓,绝调也。"一个潦倒寂寞的老人,与诗人同病相怜,一见如故,醉中为诗人击鼓,鼓声雄浑激越,使诗人联想到击鼓骂曹的祢衡。此诗节奏急促,形式自由奔放,诗人内心的强烈奔突跃然纸上。徐渭后期还有部分诗作,随意挥洒,几乎没有任何拘束:

生平见雪颠不歇,今来见雪愁欲绝。昨朝被失一池绵,连夜足拳三尺铁。杨柳未叶花已飞,造化弄水成冰丝。此物何人不快意,其奈无貂作客儿。太学一生索我句,飞书置酒鸡鸣处。天寒地滑鞭者愁,宁知得去不得去。不如着屐向西头,过桥转柱一高楼。华亭有人住其上,我却十日九见投。昨夜帙中大可诧,古人绝交宁不罢?谢榛既与为友朋,何事诗中显相骂?乃知朱毂华裾子,鱼肉布衣无顾忌。即令此辈忤谢榛,谢榛敢骂此辈未?回思世事发指冠,令我不酒亦不寒。须臾念歇无些事,日出冰消雪亦残。(《廿八日雪》)

这首诗作于万历四年(公元1576年)冬,五十六岁的徐渭在南京,正月二十八日,他准备去参加一位太学生在鸡鸣寺置办的诗酒之会,不巧为大雪所阻,在友人璩仲玉家写下了这首诗。南方很少下大雪,一旦看到大雪,人们就格外高兴,可是由于诗人"棉被被盗",夜晚备受煎熬,实在高兴不起来:诗歌的前八句说的就是这个意思。接着八句写因道路为大雪所封,不能去参加诗酒之会,只得去投靠友人璩仲玉。写到这里,诗人忽然又想到昨天读到的令他诧异的文字,这段文字让他想到"后七子"之间的一桩内斗事件。布衣出身的谢榛曾为七子之首,后与李攀龙发生争执,王世贞偏袒李攀龙,与李一起痛贬谢榛,弄得谢榛很狼狈。徐渭认为这是"朱毂华裾子"对"布衣"的肆意凌辱,他的心中不禁涌起愤愤不平的情绪。结尾又说不久他又忘掉这件事,太阳一出冰雪就很快消融了。这首诗语言全然不加修饰,连一个特定的中心都没有,诗人随意识流动信笔写来,横涂竖抹,毫无章法可言,其颓放真是前无古人。

明人俞宪说:"山阴徐生渭,字文长,以文自戕者也。"(《盛明百家诗徐文学集序》)①徐渭不自爱惜,多次以铁钉、铁锤自戕,他有时也以诗文的形式糟蹋自己,可以说是"以文自戕",其中的显例是《至日趁曝洗脚行》:

不踏市上尘,千有五百朝,胡为趾垢牛皮高,碧汤红檐浣且搔,一盆湿粉汤堪捞。徐以手摸尻之尾,尻中积垢多于趾,解裈才欲趁余汤,裈裆赤虱多于虮。痒不知搔半死人,叔夜留与景略扪,豕鬣豕蹄尔视为广庭,比我茅屋一丈之外高几分,况是僦赁年输银。日午割豕才归市,醢以馅面作冬至,澡罢正与虮虱语,长须唤我拜爷主,往年拜罢号辄已,今年拜罢血如雨,烂两衣袂,枯两瞳子。

这首诗于万历十三年(公元 1585 年),徐渭六十五岁时作。此诗标题标明"洗脚",却不仅仅写洗脚,从洗脚写起,说自己脚趾上的积垢厚过牛皮,又说到自己尾骨上的积垢比脚趾更多,裤裆里满是虮虱,"痒不知搔"……这些话远比《与山巨源绝交书》里嵇康的自我糟蹋之语更为不堪,读了简直令人作呕。嵇康自我糟蹋的目的在于拒绝与司马氏合作,其中流露出他对世俗礼法的蔑视。徐渭的自我糟蹋之语中,流露出他内心极其强烈的愤世嫉俗情绪和自暴自弃心理,用语比嵇康更为夸张,风格也更为颓放。

徐渭的杂剧也极具个性化色彩。他的《四声猿》可说是明代剧坛最杰出的杂剧作品,由《狂鼓史渔阳三弄》《玉禅师翠乡一梦》《雌木兰替父从军》和《女状元辞凰待凤》四部构成。《雌木兰》重塑女扮男装、替父从军的北魏女英雄木兰的形象,具体展示她在保家卫国战争中杀敌立功和功成不受赏,恢复女儿本色的全过程。《女状元》里的主人公黄崇嘏也是一个女中豪杰,她女扮男装考中状元,被授予司户参军的官职,展示出不凡的政治才能。当周丞相要招她为婿时,她不得不说破了自己的女儿身。结果与周丞相的儿子新科男状元喜结连理。花木兰和黄崇嘏一文

---

① 徐渭《徐渭集》,中华书局 1983 年版,第 1355 页。

一武,是两个具有时代内涵的艺术形象。《雌木兰》中有这样几句唱词:"休女身拚,缇萦命判,这都是裙钗伴,立地撑天,说什么男儿汉?"表明作者的创作主旨在于反拨传统的男尊女卑观念。在《女状元》里,作者还借进士第三名丑角胡颜之口,以油滑的口吻揭示封建科举制的弊端,发泄个人科场失意的愤怨情绪。《玉禅师》的主人公是一个法号叫玉通的和尚,在临安竹林寺水月庵参禅二十多年。他是一个有思想、有个性的和尚,不肯趋炎附势。杭州府尹柳宣教到任,他关闭寺门,不肯去随众庭参。柳宣教非常恼火,于是设下一个圈套,命妓女红莲假扮民妇,假称外出为亡夫扫墓,路上耽搁,到寺中借宿。红莲故作腹痛欲死,要求玉通为他揉腹,诱使玉通破了色戒。玉通羞愤自杀,死后投胎成为柳宣教的女儿柳翠,为报复柳宣教而沦为娼妓,使柳宣教家门蒙羞,后为前世的同门师兄明月和尚渡脱为尼姑。这部杂剧揭示了封建"清官"的骄横霸道,佛教徒面对色诱的脆弱不堪,佛教戒律的苍白虚伪,不合人性。《狂鼓史》敷衍《三国演义》中祢衡击鼓骂曹的一段情节,把阎罗殿作为骂曹的场所,在判官的导演下,祢衡将奸雄曹操又痛快淋漓地骂了一顿。《狂鼓史》有没有具体的影射对象并不重要,关键在于作者借此剧宣泄了他对奸邪之徒的无比憎恨。

　　明人钟人杰如此评价《四声猿》,他说:"所谓峡猿啼夜、声寒神泣,嬉笑怒骂也,歌舞战斗也,僚之丸、旭之书也,腐史之列传、放臣之离骚也。顾其词风流则脱巾啸傲,感慨则登楼怅望,幽幻则冢土荒魂,刻画则地域变相,较之汉卿实甫作呵呵儿女语者,何啻千里?"(《四声猿引》)[①]徐渭将人生失意的怨愤,对社会现实的不满,破除礼教和戒律桎梏的思想愿望一并打入《四声猿》中,表现出震撼人心的叛逆精神、反抗精神,其风格奇异狂放,前无古人。祢衡冥司骂贼泄愤,玉通和尚隔世报冤雪恨,花木兰沙场建立奇功,黄崇嘏科场、官场大展雄才,"皆人生至奇至怪之事",具有浓厚的浪漫色彩。《四声猿》打破了杂剧一本四折,曲调单一,一人主唱的传统格局:《玉禅师》和《雌木兰》各二折,《女状元》五折,而《狂鼓史》仅一折,折数及每一折的长度都根据剧情发展的需要而定,绝不拘泥。元杂剧运用的曲调基本上是北曲,而《四声猿》或用北曲、或用南曲,或北曲、南曲兼用,并且剧中重要角色都可以演唱。其中《狂鼓史》一剧

---

① 徐渭《四声猿》,上海古籍出版社1984年版,第201页。

更是前所未见,此剧贯穿始终的是祢衡对曹操的骂詈之辞,简单的情节中喷涌着狂放不羁的情感浪潮。而最精彩、最狂放的是如下一段唱词:"他那里开筵下榻,教俺操槌按板把鼓来挝,正好俺借槌来打落,又合着鸣鼓攻他,俺这骂一句句锋芒飞剑戟,俺这骂一句句霹雳卷风沙。曹操这皮是你身上躯壳,这槌是你肘儿下肋巴,这钉孔儿是你心窝里毛窍,这板杖是你嘴儿上獠牙,两头蒙总打得你泼皮穿,一时间也酹不尽你亏心大。"精彩的骂詈之辞一句紧似一句,形成暴风骤雨般的气势。清人陈栋评《四声猿》云:"其词如怒龙挟雨,腾跃霄汉间,千古来不可无一,不能有二。"(清陈栋《北泾草堂曲论》)①祁彪佳也对《四声猿》作出如此评价:"南曲多拗折字样,即具十二分才,不无减其六七。独文长奔逸不羁,不觳于法,亦不局于法。独鹘决云,百鲸吸海,差可拟其魄力。"(《远山堂剧品·妙品》)②二人的评语均道出了《四声猿》新奇狂放的风格特点。

  徐渭以书画、诗文、戏剧等多种形式全方位地展示了他的精神个性。其作品普遍呈现出奔放不羁、不拘成法的特点,体现了他疏狂放纵的个性和叛逆精神;而其书法的扭曲的线条、诗歌的险怪的意象、自我糟蹋之语等则更明显地流露出他的扭曲变态的心理。他的文学艺术作品是真性情的载体,他任由真性情自然袒露,以平民化的审美追求,创作出来的大量风格新奇狂放的文学艺术作品,在明代中前期复古主义文艺创作氛围中脱颖而出,突破了传统的文艺规范,一扫明代前中期雍容典雅的余习,开启了一代新风。

---

① 徐渭《四声猿》,上海古籍出版社 1984 年版,第 218 页。
② 徐渭《四声猿》,上海古籍出版社 1984 年版,第 213 页。

第十一章　清初狂狷黄宗羲

到熹宗(朱由校)天启年间,大明王朝内忧外患,危机四伏,导致学风大变,有社会责任感的士人纷纷趋向"经世致用"之学。这样的历史背景和特殊的家庭环境,孕育出一代狂狷黄宗羲。明王朝灭亡后,他由抗清义士一变而为大学者和大思想家,其个性也逐渐发生由偏狂向亦狂亦狷的变化。他的思想巨著《明夷待访录》将批判的锋芒指向君主专制制度,将天下苍生的利益作为评判为君、为臣之道的唯一准则,又抨击教育、司法制度的弊端,闪耀着夺目的民主思想光辉,具有极强的现实针对性。此书思想深邃、情感激越、笔力雄健,主要体现了他狂者的精神风范。他的诗歌境界凄清幽峭、格调古淡,主要体现了他狷者情怀。

一、经世致用、反思历史学风的兴起

到熹宗天启年间,明王朝内有农民暴动的不断打击,外有迅速崛起于东北的外族势力的严重威胁,面临着极其严重的危机。

这样的社会现实使士人的忧患意识空前强烈。如文学家冯梦龙曾忧心忡忡地说:"方今时势,如御漏舟行江湖中,风波正急,舵师楫手,兢兢业业,协力共济,犹冀免溺,稍泄玩必不幸矣。"(《甲申纪事自序》)[1]朱舜水更明确地指出,大明王朝已"土崩瓦解,不可收拾"(《中原阳九述略》)[2]。很多士人自觉地肩负起国家复兴的重任,如以江南士人为主组建的东林复社掀起了一场议论朝政、抨击时弊、呼吁政治改良的高潮。而在清兵入关后,许多士人加入了如火如荼的抗清救亡运动中,如朱舜水、黄宗羲、顾炎武、王夫之、傅山等。

---

[1] 冯梦龙《冯梦龙集笺注》,天津古籍出版社2006年版,第47页。
[2] 朱舜水《朱舜水集》卷一,中华书局1981年版。

时代的剧变,更导致了学风的转变。作为官方哲学的"程朱理学"遭到更普遍的批判。然而这个时期的士人对程朱理学的批判针对性与李贽等王学中人有所不同。李贽对理学(道学)作出了全方位的批判,锋芒主要指向儒学的思想专制及道学中人的虚伪、丑陋等,旨在摆脱封建礼教的束缚,解放个性。而这个时期士人的批判锋芒则主要指向理学的空疏无用和理学家空谈性理的危害。如顾炎武尖锐地指出道学中人是"置四海困穷而不言,终日讲危微精一之说"(《与友人论学书》)①,在《日知录》中,他又说:"刘、石乱华,本于清谈之流祸,人人知之。孰知今日之清谈,有甚于前代者。昔之清谈谈老庄,今之清谈谈孔孟。未得其精,而已遗其粗;未究其本,而先辞其末。不习六艺之文,不考百王之典,不综当代之务,举夫子论学论政之大端一切不问,而曰'一贯',曰'无言'。以明心见性之空言,代修己治人之实学。股肱惰而万事荒,爪牙亡而四国乱,神州荡覆,宗社丘墟。昔王衍妙善玄言,自比子贡,及为石勒所杀,将死,顾而言曰:'吾曹虽不如古人,向若不祖尚浮虚,戮力以匡天下,犹可不至今日。'今之君子,得不有愧乎其言?"(《夫子之言性与天道》条)②顾炎武揭示了空谈性理,不务实际的现实,并借历史史实警示士人空谈的危害。朱舜水更直截了当地指出大明王朝的灭亡与空谈性理是不无关系的:"明朝中叶,以时文取士。时文者,制举义也。此物既为尘饭土羹,而讲道学者又迂腐不近人情,如邹元标、高攀龙、刘念台等讲'正心诚意',大资非笑。于是分门标榜,遂成水火,而国家被其祸。未闻所谓巨儒鸿士也。巨儒鸿士者,经邦弘化、康济艰难者也。"(《答林春信问七条》)③朱舜水认为士人大讲"正心诚意",又各立门户,水火不容,遂至祸国。不仅朱学中人,王学中人也大多耽溺于"空谈心性",共同营造一种脱离现实的学风。因此清初思想家的批判对象同样也包括曾被作为破除程朱理学思想专制的精神武器而风行一时的王学。颜元痛心疾首地说:"果息王学而朱学独行,不杀人耶? 果息朱学而独行王学,不杀人耶? 今天下百里无一士,千里无一贤,朝无政事,野无善俗,生民凋丧,谁执其咎乎?

---

① 顾炎武《亭林文集》卷三,中华书局1983年版。
② 顾炎武《日知录集释》,上海古籍出版社1985年版,第310页。
③ 朱舜水《朱舜水集》,中华书局1981年版,第383页。

吾每一思斯世斯民,辄为泪下。"(《阅张氏王学质疑评》)①在这里,颜元明确地指出王学与朱学一样,也不是拯世济民之良方,而是国家和民族灾难的制造者。

于是学风发生了重大的转变。对此一转变,梁启超作出如此评述:"他们对于明朝之亡,认为是学者的大耻辱大罪责,于是抛弃明心见性的空谈,专讲经世致用的实务。他们不是为做学问而做学问,是为政治而做学问……他们里头,因政治活动而死去的人很多,剩下生存的也断断不肯和满洲人合作,宁可把梦想的经世致用之学依旧托诸空言,但求改变学风以收将来的效果。"②此期的学术成为"经世致用"之学,与现实政治紧密结合,揭露社会的弊端,反思明朝灭亡的教训,一些士人从惨痛的历史史实中发现君主专制的不合理,并予以猛烈的抨击。

这些士人从思想上和行为上都展示出独立自由的精神风范。其中,比较突出的有黄宗羲和王夫之。清人邓绎云:"黄梨洲、王船山,其天下之狂者乎,二人者,趋向不同,而皆有迈往出群之气焉。"(《藻川堂谈艺》)③而黄宗羲是更为突出的一位。

黄宗羲(1610—1695年),字太冲,号梨洲,浙江余姚人。父亲黄尊素是东林党的重要人物,学问渊博,个性耿介刚直。他蔑视奴颜媚骨之辈,敬重刚正不阿者:"见人有乞怜态,辣胁昵媚,必咤之,若昂首强项与公争是非,公即娓娓听。"④他在安徽宣城做地方官时曾与横行一方、作恶多端、气焰嚣张,令其前任不敢触动的地方恶霸汤宾尹、刘仲斗进行勇敢而机智的斗争,终于将他们击败,为受欺压的百姓出了气。在京城为官期间,他与杨涟、左光斗等人并肩作战,弹劾把持朝政、祸国殃民的阉党头目魏忠贤,欲为国除害,却遭到残酷报复,获悉缉捕令时他正在南方,情知在劫难逃,他"间道就狱",慷慨赴死,表现出大无畏的英雄气概。他的老师一代大儒刘宗周也是一个有气节的士人,清兵占领杭州后,在绍兴绝食而死。父师二人对黄宗羲影响巨大。崇祯帝上台后,魏阉的罪恶遭到清算,十九岁的黄宗羲,"袖长锥,草奏疏,入京讼冤",控诉谋害忠

---

① 颜元《习斋记余》卷六,台北广文书局1971年版。
② 梁启超《中国近三百年学术史》,东方出版社2004年版,第15页。
③ 王水照《历代文话》,复旦大学出版社2007年版,第6099页。
④ 黄炳垕《黄忠端公年谱》卷一,北京图书馆出版社2009年版。

良的阉党要人许显纯、李实的罪恶,当廷出长锥刺许、李,拼死为父亲报仇雪恨,其壮举颇为世人所称道。清兵入关后,他毁家纾难,组建"世忠营",对抗南进的清兵,致力于反清复明的大业,不幸以失败告终。清廷发檄通缉他,黄宗羲在流亡避难中仍不忘追随鲁王行朝,找到鲁王行朝后,他义无反顾地投身于大势已去的抵抗运动中,并提出一些具有战略眼光的正确意见,可惜未被当权者采纳,抗清的残余力量很快土崩瓦解。

南明残余势力的覆灭,使黄宗羲心中的复国希望彻底破灭。顺治十年(公元1653年),他回到故乡余姚,为躲避追捕,曾转徙奔命于各地。在这个时期,他还不顾个人安危,冒着极大的风险,先后救出被清兵捕获,陷入绝地的胞弟黄宗炎,又救出友人熊汝霖的夫人,表现出惊人的勇气。时局稍安,他即全身心地投入到著述中。他多次拒绝新朝的征辟,清苦自甘,笔耕不辍,逐渐由一个反清义士变为大学者和大思想家,其个性也逐渐发生由偏狂向亦狂亦狷的变化,而且狷者的特点越来越显著。

二、力厚思深情真

黄宗羲对历史和现实的诸多问题做出全面深入的思考,发表了许多大胆而切实的观点。

他不满当时脱离现实的学风,指责当时的儒生:"所读之书不过经生之章句,其所穷之理不过字义之从违。薄文苑为词章,惜儒林于皓首,封己守残,摘索不出一卷之内。其规为措注,与纤儿细士不见长短。天崩地解,落然无与吾事,犹且说同道异,自附于所谓道学者,岂非逃之者之愈巧乎?"(《留别海昌同学序》)[①]又尖锐地指出:"道无定体,学贵适用,奈何今之人执一以为道,使学道与事功判为两途。事功而不出于道,则机智用事而流于伪;道不能达之事功,论其学则有,适于用则无。讲一身之行为则似是,救国家之急难则非也。岂真儒哉!"(《姜定庵小传》)[②]而他自己的学术则具有鲜明的现实针对性,尤其是他的思想力著《明夷待访录》。

[①] 黄宗羲《黄梨洲文集》,中华书局1959年版,第477页。
[②] 黄宗羲《黄梨洲文集》,中华书局1959年版,第77页。

《明夷待访录》完成于康熙元年壬寅（公元 1662 年），黄宗羲时年五十三岁。此书由二十一篇单篇论文构成，论述的范围颇广，涉及政治、经济、军事、法律、教育各个领域，其中《原君》《原臣》《置相》《原法》《学校》等篇尤具思想价值。

《原君》对君主专制体制作出了深刻的反思和激烈的批判。文章首先指出人君都是损人利己之徒。不过他们却能让"天下人不敢自私，不敢自利"而"以我之大私为天下之大公"。人君自私自利，却不允许别人自私自利，他把个人私利当做天下人的公共事业。人君的这种行为具有极大的欺骗性，是一种愚弄民众的卑鄙行径。人君将天下当作私家产业，为满足自己的欲望"敲剥天下之骨髓，离散天下之子女"，给人民带来无穷的灾难。黄宗羲揭露人君卑鄙自私的面目后，得出这样的结论："天下之大害，君而已矣。"人君是天下最大的祸害。他们为一己之私竟然如此祸害百姓，那么百姓"怨恶其君，视之如寇仇，名之为独夫"是理所当然的。而那些"小儒"却宣称："君臣之义无所逃于天地之间。"甚至认为像桀纣那样的暴君，汤武也不该废掉他们。这种论调毫无疑问是极其迂腐荒谬的！说到这里，黄宗羲情不自禁地发出痛切的呼喊："使兆人万姓崩溃之血肉，曾不异夫腐鼠！岂天地之大，于兆人万姓之中，独私其一人一姓乎！"这可以说是对君主专制制度的强烈控诉。大圣人孟子有一些反专制独裁、闪烁着民主思想光辉的言论，对此类言论作者在这里深表推崇，他指出后世那些害怕他人觊觎君位的人君都认为这些言论于己不利，有的甚至下诏撤除孟子在孔庙中的配享地位（如朱元璋），这都与"小儒"的怂恿有关。最后作者又揭示了一个触目惊心的事实：人君以"天下为私产"，残害天下百姓，最终也祸及自己和子孙后代，他指出这是不明人君职分的恶果。

《原臣》就君臣关系提出了全新的观点。作者首先发表其为臣之道说："我之出而仕也，为天下，非为君也，为万民，非为一姓也。"臣应服务于万民，不应服务于君主一人。如果不合乎为臣之道，即使君主以杀头相威胁，也绝不能顺从。毫无原则地顺从君主，做君主的驯服工具，对君主的胡作非为听之任之，那是"宦官宫妾之心"。而事实上，人臣大多不明此理，他们将天下百姓当做君主的私家财产。如果"四方之劳扰，民生之憔悴"对君主的统治构成威胁，他们不得不为君主谋划治理百姓的策略；如果没有威胁到君主的江山社稷，即使是贤臣也会将这样的现实问题看做是"纤介之疾"。作者揭示完这样不合义理的为臣之道后提出这样的观点："天下之治乱，不在一姓之兴亡，而在万民之忧乐。"既然如此，那么"为臣者轻视斯民之水火，即能辅君而兴，从君而亡，其于臣道故未尝不背也"，无视百姓的疾苦，即使能辅佐君主立国，为君主而死，也不合为臣之道。在这里黄宗羲进一步明确了君臣之间的关系，他认为君与臣之间的关系不是主仆关系，而应该是平等的同事关系。他把治理天下比作"曳大木"，君与臣比作一起曳木的伙伴。而君主为一己之私，只需要一心为他"奔走服役"的奴才，人臣一旦受到君主的重用，免除了寒饿，为报答君主的知遇之恩，即心甘情愿地以仆妾自处。这样的臣根本没有摆正自己的位置。最后作者指出君臣关系是为承担"天下之责"建立起来的，一个做官的人，一心为君主一人效犬马之劳，不思服务于天下苍生，就是君主的仆妾；一心为天下苍生服务，就可以做君主的师友。黄宗羲批判传统的不平等的君臣关系，提倡平等的君臣关系、臣的独立人格意识，他将天下苍生的利益作为评判为臣之道的唯一准则。在封建时代这无疑是极为可贵的金石之论！

朱元璋创立的朱明王朝是中国历史上的一个高度集权的王朝，封建君主专制到这个王朝发展到登峰造极的地步。当这个王朝走向覆灭时，黄宗羲曾经为他的生存殊死地拼搏过。明朝灭亡后，他对明朝的政治弊端进行了深刻的反思。朱元璋为加强中央集权，废除对皇权有一定制约作用的丞相制，《置相》揭示的就是废除丞相制的恶果。文章开篇即说："有明之无善治，自高皇帝罢丞相始也。"明朝政治的黑暗、窳败是从朱元璋废除丞相开始的。中国上古的爵位制，天子与公、侯、伯、子、男同列，并未受到特别的尊崇，宰相可以代理天子的位置，如伊尹、周公。后世"君骄臣谄"，才造成天子脱离众公卿，高高在上。"国无长君，委之母后"，宰相只能"避嫌而处"。上古君臣比较平等，臣向君行礼，君要答礼。秦汉以后，君对臣的这种礼数被废除，唯独对宰相还保持特别的礼数。到明朝，宰相被废，天子不受任何约束，更依个人好恶随意任免百官。天子传子不传贤，而宰相传贤不传子，如果皇位继承人不贤，靠宰相传贤能有所补救。宰相被废，即使皇位继承人贤明，也难免会犯错，而错误很难得以补救。没有了宰相，"宫奴"即太监往往成为实际上的宰相，掌握了原属宰相的大权，依仗皇帝的宠幸胡作非为。丞相制的废除强化了封建君主专制，却导致了朝纲紊乱，政治昏暗，后患无穷。

《学校》探讨的是教育问题。文章开篇即说："学校所以养士也。然古之圣王，其意不仅此也，必使治天下之具皆出于学校，而后设学校之意始备。"指出学校是养士的地方，而且上古圣王的办学宗旨是要使治理天下的人才全部出于学校。学校可以在朝野上下逐渐营造出一种"诗书宽大之气"，而那时的学校也具有独立的品格，"天子之所是未必是，天子之所非未必非，天子亦遂不敢自为非是而公其非是于学校"。学校能不以天子的是非为是非，不将天子的旨意视为金科玉律，天子也不能将他的意志强加给学校。而到了三代以下，学校的这种办学宗旨遭到严重破坏："三代以下，天下之是非一出于朝廷。天子荣之，则群趋以为是；天子辱之，则群摘以为非。簿书、期会、钱谷、戎狱，一切委之俗吏。时风众势之外，稍有人焉，便以为学校中无当于缓急之习气。而其所谓学校者，科举嚣争，富贵熏心，亦遂以朝廷之势力一变其本领，而士之有才能学术者，且往往自拔于草野之间，于学校初无与也。究竟养士一事亦失之矣。于是学校变而为书院，有所非也，则朝廷必以为是而荣之；有所是也，则朝廷必以为非而辱之。伪学之禁，书院之毁，必欲以朝廷之权与之争胜。其不在仕者有刑，曰：'此率天下士大夫而背朝廷者也。'其始也，学校与朝廷无与；其继也，朝廷与学校相反。不特不能养士，且至于害士，犹然循其名而立之，何与？"不问是非，趋炎附势，一味迎合天子，唯朝廷马首是瞻，士子只知追名逐利，这样的学校根本培养不出像样的人才，真正有才能、有学术水平的人才往往出现在"草野之间"，这实际上是学校养士职能的丧失。不仅如此，朝廷还视学校对他们的意志顺从与否采取或奖或惩的措施，并且以"此率天下士大夫而背朝廷者也"的罪名残酷迫害那些不肯出仕的士人。因此黄宗羲认为受官方控制的学校不能养士，甚至害士。他进而指出，朝廷废除上古圣王制定的办学宗旨，使百姓"失教"，从而以势和利引诱他们，是一种"不仁"的行径，而他们却妄称自己是百姓的"君父"，这纯粹是对百姓的欺骗。在批判反思的基础上，作者提出了自己的建议，例如，他提出学官不能干涉清议，否则，诸生可以将他罢免；大学祭酒，地位应该和宰相相当，"祭酒南面讲学，天子亦就弟子之列，政有缺失，祭酒直言不讳"；在郡县，"学官讲学，郡县官就弟子列，北面再拜,师弟子各以疑义相质难","郡县官政有缺失,小则纠绳,大则伐鼓号于众"。黄宗羲的这些建议可以说是针对由来已久的教育弊端开出的一剂良药,尤其是他指出学校要发挥其政治监督职能的建议,具有极其突出的进步意义。

《原法》是一篇论法的文章。此文开篇即声称"三代以上有法,三代以下无法",这是因为三代之法"未尝为一己而立"。而后代人君立法完全为一己之私,其目的是为了家天下的永世长存。因此他们的所谓法是"一家之法"而非"天下之法"。后世如秦朝变封建制为郡县制,汉朝封同姓王,宋朝解除方镇将领的兵权,丝毫不为天下苍生着想,这样的法根本算不上法。黄宗羲认为三代之法是"藏天下于天下"的法,是平等公正、顺其自然的法,虽"疏"却不会导致祸乱,可称为"无法之法"。而后世之法是"藏天下于筐箧"的法,这种法是横征暴敛,疯狂榨取民脂民膏以满足个人私欲的法,是防止他人谋私、防止他人篡夺的法,这样的法虽"密"却必然会导致天下大乱,可称为"非法之法"。因此黄宗羲主张对三代以下的法进行变革,立法要遵循"以民为本"的原则,变"一家之法"为"天下之法";明确法规,然后根据需要选择执行者,这样即使不正派的人也会有所忌惮,不敢随意罗织法网,为害天下,从而他提出"有治法而后有治人"的精辟观点。

在《明夷待访录》中,黄宗羲反思多个方面的社会问题,探讨其根源,批判的锋芒集中指向君主专制,提出诸多切实的观点和建议。顾炎武读了这部书,十分推崇,在给黄宗羲的一封书信中不禁发出这样的赞叹:"丙辰,寓书于余云:'辛丑之岁,一至武林,便思东渡娥江,谒先生之杖履,而逡巡未果。及至北方,十有五载……顷过蓟门,见贵门人陈、万二君,具念起居无恙,因出大著《待访录》,读之再三,于是知天下之未尝无人,百王之敝,可以复起,而三代之盛,可以徐还也。"(《顾宁人书》)[①]此书确实当得起这样的评价。黄宗羲在思想史上可以说是继李贽之后的又一大里程碑。李贽猛烈批判文化专制,否定孔子和朱子等儒家圣贤的权威,呼吁思想自由和个性解放,其思想是促使人们摆脱封建礼教束缚的强大精神力量,在晚明产生非常巨大的影响。然而李贽过于追求异端,他对传统价值观的颠覆不分青红皂白,正像顾宪成说的那样:"卓吾

---

① 黄宗羲《明夷待访录》,中华书局1981年版,第3页。

大抵是人之非，非人之是，又以成败为是非而已，学术至此，真成涂炭，惟有仰屋窃叹而已，如何如何！"(《柬高景逸》)①他称专制暴君秦始皇为"千古一帝"，称另一个专制暴君朱元璋为"千万古之一帝"，备极称颂，其批判锋芒基本上没有触及君主专制。黄宗羲则对君主专制作出极其有力的批判，并且其批判伴随着深刻的反思。尤其难能可贵的是他对自己曾为之效命的大明王朝没有护短，而是将它作为主要的反思和批判对象。对太祖朱元璋，他也毫不留情，这一点在上文已经提到，如在《原君》中他批判朱元璋下诏撤除孟子在孔庙中的配享地位，在《置相》中他指责朱元璋废除丞相制。

在中国历史上，批判君主专制的言论很少流传。孟子可以说是批判君主专制的始作俑者。他首倡民贵君轻论，宣称："民为贵，社稷次之，君为轻。"(《孟子·尽心下》)这种光辉思想对后人的启发是巨大的。孟子之后，宋末元初有个叫邓牧的，他的文集《伯牙琴》里有《君道》一篇，尖锐地批判了从秦朝开始的君主专制制度。他指出："天生民而立之君，非为君也，奈何以四海之广，足一夫之用耶？"②这种丑恶的专制制度的确立名义上是为民，实际上是让天下之人为君一人服务，最大限度地满足君一人的欲望，这就注定一家一姓的天下不可能维持长久："今夺人之所好，聚人之所争，慢藏诲盗，冶容诲淫，欲长治久安，得乎？"③黄宗羲的反君主专制思想明显接受了邓牧的影响，不过他明确指出君主专制是民生疾苦、社会不公及一切社会弊端的主要根源，其批判力度、思想的深广度是远远超过邓牧的。

靳治荆评价黄宗羲的散文云："今观先生之文，有褒讥予夺，微显阐幽者，一圣贤中正之矩也；有痛哭流涕，感动激发者，一忠孝旁薄之气也；有研析精微，发挥宏巨者，一穷理尽性，彰教辨治之本也。若其力厚思深，包举万有，海涵地负，睥睨千秋，要皆有实际可循，而非徒工謦欬所得而垺也。"(《黄梨洲文集旧本考》)④靳治荆的意思是说，黄宗羲那些或美或刺、显微阐幽的文章，是圣贤中正之道的典范；他那些抒写哀痛情怀，

---

① 顾宪成《泾皋藏稿》卷五，文渊阁四库全书本。
② 邓牧《伯牙琴》，中华书局1959年版，第4页。
③ 邓牧《伯牙琴》，中华书局1959年版，第4页。
④ 黄宗羲《黄梨洲文集》，中华书局1959年版，第532页。

能使人感动、使人奋发的文章,充盈着一股忠孝磅礴之气;而"研析精微,发挥宏巨"的文章,内容或有关心性义理,或有关政治教化。从总体上看,其文章包罗万象,思想深邃,笔力雄健,多有现实意义。靳治荆这段话主要评论的是黄宗羲文章的内容,却道出了黄宗羲文章的一个非常突出的特点,即字里行间洋溢着真挚充沛的感情,激荡着雄视千古的狂者气概。

而《明夷待访录》是最具代表性的。此书"以史学为根底",贯穿古今,纵横驰骋的论说不仅颇具雄辩色彩,也颇具厚重感和历史纵深感;其行文多用古今对比反衬的手法,作者态度鲜明地扬古抑今,是古非今,古与今的对比反衬自然就成了理想和现实、正和反的对比反衬,这种对比反衬加上一些感叹句和疑问句极大地强化了文章的感情色彩;而渗透在文中的博大的悲天悯人、拯时济世情怀,更提升了此书的精神境界和审美品格。因此我们可以毫不夸张地说,此书具有高度的审美价值,为政论散文树立了光辉的典范。

三、凄清幽峭古淡

黄宗羲又是一个诗人,他很早就开始作诗。尤其是在反清复明的斗争中和著述之余创作了相当数量的诗歌,据说共有一千多首,经他本人删汰,留下五百首左右,大多为隐居后所作。现存的诗作题材内容以纪游咏史、悼怀亲友、追怀感旧、叙写日常生活感受为主。

他的诗歌情调有一部分以苍凉悲壮为特点,更多的诗歌则呈现出忧郁感伤的特点,如:

荒村接得纸零星,四十三年梦又呈。战鼓夫人充健卒,朝仪宗伯领诸生。寒琴堕水声犹在,孤蝶经围血尚赪。三板洋中三十里,至今耿耿此时情。(《得吴公及名裔之霞州先生子书》)

一棺漂泊杂幽岑,谁向芦花巷里寻?破絮蒙头儿侍侧,匡床倚壁雨相侵。当年共有荒鸡志,今日唯闻邻笛音。梦里数行知己泪,醒来犹自湿孤衾。(《梦王仲㧑侍御》)

虞渊事业已难凭,此意沉埋却未曾。梦哭芦花寒月上,谁人更复唱平陵?(《感旧》)

三首诗均为怀旧题材的诗作。第一首自言接到友人吴钟峦之子的书信,回忆起四十三年前友人与清兵殊死拼杀和水路三十里为诗人送行的往事。第二首写诗人梦见死去的友人王仲㧑侍御,两人曾共学刘琨闻鸡起舞,立誓抗清。第三首怀念共同致力于抗清复国大业的友人孙嘉纪,寄寓抗清大业前途无望的憾恨。三位友人都壮烈殉国了,留给诗人的是无比深沉、终天不绝的怀念,忧郁感伤的情绪溢于言表。

复国理想的彻底破灭,战友的相继去世,年幼的儿子寿儿的夭折和亲人的故去,给黄宗羲的打击是沉重的,他的内心积蓄了太多的苦楚,因此对"杜鹃啼血猿哀鸣"特别敏感,请看他的七古《三月十九日闻杜鹃》:

江村漠漠竹枝雨,杜鹃上下声音苦。此鸟年年向寒食,何独今闻摧肺腑。昔人云是古帝魂,再拜不敢忘旧主。前年三月十九日,山岳崩颓哀下土。杂花生树莺又飞,逆首犹然逋膏斧。燕山模糊吹蒿藋,江表熙怡卧钟鼓。太王蓄意及圣昌,奥窔通诚各追数。金马封事石渠书,怨毒犹然在门户。静听呜咽若有谓,懦夫亦难安蘽薮。何不疾呼自庙堂,徒令涕泣沾草莽。

这首诗写于顺治二年(公元 1645 年),即明亡一周年,以杜鹃的叫声相映衬,抒发亡国之痛和不肯屈事新朝的意志,在凄苦哀怨的情绪中回荡着一股刚健之气。集中此类诗句颇多,如:

酒醒床头月未斜,生憎怨鸟逼窗纱。只将苦字啼婉转,落尽荒村寒食花。(《偶书》)

不堪归路里,斜日岭头猿。(《从化安山到魏巳任故居》)

鹧鸪先鸣草不芳,凄凉往事话偏长。(《闽人林君言赠诗次

韵答之》)

　　樵夫同进止,夜半啼霜猿。(《次徐立斋相国见赠韵》)

　　江山千古留残照,草木三春有杜鹃。(《至广化寺拜先忠端公神位》)

除了这类诗句外,黄诗中还有许多情绪化的字眼。据有人统计,"苦"41次、"泪"22次、"死"38次。[1] 可见黄宗羲感旧怀人时心中涌起的凄苦哀怨情绪是何等强烈。

黄宗羲1659年五十岁时移居四明山北麓的化安山,次年在化安山建龙虎山堂,过上了山间隐居的生活。在荒山古寺之间,他写了不少叙述日常生活的诗作,如:

　　五十栖迟一老生,残书破砚日纵横。深山雪合无人迹,终夜风来只虎声。卖药修琴才入市,谈僧算客与同盟。岂期好事如明府,累向人前举姓名(《答何令见讯》)

　　乱石围墙乱草纷,一庵只当一孤坟。焦芽生意人间世,漆火光明太古文。日下老狐来乞食,天寒怪鸟哭离群。安居亦谓应偷得,岂意犹烦别暮云。(《岁尽出龙虎山》)

　　吾处荒山间,数里无邻舍。二更风雨起,高岗魑来下。初闻老人咳,再闻新鬼骂。草堂四五人,摇手戒言话。寂然万籁中,鸣声愈悲咤。伥鬼与丧芒,人言此物借。行尝似人立,首或穿瓶罅。我未尝见之,不敢明其假。萧骚无与娱,此声固闲暇。人间多忌讳,儿女易惊怕。慎勿出山去,与我庚长夜。(《魑鸣》)

他僻居荒山,终日与"残书破砚"相伴,山间白雪弥漫,夜晚听到的除

---

[1] 徐放鸣、温德朝《黄宗羲诗歌审美艺术论》,《南京社会科学》2009年第2期,第90页。

了风声只有虎啸声,他深居简出,只有"卖药修琴"才出山入市,平时接触到的人也只有"谈僧算客"。他的居处环境是如此荒僻:乱石围墙内外杂草纷披,一座草屋形如孤坟;他称自己为"焦芽"(佛教典籍中借这个词喻难成无上妙道之人),说自己在这个所谓的"人间世"做着难成大器之人的本分事,在历史长河中如漆火之光那样微不足道;当日落之时经常见到老狐来乞食,天寒之际时而会听到离群怪鸟的啼哭声。在一个风雨交加的夜晚,麂走下山岗,发出的鸣叫声忽如"老人咳",忽如"新鬼骂",越来越悲切,不禁让他想起有关麂的吓人传说,而麂的鸣声带给黄宗羲的并不是恐惧,而是单调寂寞生活中的一丝欢娱。

黄宗羲以荒山古寺为背景的诗作颇多,其境界特别冷清幽僻。而通观黄宗羲的所有诗作,可见他用字用词也倾向于寒冷凄凉。据笔者统计,黄宗羲诗歌出现"霜"26次、"雪"37次。当然他诗中的"雪"并非完全是实指,如"雪交""雪浪""雪泥鸿爪"用的是比喻义,"霜刃"的"霜"也是如此,但同样给人以寒凉的感觉。此外诗中还有出现频次较高的"清"(26次)、"凄"(12次)、"寒"(91次)、"幽"(28次)等形容字,加之色调阴郁幽暗,给人以特别突出的凄清幽峭的审美感受。阅读黄宗羲的诗作,一个踽踽独行,不同流俗的狷士形象就会浮现在我们的眼前。

不过这位狷士感旧怀人时虽然心中会涌起感伤哀怨的情绪,但他没有被这种情绪所淹没。他身处荒山也时有寂寞之感,但这是他自己的选择。他"藿食自坚,辞荣高蹈"[①],拒绝新朝的多次征聘,甘于贫寒孤独,平素的襟怀是宁静淡泊的。他诗歌的"古淡"风格主要是他这种品格和精神境界的体现。阮元称他的诗歌"如老树着花,自含古韵"[②],这种老成古淡的风格具体表现为色不艳、情不热、味不浓、素朴、冷静、超然等,颇似宋诗的主体风格。

钱仲联指出:"亭林诗杰出冠时,然未曾衍为流派;蒉斋诗论精邃,而著述深閟,行世已在晚清,湘人稍称之,至有以'瓣蒉'为字者,而亦未曾衍为派也。独南雷以宋诗为揭橥,其后浙中诗人如吴孟举、厉樊榭、钱箨石之伦,又于宋诗派中衍分各支,要皆由于南雷之首倡。而南雷之倡宋

---

① 黄宗羲《黄梨洲文集》,中华书局1959年版,第532页。
② 阮元《两浙䡸轩录》卷一,清嘉庆仁和朱氏碧溪草堂钱塘陈氏种榆仙馆刻本。

诗,又以矫明前后七子赝唐之失也。"(《黄宗羲诗选序》)[①]黄宗羲的诗歌成就并不是很高,但他在拟唐学唐的时代风尚中不随波逐流,以宋诗为主要学习对象,以独特的诗歌风格开启宋诗派的先声,其诗歌的文学史价值比其文学价值更大。

[①] 《中国韵文学刊》1988年第1期,第95页。

第十二章　晚清狂狷龚自珍

清王朝从中期开始,国力江河日下,腐败、孱弱、人才堕落凋零等现象越来越严重。而统治者为了维护政权,继续推行封闭政策和愚民弱民政策,腐蚀摧残人才,士风极度颓靡柔堕。大多数士人只顾谋求一己之私,逃避现实,明哲保身,精神麻木,吟诗作文不敢触及社会现实,治学也大多致力于琐碎的考据之学。龚自珍则是士人中的异类,他敢于揭露衰败腐朽的社会现实,反对封建等级秩序,倡导平等的君臣关系,抨击统治者对士人精神个性的压抑和摧残,呼吁个性解放,展示出惊世骇俗的狂者风范和高洁不凡的狷者人格。他在散文、诗、词三个方面都取得了杰出成就,以此三种文学体裁抒写"剑气"和"箫心",形成了既哀怨抑塞又郁怒横霸的文学风格。

一、社会危机日益严重而士人埋头考据

康乾盛世过后,大清帝国迅速走向衰落,社会矛盾日趋激烈,社会危机日益严重,面临着"三千年未有之危机"。

专制制度是孳生腐败的温床,而清朝是封建专制的顶峰时期,腐败也可谓登峰造极。乾隆年间是比较繁荣昌盛的阶段,但腐败却十分严重。包世臣在《再与杨季子书》中说:"世臣生乾隆中,比及成童,见百为废弛,贿赂公行,吏治污而民气郁,殆将有变。"[1]尽管从顺治年间开始,朝廷即大力整治,特别是乾隆皇帝,最为重视官吏的廉洁自律,认为"人臣之所最尚者惟廉"[2],而要整治腐败必须严明法纪,他提出:"夫繁设科

---

[1] 包世臣《包世臣全集》,黄山书社1993年版,第264页。
[2] 《清高宗实录》卷一三八,中华书局2008年版。

条以杜弊窦,不如严饬法纪以绝弊源。"①乾隆皇帝为整肃贪官污吏,采取一系列措施,又屡兴大狱,制裁之严厉、持续时间之久、范围之广,为明初朱元璋以后所仅见。

不过乾隆皇帝肃贪范围虽大,却只针对地方,未能触及统治集团内部。据《清史稿》所载:"高宗谴诸贪吏,身大辟,家籍没,戮及于子孙。凡所连染,穷治不稍贷,可谓严矣!乃营私骫法,前后相望,岂以执政者尚贪侈,源浊流不能清欤?抑以坐苞苴败者,亦或论才宥罪,执法未尝无挠欤?然观其所诛殛,要可以鉴矣!"②统治集团内部依然贪侈如故,一些官员被认为有才华就可以得到赦免,这种不彻底的肃贪举动不可能使社会风气得到明显的转变。乾隆的继任者嘉庆皇帝更是缺乏整治腐败的决心,如他惩处了大贪官和珅,却放过了和珅的同党,并使他们照旧升迁调补。由于惩治力度不够,他虽查处了一些大案、要案,却未能遏制住腐败的蔓延,腐败愈演愈烈。

腐败不公、民不聊生的社会状态长期得不到改善必然会激起民变。从嘉庆元年至十年(1796—1805年)在川楚陕等地爆发了历时九年的白莲教民间大暴动。这场大暴动还未完全平息,嘉庆八年(公元1803年),被称为"海事"的东南沿海暴动又爆发了,历时六年多,到嘉庆十四年(公元1809年)才被平息。嘉庆十八年(公元1813年)一场延及直隶、河南、山东并攻入紫禁城的天理教暴动的火炬再度燃起;同年,陕西发生了"厢工"暴动。此伏彼起的农民暴动尽管都被扑灭,但给清王朝的打击是非常沉重的。

贪官污吏对社会财富的疯狂掠夺和肆意挥霍,镇压农民起义的巨额费用,还有英国等西方国家大量向中国贩运鸦片,造成大量中国白银外流等,必然导致国家财政的困窘。

嘉庆、道光年间,出现了清朝入主中原之后最严重的财政危机。据有关统计,嘉庆十七年(公元1812年)各省积欠正项钱粮和耗羡税达1900余万两;到道光十九年(公元1839年),达到2940余万两。而国家财政收入逐年减少,支出却日益增长。面临如此困境,最高统治者一筹莫展。

---

① 《清高宗实录》卷一三一,中华书局2008年版。
② 赵尔巽《清史稿》卷三三九列传一二六,中华书局1977年版。

腐败的长期蔓延导致国民素质的严重退化。中央和地方官吏不必说,八旗兵的退化也十分显著。由于靠朝廷恩养,又由于承平日久,长期无战事,八旗子弟养尊处优,养成了奢侈浪费、追求享乐、好逸恶劳的恶习,更由于军队大部分驻在城镇,难免受社会不良风气的影响,军纪日益败坏,八旗兵的战斗力不断下降。据史载,乾隆后期,八旗官兵已大多不懂行围之法,射箭技艺也很拙劣。到嘉庆年间,别说八旗官兵,连精锐的前锋、护军的骑射技艺也相当差,据《清仁宗实录》嘉庆十六年(公元1811年)所载骑射检试结果曰:"射布靶只前锋、侍卫、护军参领等,中箭人数甚属寥寥。"再看其后两年的一次测试结果:"左右两翼前锋章京内,竟无一人中三箭者,正黄、正红、正蓝三旗护军参领内,中三箭者仅有一人。"①……这样的实例说明八旗兵的实战能力已下降到惊人的程度。并且清朝统治者盲目排外,拒绝引进先进的西方火器,军队使用的还是刀、枪、弓箭等冷兵器,面对先进的洋枪洋炮武装起来的西方国家的步步进逼,只能扮演被动挨打的角色。

大清王朝面临的是灭顶之灾,已看不到任何希望。要摆脱危机,就必须广揽贤才,广纳良言,开拓进取,锐意变革。然而清朝统治者却顽固地坚持闭关锁国的政策,故步自封。更为可悲的是由于长期的腐败环境的腐蚀,尤其是封建暴政的摧残,出现了人才凋零的现象,而嘉庆尤其是道光帝所选用的又大多是因循守旧、尸位素餐的庸才。封建官员大多是寡廉鲜耻之徒:"大抵为官长者,廉耻都丧,货利是趋。知县厚馈知府,知府善事权要,上下相蒙,曲加庇护,恣行不法之事。"②尽管从清初开始实行的思想控制政策到这个时期略有松动,但士人慑于持续一百多年的文字狱的余威,大多采取消极退避、明哲保身的态度,他们只顾谋求个人私利,沉浸在文字、音韵、训诂、校勘、辨伪、辑佚、名物考证等脱离现实的学问中,对国家兴亡漠不关心,唯恐触犯时忌。正如李祖陶在一封私人书信中所云:"今人之文,一涉笔惟恐触碍于天下国家,此非功令实然,皆人情望风觇景,畏避太甚,见鳝而以为蛇,遇鼠而以为虎,消刚正之气,长柔

---

① 《清仁宗实录》卷二四六、二七一,中华书局2008年版。
② 《朝鲜李朝实录中的中国史料》第11册,中华书局1980年版,第4810页。

媚之风,此于世道人心,实有关系。"(李祖陶《与杨蓉渚明府书》)①李祖陶对当时的士人心态的描画可谓惟妙惟肖,可他似乎不敢将这些话公开讲出来。

腐朽没落、死气沉沉的社会现实的主要营造者无疑是最高统治集团,而那些颓靡柔媚、麻木不仁的士人不肯担负社会守夜人的职责,集体选择回避,随波逐流,可谓不自觉的帮凶,其中一些甚至充当策划者和粉饰者,沦为自觉的帮凶。只有龚自珍等个别良知未泯的士人,将真相揭示出来,发出了批判的声音、变革的呐喊,展示出令人惊异的精神个性。

二、讥切时政、诋排专制、呼吁改良

龚自珍(1792—1841年),字璱人,号定盦,浙江仁和(今杭州市)人,生于乾隆五十七年(公元1792年),卒于道光二十一年(公元1841年),跨越乾隆、嘉庆、道光三朝。龚自珍很早就接受朴学、经学、史学和文学教育,显示出超人的禀赋,受到他的外祖父朴学大师段玉裁的激赏,段惊叹道:"吾且耄,犹见此才而死,吾不恨矣。"(《定庵先生年谱》)②他不仅禀赋超人、学识广博且抱负远大,立志拯时济世,改变社会现实。张祖廉说他"少好读王介甫《上仁宗皇帝书》,手录凡九通,慨然有经世之志"(《定庵先生年谱外纪》)③。因此他难免有点自负。孙兆溎说他"恃才睥睨,目空一世"(《闺秀录四则》)④。而他又是一个仕途失意、不满现实的士人,据说他参加进士科考试曾五次折戟,到道光九年(公元1829年)第六次参加考试,才被录为三甲第十九名。这意味着龚自珍未能获得进入翰林院的资格,只能成为下级官吏,实现拯世救民的理想根本无从谈起。因此他的内心一直涌动着强烈的不平情绪,不平的情绪表现在言行上,强化了他狂放不羁的个性。

龚自珍是一个伟大的思想启蒙者,在士人大多埋头于朴学研究,逃避现实、明哲保身、麻木不仁的时代氛围中,他忧心如焚,敢于直面腐朽

---

① 《国朝文录续编》二第250页附《迈堂文略》卷一,《续修四库全书》第1671册,上海古籍出版社2002年版。
② 龚自珍《龚定庵全集类编》,中国书店1991年版,第468页。
③ 龚自珍《龚自珍全集》,上海古籍出版社2000年版,第633页。
④ 孙文光、王世芸《龚自珍研究资料集》,黄山书社1984年版,第78页。

的社会现实,纵论天下大事。张祖廉如此记述他的议论风采:"广额巉颐,戟髯炬目,兴酣,喜自击其腕,善高吟,渊渊若出金石……纵谭天下事,风发泉涌,有不可一世之意。"①当时士人几乎无不为他的滔滔雄辩所折服:"龚瑟人名震都下,朝贵倒屣交迎,而口若悬河,每及当世事,纵横陈说,四座皆喑,与之讦难,鲜不辟易者。"②而他的议论往往触犯时忌。他敢于在科考试卷中抨击时弊,呼吁革新,言辞激烈,涉及当朝贵族大臣,使阅卷大臣不禁惊呼道:"庙堂之上,妄下杀身之笔一至于此,真古今第一狂士也!"苏州宿儒王芑孙指出他言论的无所顾忌:"上关朝廷,下及冠盖,口不择言,动与世忤。"并很为他担心,劝他"修身慎言,远罪寡过"③。而龚自珍自己却并不在意,他不无得意地作诗自嘲云:"欹斜谑浪震四座,即此难免群公瞋。"(《十月廿夜大风,不寐,起而抒怀》)

梁启超称龚自珍的言论多"讥切时政,诋排专制"④,其思想之深刻、新锐在当时是无与伦比的。他全面揭示了当时社会的种种弊端,如用人政策、科举制度、贫富悬殊等。

龚自珍对当时不断加剧的两极分化即贫富悬殊现象的危害有明确的认识,他说:"贫相轧,富相耀,贫者阽,富者安,贫者日愈倾,富者日愈壅。或以羡慕,或以愤怨,或以骄汰,或以啬吝,浇漓诡异之俗,百出不可止。至极不祥之气,郁于天地之间,郁之久乃必发为兵燧为疫疬。生民噍类,靡有孑遗,人畜悲痛,鬼神思变置。"贫富差距不断加大造成富者骄奢淫逸,贫者怨愤不平,长此以往,必然会导致刀兵四起和疾疫流行。"其始也不过贫富不相齐之为之尔。小不相齐,渐之大不相齐;大不相齐,即至丧天下。"(《平均篇》)一定程度的贫富差距是不可避免的,也是合理的,但贫富差距过大,富人肆无忌惮地吞占社会财富,掠夺穷人,而执政者听之任之,或拿不出有效的解决办法,会导致失掉政权的严重后果。龚自珍提出的所谓以有余补不足的传统解决办法虽然难以实现,但他对问题的严重后果的预示可以说是振聋发聩的。

龚自珍深切地感受到封建末世(衰世)的大幕已经拉开,在诗文中他

---

① 孙文光、王世芸《龚自珍研究资料集》,黄山书社1984年版,第55页。
② 孙文光、王世芸《龚自珍研究资料集》,黄山书社1984年版,第203页。
③ 孙文光、王世芸《龚自珍研究资料集》,黄山书社1984年版,第7页。
④ 梁启超《清代学术概论》,上海古籍出版社1998年版,第75页。

写道:"日之将夕,悲风骤至,人思灯烛,惨惨目光,吸饮莫气,与梦为邻,未即于床。"(《尊隐》)"四海变秋气,一室难为春。"(《自春徂秋偶有所触拉杂书之漫不诠次得十五首其一》)"凭君且莫登高望,忽忽中原暮霭生。"(《题陶然亭壁》)秋风飒飒、暮气沉沉,这就是时代给龚自珍的感受,他警示统治者,反抗的力量不断壮大,正在酝酿着一场暴风雨般的社会大动乱。

东汉末年今文经学的集大成者何休在《春秋公羊传解诂》中把历史发展的过程划分为衰乱世、升平世、太平世三个阶段,此学说被后人称为"三世说"。龚自珍兼通今古文经学,却更重今文经学,他以今文经学的方法发挥何休的"三世说",对历史的发展过程作出新的划分,即治世、乱世和衰世三个阶段。他强烈地意识到他所处的时代是封建衰世:"衰世者,文类治世,名类治世,声音笑貌类治世。黑白杂而五色可废也,似治世之太素;宫羽淆而五声可铄也,似治世之希声;道路荒而畔岸隳也,似治世之荡荡便便;人心混混而无口过也,似治世之不议。左无才相,右无才史,阃无才将,庠序无才士,陇无才民,廛无才工,衢无才商,抑巷无才偷,市无才驵,薮泽无才盗,则非但鲜君子也,抑小人甚鲜。"

任何一个行业都难找到有才之人,连有才能的小偷、土匪都没有,甚至真正的小人都很少,人们都庸庸碌碌,浑浑噩噩地活着,这就是貌似治世的衰世。是什么造成了这个时代人才凋零,衰败不堪的局面呢?龚自珍痛切地指出:"当彼其世也,而才士与才民出,则百不才督之、缚之,以至于戮。戮之非刀、非锯、非水火;文亦戮之,名亦戮之,声音笑貌亦戮之。戮之权不告于君,不告于大夫,不宣于司市,君大夫亦不任受。其法亦不及要领,徒戮其心,戮其能忧心、能愤心、能思虑心、能作为心、能有廉耻心、能无渣滓心。又非一日而戮之,乃以渐,或三岁而戮之,十年而戮之,百年而戮之。"一个有才之人刚刚崭露头角,就会有上百个不才者群起而攻之,使他们的才能不得施展,人性、良知泯灭,使他们成为随波逐流、苟且混世的庸人。

全社会对才能卓荦之士这种本能的排斥心理根源于最高统治者长期实施的愚民弱民政策。统治者要使愚民弱民政策畅通无阻,必须着力打击知识分子(士人)。"老子曰:'法令也者,将以愚民,非以明民。'孔子曰:'民可使由之,不可使知之。'齐民且然,士也者,又四民之聪明喜论议者也……留心古今而好论议,则于祖宗之立法,人主之举动措置,一代之所以为号令者,俱大不便。"(《京师乐籍说》)士人之所以成为重点打击对象是因为他们"聪明喜论议",不利于专制统治的实施。

长期的压抑控制必然导致士大夫阶层整体素质的下降及其精神世界的猥琐、麻木、卑污、无耻。

龚自珍对封建末世谄媚无耻的士风作出猛烈的抨击,他说:"近代之士,自起敷奏之日,始进之年,而耻已存者寡矣。官益久,则气愈偷;望愈崇,则谄愈固;地益近,则媚亦益工。至身为三公,为六卿,非不崇高也,而其于古者大臣巍然岸然师傅自处之风,非但目未睹,耳未闻,梦寐亦未之及。臣节之盛,扫地尽矣。"(龚自珍《明良论二》)。这种士风的根源在于君无视臣的人格尊严,君主高高在上,"遇大臣如遇犬马",臣子也"将犬马自为"。龚自珍进而揭示这种士风的巨大危害:"农工之人、肩荷背负之子则无耻,则辱其身而已;富而无耻者,辱其家而已;士无耻,则名之曰辱国;卿大夫无耻,名之曰辱社稷。"士大夫纷纷"以退缩为老成",以邀宠固位为职志,对君国大事漠不关心,国家用人之际往往无人出头,危害是极为严重的。

龚自珍更生动描绘朝廷"政要之官"一味向皇帝邀宠的丑态:

"堂陛之言,探喜怒以为之节,蒙色笑获燕闲之赏,则扬扬然以喜,出夸其门生、妻子。小不霁,则头抢地而出,别求夫可以受眷之法,彼其心岂真敬畏哉?问以大臣应如是乎?则其可耻之言曰:我辈只能如是而已。"

朝廷官僚的政治前途和身家性命完全寄托在皇帝一人身上,他们要生存、要发展必须要获得皇帝的欢心,因此他们只能看皇帝的脸色行事,遇到好脸色就如获至宝,否则就如丧考妣,想方设法地向皇帝献媚讨好。这归根到底是君主专制制度造成的一种丑陋现象。

龚自珍与李贽、黄宗羲一致认为君臣关系应该是平等的,不应该是主奴关系,臣应该有独立的人格尊严。但三人的观点微有不同:李贽认为君臣关系应该是师友关系,黄宗羲认为应该是师友关系或同事关系,龚自珍则认为应该是宾主关系。臣当恪守"宾客"的本分,宾客是"外臣",不做任由君主驱使、为君主一人献身的家奴:"燕私之游不从,宫库之藏不问,世及之恩不预,同姓之狱不鞠。北面事人主,而不任叱咄奔走,捍难御侮,而不死私仇。"(《古史钩沉论四》)对君主,臣以师友自处难免会有所偏私,只有以宾客自处,臣才能以真正公允自由的心态履行职责而无所偏私。

针对专制统治者摧残人才造成的巨大危害,龚自珍强烈呼吁个性解放。在《病梅馆记》中,他以"文人画士"喻专制统治者,以"梅"喻人才。"文人画士"为了使梅树合乎他们的审美标准,"斫直、删密、锄正",使梅树扭曲变形,导致"江浙之梅皆病"。龚自珍借此来比喻专制统治者对人才的摧残。他"泣之三日",决心"疗之""纵之""顺之",使梅恢复原有的形态和生机,借此龚自珍表达了摆脱封建束缚,解放个性,让人才自由健康发展的愿望。在《明良论四》中,龚自珍强烈呼吁解除"纲纪""律令"对大小官员的束缚,指出要有效地治理天下,天子应当"责之以治天下之效,不必问其若之何而以为治",又呼吁嘉庆皇帝"更法","删弃文法,捐除科条,裁损吏议",废除专制教条。在《乙丙之际箸议第七》中,龚自珍以《易经》中"穷则变,变则通,通则久"的名言为据,论述革新的必要性云:"拘一祖之法,惮千夫之议,听其自陊,以俟踵兴者之改图尔! 一祖之法无不敝,千夫之议无不靡,与其赠来者以勍改革,孰若自改革?"他警告清朝统治者尽快实行政治革新,死抱"一祖之法",必然导致社会动乱。

龚自珍思想的深刻、大胆,批判力度和民主启蒙意义都明显超过前人。"吾国近百年来有大思想家二人:一曰龚定庵,一曰曹雪芹,皆能于旧时学术社会中别树一帜。"[1]他是清代最杰出的的思想家之一,近代思想解放运动的先驱。梁启超在《清代学术概论》中高度评价龚自珍与近代思想的关系:"晚清思想之解放,自珍确与有功焉。光绪间所谓新学家者,大率人人皆经过崇拜龚氏之一时期;初读《定庵文集》,若受电然。"[2]清末民国时期的重要思想家、理论家(无论是改良派还是革命派)几乎都受到他的影响。

龚自珍大胆揭露衰败腐朽的社会现实,并大胆指出封建专制制度是社会衰败腐朽的根源。他反对封建等级秩序,力倡建立平等的君臣关系。抨击对士人精神个性的压抑和摧残,呼吁个性解放。这种思想大致可以看作是对孟子和庄子思想的继承和发展,而其变革意识近于屈原和

---

[1] 一粟《红楼梦卷》第 2 册,中华书局 1963 年版,第 574 页。
[2] 梁启超《清代学术概论》,上海古籍出版社 1998 年版,第 75 页。

王安石,具体地说是改革主张近于王安石,浓厚的社会忧患意识更近于屈原。至于他狂放不羁的举止谈吐与李白、陈亮更为接近。而现实的苦难,人生的失意让他无可奈何,他的心中总是萦绕着几缕哀怨的意绪,时而也萌生超脱的愿望。

三、郁怒横霸、凄怨抑塞

龚自珍是一个在散文、诗、词诸方面都取得卓越成就的文人。近代著名小说家曾朴称龚自珍谓"龚氏是全力改革文学,无论是教导诗文词,都能自成一家,思想亦奇警可喜,实是新文学的先驱者"[《译龚自珍〈病梅馆记〉题解》]①。龚自珍的诗词中屡次提到"剑气""箫心",所谓"剑气"就是摆脱封建礼教束缚的意志、拯时济世的宏伟抱负,是一种狂怒之气;"箫心"则是忧国忧民、怀才不遇、怀旧伤今的情怀,是一种哀怨之情。龚自珍以此三种文学体裁抒发"剑气"和"箫心",形成了独特的文学风格。

龚自珍散文主要抒写他的"剑气",题材内容丰富,视野宏阔,政治、经济、司法、军事、文化、风俗、自然、伦理等无所不包;龚文思想新锐,笔锋犀利,敢言人所不敢言,如王芑孙所称"见地卓绝,扫空凡猥,笔复超迈"②,又如梁章钜所云"文章忘忌讳,才气极纵横"③,自然奇崛不凡,而表现形式也很奇特。曹籀评价他说:"其雄辞伟论,纵横而驰骤也,则似孟似庄,其奥义深文,佶屈而聱牙也,则似墨似鹫;其义理精微,辞采丰伟,或守正道之纯粹,或尚权谋之诡谲,则又似荀似列,似管似晏;他如韩非、慎到、吴起、孙膑、尹文、尸佼、屈原、吕不韦、燕太子丹、赵公孙龙、尉缭、关尹、鹖冠、鬼谷之伦,虽各分门而别户,亦皆殊途而同归,卓哉斯人,其诸通天地人而为儒者欤!"(《定庵文集序》)④曹籀从内容和形式两方面指出龚文博采众家之长而成一家之言的特点,但笔者认为龚自珍的散文无论内容和形式,都与孟子和庄子更为接近。内容上文已大致论及,

---

① 孙文光、王世芸《龚自珍研究资料集》,黄山书社1984年版,第157页。
② 孙文光、王世芸《龚自珍研究资料集》,黄山书社1984年版,第7页。
③ 孙文光、王世芸《龚自珍研究资料集》,黄山书社1984年版,第16页。
④ 孙文光、王世芸《龚自珍研究资料集》,黄山书社1984年版,第73页。

在此就其表现形式问题略作探讨。

龚文尤其是他的论说文构思奇特,无所拘忌。《京师乐籍说》看标题应该是叙说京城官妓的生活状况,作者却出人意外地借以揭穿统治者实施愚民政策,借色情来腐蚀士人灵魂、消磨士人意志,以巩固封建统治的险恶用心。《论私》一看标题,以为作者必然会以传统的价值观评论"私",而作者却意外地肯定"私"存在的必然性和合理性。《病梅馆记》看标题就十分新奇。古来文人一写到梅,即赞美其铁骨冰心,凌寒傲雪,坚贞高洁,而龚自珍则别开生面地描写"文人画士"对梅的摧残改造,又描写自己泣梅、疗梅,恢复梅的自然形态和生机,构思尤其奇诡。《尊隐》驳斥了"天下怡然"这类粉饰太平的谎言,尖锐地指出当时社会是处于"日之将夕"的封建衰世,赞美关注现实,呼吁变革的隐者。而作者别出心裁地以日之早时、午时、昏时比附不同的时代,对三个时代的特点及京师和山中力量的消长变化做了对比描写,生动形象,文采斐然,像美丽的寓言,令人耳目一新。"《尊隐》幽忧极矣,而其言若无有畔涯,《庄》《骚》之变格也。"①不失为剀切之论。

龚自珍散文不但观点新锐,用喻也不落俗套。他以"缚草为形,实之腐肉,教之拜起"(《与人笺五》)比那些无才德的儒生。他以"豺踞而鸮视,蔓引而蝇孳"(《乙丙之际塾议第三》)比喻遍及十八行省专擅司法权力的幕僚。朝廷以"开捐例、加赋、加盐价"的方式解决财政危机,他将这种举动比作"割臀以肥脑,自啖其肉"(《西域置行省议》)。他连用多个比喻描写那个大乱将至,行将灭亡的封建衰世云:"履霜之屩,寒于坚冰;未雨之鸟,戚于飘摇;痹癣之疾,殆于痈疽;将萎之华,惨于槁木。"(《乙丙之际箸议第九》)再看《明良论四》开头一段的精彩议论:"庖丁之解牛,伯牙之操琴,羿之发羽,僚之弄丸,古之所谓神技也。戒庖丁之刀曰:多一割亦笞汝,少一割亦笞汝;韧伯牙之弦曰:汝今日必志于山,而勿水之思也;矫羿之弓,捉僚之丸曰:东顾勿西逐,西顾勿东逐,则四子者皆病。人有疥癣之疾,则终日抑搔之,其疮痏,则日夜抚摩之,犹惧未艾,手欲勿动不可得,而乃卧之以独木,缚之以长绳,俾四肢不可以屈伸,则虽甚痒且甚痛,而亦冥心息虑以置之耳。"在这里他连用四个典故,意思是说如果对庖丁、伯牙、羿、僚进行限制束缚,恐怕他们都无法淋漓尽致地发挥他们

---

① 孙文光、王世芸《龚自珍研究资料集》,黄山书社 1984 年版,第 178 页。

的神技,借此类比手法阐明朝廷以所谓"纲纪"加以约束,必然导致官吏缚手缚脚,才能难以施展。接着又用一比喻说明这样一个道理:束缚住官吏的手脚,不允许他们自由发挥才干,整治社会弊病,他们就只能听任社会弊病发展蔓延了。

龚自珍散文中的比喻新颖而辛辣,极富批判和讽刺意味,在古人中无疑与孟子尤其是庄子更为接近。构思的别致、用喻的新奇,充分显示了龚文的不落俗套,而行文的奔放不羁更可以从句式的选择中见出。

居廊庙而不讲揖让,不如卧穿庐;衣文绣而不闻德音,不如服橐鞬;居民上,正颜色,而患不尊严,不如闭宫廷;有清庐闲馆而不进元儒,不如辟牧薮;荣人之生而不录人之死,不如合客兵;劳人祖父而不问其子孙,不如幕客作。载籍,情之府也;宫庙,文之府也;学士大夫,情与文之所钟也。(《乙丙之际塾议第二十五》)

有如贫相轧,富相耀;贫者阽,富者安;贫者日愈倾,富者日愈壅,或以羡慕,或以愤怨,或以骄汰,或以吝啬,浇漓诡异之俗,百出不可止;至极不祥之气,郁于天地之间。郁之久乃必发,为兵燧,为疫疠,生民噍类,靡有孑遗,人畜悲痛,鬼神思变置。(《平均篇》)

有三畏,畏旬、畏月、畏岁;有四不畏,大言不畏,细言不畏,浮言不畏,挟言不畏。而乃试之以至难之法,齐之以至信之刑,统之以至澹之心。龚子曰:有天下者,不十年几于平矣。(《平均篇》)

自古及今,法无不改,势无不积,事例无不变迁,风气无不移易,所恃者,人才必不绝于世而已。夫有人必有胸肝,有胸肝则必有耳目,有耳目则必有上下百年之见闻,有见闻则必有考订同异之事,有考订同异之事,则或胸以为是,胸以为非,有是非,则必有感慨激奋,感慨激奋而居上位,有其力,则所是者依,所非者去,感慨激奋而居下位,无其力,则探吾之是非,而昌昌大言之。如此,法改胡所弊?势积胡所重?风气移易胡所惩?事例变迁胡所惧?(《上大学士书》)

在这几段话中,作者运用了排比和顶真句式。他用排比句式而不刻意求工,长句与短句、整句与散句以及句类、句型灵活多变,形成了极其通畅壮盛奔放不羁的气势。这种语言风格无疑最接近《孟子》和《庄子》。龚自珍散文的这个特点也可从他那忽而描写、忽而引用、忽而譬喻、忽而议论,出入古今,纵横驰说这种表达方式中见出,这些都与孟子、庄子最为接近。

朱杰勤如此称道龚文:"其文章之技术,纵横百家,出入三乘,立意命辞,自出机杼,如行云流水,来去无踪,令人不可捉摸,惊才绝艳,旷代一人。"(《龚定庵研究》)[1]朱宝瑜亦云:"先生沉浸于周、秦诸子,而吸其精髓,自成家数,不落言筌。行文如神龙行空,纵横变化,不可方物。"(《龚定庵文揭要》)[2]尽管龚文兼容百家,却诚能自成一家。不拘格套、奔放不羁的形式加上大胆得无所顾忌的言论使龚文呈现出一种独特的横霸之气;而其活跃飞动、极富生气动感的行文,我们可以用"怒"字来形容,渗透在其中的沉郁之气可以用"郁"字来形容,合在一起为"郁怒"。"郁怒"与"横霸"可以说是龚文最为突出的风格特点。

龚文偏重于抒写"剑气",龚诗则兼写"剑气"与"箫心"。他的诗歌与散文一样多有抨击社会现实,呼唤重视人才和政治变革的篇章。如《咏史·金粉东南五十州》揭示了这样的现实:把持朝政的都是投机钻营、不学无术之辈,士人在文字狱的震慑下皆诚惶诚恐,不问国事,一心营谋一己私利。《夜坐·春夜伤心坐画屏》揭示在封建淫威的摧残下,人才凋零、死气沉沉的现实。《馎饦谣》反映物价飞涨的现实。《人草藁》讽刺那些不学无术、心灵苍白、虚伪矫饰的士大夫。《伪鼎行》讽刺那些昏庸腐朽、贪婪丑恶的官僚重臣。在《己亥杂诗》第一二五首中,他呼唤一场社会大变革,各种优秀人才降临人间,打破沉闷窒息的社会氛围……这类诗作都可说是诗人"剑气"的宣泄。而他那些追念童心、眷念故乡、思念

---

[1] 孙文光、王世芸《龚自珍研究资料集》,黄山书社1984年版,第278页。
[2] 孙文光、王世芸《龚自珍研究资料集》,黄山书社1984年版,第277页。

亲朋、追忆昔日恋情、抒写失意情怀的诗篇,忧伤惆怅,可说是"箫心"的抒发。

龚自珍的诗除了"飞仙、剑客之语"外,还多有"风雷"和"潮"等极富动感、力感的意象,如"高吟肺腑走风雷"(《三别好诗》三首其二)、"眼前二万五千里风雷"(《己亥杂诗》其四十五)、"九州生气恃风雷"(《己亥杂诗》其一百二十五)、"中有风雷老将心"(《己亥杂诗》其六十一)、"四厢花影怒于潮"(《梦中作四截句》其二)、"一例春潮汗漫声"(《梦中作四截句》其四)、"天外惊涛落纸间"(《程秋樵〈江楼听雨卷〉周保绪画》)、"东海潮来月怒明"(《梦得"东海潮来月怒明"之句,醒,足成一诗》)、"万重金碧影如潮"(《杂诗,己卯自春徂夏,在京师作,得十有四首》其十)、"何物千年怒若潮"(《又忏心一首》)、"秋心如海复如潮"(《秋心三首》其一)、"东海潮来月上弦"(《又成一诗》)。从来没有人如此频繁地将这两个动势猛烈的壮伟形象写入诗中。而龚诗的用字用词也有特点,他特别喜欢用"怒"和"纵横"等字词。"怒"字在以上所举例句中三次出现,此外还有"太行一臂怒趋东"(《张诗舲前辈游西山归索赠》)、"几人怒马出长安"(《己亥杂诗》其八十八)、"哀以沉造怒则飞"[《李复轩秀才(学璜)惠序吾文郁郁千余言诗以报之》]等。"纵横"有:"美人才调信纵横"(《己亥杂诗》其一〇一);"官书许读兴纵横"(《己亥杂诗》其四十七)、"西墙枯树态纵横"(《己亥杂诗》其二二一首)、"词锋落月互纵横"(《己亥杂诗》其一二二)、"心史纵横自一家"(《逆旅题壁,次周伯恬原韵》)、"纵横谈笑纵横字"(《哭洞庭叶青原》)、"九流触手绪纵横"(《己亥杂诗》其二三一)、"幕府纵横急就章"(《咏史》其二)、"堕地泪纵横"(《邻儿半夜哭》)……"怒"和"纵横"都是极有生气和动感的字。

龚自珍兼擅各体,尤其擅长七言绝句和古体诗等形式比较自由的诗体。他的绝句不全押平声韵,有不少押仄声韵,且往往突破格律的束缚,如"北游不至独石口,东游不至卢龙关。此记游耳非著作,马蹄蹀躞书生孱"(《己亥杂诗》其六十八)、"别彼高山大川字,簿我玉笈金扃中。从此九州不光怪,羽陵夜色春熊熊"(《己亥杂诗》其七十一),这两首诗破弃近体格律,毫无顾忌,而且都用了近体诗避忌的三平调,自由随意如打油、如民歌。

有论者指出:"定公诗五言古、七言绝,神妙不可几及。七古则不可学,才太横也。"(佚名《定庵诗评三十三则》)①《能令公少年行》就是典型的例证,此诗通过对隐逸生活的想象描写,曲折地抒写了对污浊官场的厌恶情绪。诗人写湖山景色,写到以明净的太湖为镜的美少女,写她们悠扬婉转的歌声和笛音,写到桃花缤纷飘落,又写到时相过从的佝偻丈人、钓翁、溪童等平民百姓,与他们一同醉心于金石书画的欣赏和学习中。接着又写到秋天雪白的芦花、火红的枫叶、紫色的河蟹,如此良辰美景,让他诗兴勃发,挥笔填词,回到住处他又悠然品茗,阅读《华严经》⋯⋯描写对象频繁转换,令人目不暇接。隐逸生活在诗人彩笔点染下如此生气勃勃,真是别开生面。《西郊落花歌》是一首歌咏落花的七古,此诗一反传统伤春文学凄清伤感的情调,将落花的景象当做自然奇观来赞美。他连用多个比喻:比落花如钱塘潮的汹涌澎湃、昆阳大战王莽大军的溃败逃散、八万四千个仙女洗完脸一齐向这里倾倒胭脂水、"奇龙怪凤"漫天飞舞、仙人琴高骑着红鲤鱼忽然飞上天空,又将花落枝空的山野比作没有一个美女的玉皇宫、三十六天,又把落花比作自己内心中那恍惚怪诞、绵绵不绝的忧患。连用这么多比喻,没有一个不新颖奇特,比喻中有夸张,写得神奇绚丽又气势磅礴。

龚自珍的七古大多不纯用七言,句子长短随心所欲,变化莫测。《能令公少年行》采用句句押韵的柏梁体,却丝毫没有牵强局促的痕迹,而句子从二言、四言、五言、七言到九言、十言、十五言。《西郊落花歌》除了七言句外,还杂用九言、十言、十三言句。朱杰勤说:"定庵诗之好处,是形式上变化复杂,其一首中自四言变为五言,五言变为七言,而八言,而十余言,句法长短,都无一定,无论若干篇幅,皆可举重若轻,此事求诸古人如李白、长吉,有时亦不免缩手。盖定庵之诗,纯以古文之法行之,字字古雅,语语惊人,出入庄、骚,超乎尘俗。"②句子长短变化尤其是长句的运用极大地强化了雄豪壮伟、奔放不羁的气势。

有论者总评他的诗文曰:"定庵诗文皆有剑拔弩张之概,尽是霸气。"③龚自珍的诗歌博采众家之长而自成一体,而其壮伟的意象、极富动感变化的行文、纵横恣肆的风格最与庄子和李白接近,而郁怒横霸之

---

① 孙文光、王世芸《龚自珍研究资料集》,黄山书社1984年版,第181页。
② 孙文光、王世芸《龚自珍研究资料集》,黄山书社1984年版,第282页。
③ 孙文光、王世芸《龚自珍研究资料集》,黄山书社1984年版,第222页。

气过于李白。

龚自珍不止一次地自称深受庄子和屈原的影响,"庄骚两灵鬼,盘踞肝肠深"(《自春徂秋偶有所触拉杂书之漫不诠次得十五首》其三),"六艺但许庄骚邻,芳香恻悱怀义仁"(《辨仙行》)。而他的诗尤其少年的诗如他自己所言是"少年哀艳杂雄奇"(《己亥杂诗》其一四二),有庄子、李白的雄奇,也有屈原的哀艳。林昌彝称龚自珍"诗亦奇境独辟,如千金骏马,不受绁;美人香草之词,传遍万口"(《射鹰楼诗话》卷十)①。他的诗颇多"秋风""夕阳""落花""美人"意象。

在龚诗中,仅直接含有"美人"二字的诗句就相当多,如"美人十五气英妙"(《女士有客还上者》)、"美人规劝听分明"(《铁军惠书,有"玉想琼思"之语,衍成一诗答之》)、"美人经卷葬年华"(《逆旅题壁,次周伯恬原韵》)、"美人十五如花浓"(《能令公少年行》)、"美人如玉剑如虹"(《夜坐》其二)、"美人清妙遗九州"(《美人》)、"美人才地太玲珑"(《己亥杂诗》其二六五)、"美人捭阖计频仍"(《己亥杂诗》其二六九)、"美人雄有北山文"(《己亥杂诗》其二七〇)、"美人别汝光徘徊"(《行路易》)等。

"香草"意象则更是难以计数,别的不说,仅"落花"意象就有"落花正绕蒲团前"(《女士有客还上者》)、"终是落花心绪好"(《己亥杂诗》其三)、"落红不是无情物"(《己亥杂诗》其五)、"落花三月断知闻"(《赠伯恬》)、"落花风里别江南"(《吴山人文征、沈书记锡东饯之虎丘》)、"天女忽骑落花下"(《题鹭津上人书册》)、"能苏万古落花魂"(《己亥杂诗》其二四七)、"桃花零落处,上苑亦红潮"(《暮春以事诣圆明园赵公既罢因览西郊形胜最后过澄怀园和内直友人春晚退直诗》其二)等。

除了大量的美人香草意象之外,龚自珍还偏好浓艳的色彩,其中"红"字尤多,如"寂寞猩红万古春"(《题红蕙花诗册尾》其四)、"舵尾茶华红"(《发洞庭,舟中怀钮非石树玉、叶青原昶》)、"屋角红不积"(《庚辰春日重过门楼胡同故宅》)、"红泥亭倒客来稀"(《杭州龙井寺》)、"红豆生苗春水波"(《广陵舟中为伯恬书扇》)、"岂无红泪痕"(《又书一首》)、"红墙西去即银河"(《小游仙词十五首》)、"两人红泪湿青山"(《补题李秀才〈梦游天姥图〉卷尾》)、"红蕙花开空染枝"(《题红蕙花诗册尾》其一)等。

以不同的心态描写物象,形成的风格必然有所不同。写到美人香

---

① 孙文光、王世芸《龚自珍研究资料集》,黄山书社1984年版,第38页。

草,龚自珍固然有时带着怜惜赞美之意,不过也时常倾注其哀伤情感,加之他时常借助"秋风""夕阳"这类意象渲染悲凉气氛,他的很多诗作自然呈现出类似屈原作品的哀艳风格。

可见在龚自珍的诗中,"剑气"和"箫心"、阳刚与阴柔、雄奇与哀艳、郁怒横霸和凄怨抑塞两种不同风格是并存的。

龚自珍的词与他的诗又有所不同,更多抒写"箫心"。他的词大多抒写怀才不遇的苦闷、情丝风怀与禅定的冲突(红禅相战)、男女恋情和悼亡、思亲、怀友之情。

在他的词中,很少有诸如"潮""风雷""怒"等具有宏大和阳刚特点的字词,最常见的字词有"美人"(蛾眉)"花""月""玉""兰""香""秋""红""寒""愁"等。他的词共一百六十首左右,"月"字出现近六十次,"玉"字出现三十余次,"香"字五十次左右,"兰"字近二十次,"花"字出现达九十余次。其中色彩字以"红"字为最多,出现五十余次,仅由"红"字组成的词就有"红衣""红灯""红阵""红楼""红丝""红豆""红帘""红愁""红妒""红字""红词""红窗""红栏杆""红泪""红玉""红墙""红妆""红烛""红日""红泥""红裙"等。有时一首词中出现两个"红"字,比如《桂殿秋》中有"明月外,净红尘"和"九霄一派银河水,流过红墙不见人",《行香子·道中抒怀,与汪宜伯》中有"红楼隔雾"和"红豆抛残",《莺啼序·用宋人韵》中有"拈彩笔,亲制红词"和"红敧绛病",《高阳台》有"生愁一点朝云散,把青梅细数,红豆闲吟"和"坠猩红,半幅吴绫",另一首《高阳台》中有"谢娘风格清寒甚,捧红丝,劝写无聊"和"青衫不渍清樽影,只模糊,红泪难销",《百字令》中有"帐弹春宵,枕欹红玉,中有沧桑影"和"青史闲看,红妆浅败"。除了大量的艳字丽词,龚词还多用"清寒"之类的字,如"寒"字出现三十余次。而写景以秋景为多,仅"秋"字就出现近四十次。至于流露出的情感多为愁怨之情,仅"愁"字就出现近五十次。就风格而言,他的词以婉约凄艳为主,风格似周邦彦、吴文英,而凄凉的意味更为浓厚。

谭献称龚词"绵丽沉扬,意欲合周、辛而一之奇作也"(《复堂日记》)①。与周邦彦不同的是,龚自珍还有一些抒写"剑气"的词作,比如《水调歌头》:

---

① 孙文光、王世芸《龚自珍研究资料集》,黄山书社1984年版,第89页。

当局荐公起,清望益嵯峨。旌旗者番南下,百骑照涛波。帝念东南民瘼,一发牵之头动,亲问六州瘥。宾客故人喜,愁绪恐公多。
　　公此去,令公喜。法如何?金钱少府百万,挽入鲁阳戈。公是登场鲍老,莫遣登场郭老,辩口尚悬河。猿鹤北山下,一任檄文过。

　　这首词是龚自珍为赴任江淮盐运史的王竹屿送行而作。王竹屿本来擅长治河,被朝廷派去主管黄河,不久却不得不辞官归隐。后来朝廷又重新起用他做江淮盐运使,可谓用非其才。龚自珍以戏谑的笔法告诫朋友此去为官最得意的是搜刮民财,不仅难有作为,还很可能会被讥讽为假隐士呢。借此词人曲折地反映了官场的弊端,讽刺意味十分浓厚。这是南宋大词人辛弃疾常用的寓庄于谐的手法。
　　龚自珍更有一些词抒写政治抱负难以实现的情怀,其中比较有代表性的是《湘月》:

　　天风吹我,堕湖山一角,果然清丽。曾是东华生小客,回首苍茫无际。屠狗功名,雕龙文卷,岂是平生意?乡亲苏小,定应笑我非计。
　　才见一抹斜阳,半堤春草,顿惹清愁起。罗袜音尘何处觅?渺渺予怀孤寄。怨去吹箫,狂来说剑,两样消魂味。两般春梦,橹声荡入云水。

　　嘉庆十七年(公元1812年),龚自珍随父别杭去京十年后重返杭州,抚今追昔,写下这首词。词人表露,自己追求的绝不是寻常的功名和文名,而是拯时济世、澄清天下的功业,接着又抒发了美好理想难以企及的哀怨情怀。这首词运用了"美人香草"式的比兴手法,既雄豪又哀怨,刚柔相济,风格最与辛词相近。
　　总的来看,龚自珍的词虽然多写"箫心",风格哀怨缠绵,但也有一些词作宣泄"剑气",风格雄豪狂放,不少作品则是"箫心"和"剑气"杂糅,刚柔相济。从继承的角度看,他的词近师周邦彦、辛弃疾,远祖屈原,形成了独特的艺术风格。

　　龚自珍的文学作品贯穿着大胆的批判精神和深沉的忧患意识,洋溢着炽烈的改革热情,散发着浓郁的时代气息,奇情艳彩、自由随意、别开生面。他既写"剑气",又写"箫心",刚柔并存,体现了他亦狂亦狷的个性。尤其是他的郁怒横霸的文学风格堪称卓绝千古,不仅体现了他不甘平庸寂寞,锐意拯时济世和放纵不羁的情怀,也体现了他对专制统治者推行的愚民政策,士人奴性十足、苟且偷生、麻木不仁的无比憎恶,更反衬了死气沉沉的社会现实。他的散文打破了桐城派古文笼罩文坛的局面,诗打破了清代中期脱离现实、模山范水的创作格局,而词如他自己所云是"不能古雅不幽灵,气体难跻作者庭",既不同于浙西词派的淳雅,也不同于常州词派的幽深空灵。无论在哪个方面都可谓异军突起,具有划时代的意义。

第十三章　蜀中怪杰刘师亮

末世的清王朝,内忧外患,国力极度孱弱,危机空前严重,而统治者却冥顽不化,故步自封,拒绝接受西方先进的政治文明,终于导致了暴力革命的爆发和专制政权的覆亡,共和政体取而代之。然而国人的专制思想观念如附骨之蛆,难以消除。民国大总统袁世凯在一批守旧官员的支持下,倒行逆施,正式上演了一场复辟帝制的闹剧。这场闹剧激起了举国上下的一片讨伐唾骂之声,袁世凯的皇帝梦仅83天即告破灭,几个月后他就在羞愤忧悔交加中死去了。此后中国大地迎来了军阀割据称雄的局面,政局混乱、官场腐败、民不聊生的社会现象一仍其旧,而刘师亮所在的四川尤其严重。他对当时的社会现实深恶痛绝,以一介平民的身份笑骂当局,嘲弄军阀劣绅,警醒民众,在谐文、竹枝词、楹联等多种文体的创作上都有明显的突破,其创作风格诙谐辛辣,独树一帜。

一、军阀割据与统治者的故步自封、残民以逞

从乾隆中后期开始,以权谋私、搜刮百姓、卖官鬻爵等不法行为在官场上大行其道,逐步把腐败推向历史的巅峰,而大清王朝的国力也迅速下滑。尤其是清末,清王朝更是内乱和外患交加。可是他们还是抱残守缺,故步自封,不肯睁开眼睛看世界,顽固拒绝西方先进文明的传入。等到西方列强以武力敲开封闭的国门,强迫他们接受一个又一个租地、赔款的不平等条约后,他们只能把负担转嫁给贫苦的百姓,而以慈禧太后为首的清朝贵族却心安理得地过着荒淫奢侈的生活。不堪压榨盘剥、怨苦无告,又蒙昧无知的百姓盼望所谓救星的降临,将他们从苦海中救拔出来,因此他们也最容易受蛊惑,被人利用。以洪秀全为首的拜上帝会等团体应运而生了。声势浩大的太平天国运动给社会造成了极其严重

的破坏,也加速了清王朝衰败的进程。

如何消除腐败,挽救危机,重振大清雄风呢?当时的有识之士认识到必须敞开国门,虚心接受西方的先进文明,其中最关键的是宪政民主制度。但"宪政之行,利于国,利于民,独不利于官"(《出使各国考察政治大臣载泽奏请宣布立宪秘折》光绪三十二年)[①],清朝贵族势必丧失特权和大部分既得利益。尽管光绪帝颇有救国救民之心,不很在意个人得失,遗憾的是他严重缺乏做大事的领导人应具的素质,热情冲劲有余,理性方法全无,在具有同样缺陷的书生康有为的鼓动下,不顾一切地推行疾风骤雨式的变革,妄图毕其功于一役,使中国迅速崛起为世界第一强国。这种激进的改革方式严重损害了社会精英的利益,把相当一部分支持变法的人士(包括慈禧)推向反对派的行列,失败是必然的。

扑灭维新运动后,本来支持变法的慈禧太后对洋人和西方宪政产生了强烈的憎恨情绪,妄图将西方势力完全排除出去,恢复闭关锁国的状态。她受人蛊惑,以为那些装神弄鬼、愚昧偏激、激烈排外的义和拳民是抵御西方列强的可靠力量,放纵他们胡作非为,乱杀西方传教士和中国教民,当西方列强提出强烈抗议,要求严惩罪犯的时候,她严词拒绝,并悍然向十一国宣战,导致战争爆发,八国联军攻向北京,慈禧狼狈逃往西安避难。《辛丑条约》签订后,慈禧被允许回京。巨大的挫折使她更清醒地认识到中国的现状,要强大起来,必须向西方学习,而最关键的是西方的宪政制度。但年老的慈禧已失去了往昔的锐气,没能冲破阻力、锐意革新,错过了大好时机。慈禧和光绪死后,年幼的溥仪即位,由载沣摄政。载沣挂羊头卖狗肉,打着宪政的旗号反宪政,干起了加强中央集权的无耻勾当,将军权、政权、财权尽数收归清廷,使宪政一拖再拖,令国人深感失望和愤怒。诗人许东雷曾发出这样的感叹:

千里江流难转石,一鞭日暮滞迷途。风雷不作鱼龙化,终见蜿蜷贴壁枯。(《秋兴八首》)

这几句诗道出了当时有良知之士的共同感受,但对冥顽不化的清政府而言,类似的呼声"有如东风射马耳",几乎没有任何作用。两全其美

---

① 载泽《清末筹备立宪档案史料》上册,中华书局1979年版,第173页。

的宪政既然已不太可能,暴力革命就势所难免了,辛亥革命(1911年)爆发了。辛亥革命的爆发导致各省纷纷独立,脱离大清加入革命党一边,大清帝国土崩瓦解,不得不请袁世凯出来主持大局,袁世凯与革命党和清政府达成协议,实行共和制,由他自己出任大总统,中华民国正式成立,两千多年的封建君主制度宣告结束,苦难的国民看到了新世纪的曙光。可事实并没有那么乐观,专制意识浓厚的袁世凯根本受不了国会的约束,悍然解散国会,不久又在杨度和其长子袁克定等人的怂恿下,倒行逆施,恢复了帝制。袁世凯的愚蠢行径在整个社会引起了极大的震动,遭到举国上下的一致声讨,蔡锷等又起兵造反,北洋政府内部的实权派段祺瑞、冯国璋不但拒绝出兵镇压,反而乘势逼迫袁世凯退位,袁世凯欲重拾大总统之位而不能,不久就在羞愤忧悔交加中一命呜呼了。袁世凯死后出现了军阀割据称雄的局面,奉天(辽宁)有张作霖,山西有阎锡山,广西有李宗仁、白崇禧,广东有陈炯明,海南有谭延闿,贵州有刘显世,云南有唐继尧,四川有刘湘、刘文辉,西北有马步芳、马步青、马鸿逵,山东有张宗昌、韩复榘,云南有龙云,新疆有盛世才,更有长期控制北京政权的直系(代表人物先后有冯国璋、曹锟、吴佩孚、孙传芳),以段祺瑞、徐树铮等人为代表的皖系。军阀之间争权夺地的战争持续不断,其中最为激烈的是直系、皖系、奉系之间争夺统治权的战争。此时孙中山在广东酝酿北伐,企图以武力统一中国,不久病逝。蒋介石继承孙中山的遗志,于1926年兴师北伐,先后击败了吴佩孚、孙传芳和张作霖,实现了形式上的国家统一。但这种形式上的统一并没有带来和平和稳定。蒋介石一心想实现真正的国家统一,有一种"平治天下,舍我其谁"的自负。而阎锡山、冯玉祥和桂系的李宗仁、白崇禧等却不肯尊奉蒋介石为领袖,甚至要求他下野,矛盾不断激化,终于导致了蒋与桂、冯、阎之间的"中原大战"。尽管蒋介石最终获得了胜利,但还是没有实现真正的统一。其他派系与蒋之间的争斗仍然没有停息,汪精卫又与他分庭抗礼,北方的苏俄又虎视眈眈……这些势力本来就让他难以应付,不久日本又雪上加霜,悍然发动了侵略战争。

在此环境下,一方面,宪政民主制度不可能得到有效的落实,腐败自然得不到有效的遏制,官场腐败仍然很严重;另一方面,推行个人独裁也非常困难。蒋介石认为中国暂时不适合推行宪政民主,有意搞个人独裁,却遭到举国上下的一致反对,而地方军阀推行地方独裁也有所顾忌。就言论的自由度而言,相对于清末和北洋军阀统治时期,民国是有所下降的。慈禧虽然扼杀了戊戌变法,一再拖延宪政的实施,但清政府日趋衰微的统治力使她不得不接受光绪三十四年十二月(1909 年 1 月)开始推行的地方自治,后来的载沣和袁世凯等人也无可奈何。地方自治使清政府和北洋政府不可能有效地控制言论,因此这个时期可以说是言论自由度较高的时期。而民国政府对言论则采取了一些管制措施,如蒋政府建立了新闻审查制度。但民间办报、办广播和通讯社不受限制,媒体没有成为政府的附属机构和喉舌,管制还是比较宽松的。

刘师亮生活的时代是清王朝走向没落直至灭亡,军阀割据,外族入侵,天下大乱的时代。当时四川的政局更是混乱不堪:军阀割据称雄,连年混战,蜀中无宁日;军阀控制地方,横征暴敛,残民以逞,蜀民无聊生。这样的社会现实在文人的心中激起强烈的愤懑情绪,很多文人将他们的愤懑情绪形诸笔墨。刘师亮是特别突出的一个。

二、嬉笑怒骂,诙谐辛辣

刘师亮(1876—1939 年),原名芹丰,又名慎之,后改慎三,最后改师亮,字云川,别号谐庐主人,四川内江人。他出生在四川内江桦木镇的一个小店主家庭,曾做过私塾先生、盐场会计。民国成立后,移居成都,以开茶铺、澡堂谋生。1934 年,因作文触犯军阀,被迫离开成都,流亡上海。1935 年 9 月,又回到成都。1935 年春天,病逝。

刘师亮虽有出众的天赋,却没有进过学堂,没有受过正式教育。少年时他曾以"三面临江吊脚楼"对上王先生出的上联"两头是路穿心店",形成一副绝对,深受老师的赏识,被收为弟子。在王先生的指导下,读了不少书,学识大进。

刘师亮一生的主要活动,除经商外,就是与恶势力抗争。他创作了大量的文学作品,其中很大一部分作品是抨击嘲讽时政和军阀劣绅的。他在成都创办《师亮随刊》,又在上海创办《笑刊》(出两期后被查封),多刊载讽时骂世的作品。他拒绝地方军阀的拉拢,与他们进行了不妥协的斗争,屡遭军阀打击迫害,在逃亡避祸途中,妻女因沉船遇难,这一家庭悲剧给他的打击是极为沉重的,使他很长时间意志消沉,精神恍惚。但他没有屈服,仍然带病拿起笔,抨击嘲讽军阀。

时人称刘师亮为"怪物",师亮也以"怪物"自许,作《"怪物"答赠》一诗:"时事难闻不若聋,异于流俗乃成怪。我题怪话解君嘲,哪管他人不自在!"师亮本来不聋,却自称"聋哥",言行怪异、不同流俗,嬉笑怒骂,毫不留情,可以想见他情怀的无比激愤。他曾对自己的一生作过这样的总结:"伤时有谐稿,讽世有随刊,借碧血作供献同胞,大呼寰宇人皆醒;清室无科名,民国无官吏,以自身而笑骂当局,纵死阴司鬼亦雄。"伤时讽世,警醒民众,以一介平民的身份嘲骂当局,粪土王侯,即使付出生命的代价也毫不顾惜。刘师亮可以说是一个平民英雄、不屈的斗士、特立独行的狂人。

刘师亮在谐文、对联、竹枝词等多种文学形式的创作上都取得了很高的成就,其讽刺之作最为人所称道,也最具个性特点。

谐文是一种短小的诙谐文体。钟茂煊先生说:"谐文是师亮最喜欢的一种富于诙谐的问答式的讽世文体,略似相声。"①举两个例子,看师亮谐文的特点:

《自身难保》甲:菩萨呀菩萨!我实在穷得没法了,你老人家大发慈悲,保佑我立刻发财,我天天买雄鸡刀头来敬你。乙:这个混账东西,实在讨厌,天天向我纠缠!你想,这是什么时代?连我自身都难保,还能保住你嘞?

《东西派》甲:先生,你刚才大开演说,一下三民主义呀,一下国家主义呀,一下又什么帝国主义呀。我们乡里人脑筋简单,弄不清楚。请问先生是南派吗是北派哟?乙:现在北伐成功,国家已实行统一,何有南北之可言?以大势观察,目下只有东西派了。甲:东西派是什么宗旨?乙:你说你是乡里人,脑筋真是简单。既云东西派,顾名思义,所抱的主义就是要东西。

《自身难保》说的是一个穷人求菩萨保佑他发财,这是十分常见的事,而菩萨的对答颇出人意料,竟说连她自己都自身难保,作者通过这个小对话表达了对现状的强烈不满。《东西派》通过对"东西派"出人意料又荒唐可笑的解答,表达了作者对军阀的强烈不满。两则谐文的共同特

---

① 钟茂煊《刘师亮外传》,四川人民出版社1984年版,第135—136页。

点是通过饶有机趣的对话来讽刺现实,诙谐中见辛辣。刘师亮的很多谐文看标题就知道是诙谐辛辣的讽刺文章,如《叙府糟蛋》骂政府是糟蛋,《中划冥国》攻击民国为黑暗的冥国,都是嬉笑怒骂,庄谐杂出。谐文有点像魏晋以来的参军戏。参军戏有两个角色,参军(绿衣秉简扮假官)和苍鹘(手执挞瓜扮假仆)。参军首先表演,特别突出言语、举动、形状痴呆可笑的特点,然后苍鹘用挞瓜击打责问参军,参军则做出出人意料、令人发笑的回答。刘师亮的谐文很少写人的行动,纯为对话,较之参军戏,戏剧性有所淡化,讽刺性则大大强化了。

刘师亮也善作诗词,他一生创作了1000多首诗词。他能写《春草》十首那样趣味高雅闲适的诗作,也能写典雅的时事诗,但他更喜欢用通俗浅白的民歌体反映现实,如《饷不抵鞋》:"当兵人,苦难挨,血肉相搏为谁来?寒不得衣饥不食,战死沙场土里埋。纵然受伤打不死,抬进医院便下台。人家升官你拼命,你舍头颅人发财。一年关饷通盘算,值不得姨太太一双高跟鞋!呜呼呜呼兵受灾!"此诗深刻揭示了与敌人"血肉相搏"的士兵的悲惨命运和菲薄待遇,出语沉痛,其中蕴涵着锐利的批判锋芒,又不无诙谐意味。

刘师亮的诗歌最为人所称道的是竹枝词。竹枝词是古代巴蜀间的一种民歌。中唐诗人刘禹锡任夔州刺史时,听当地居民传唱,深受感染,遂仿效屈原作《九歌》的方式,作《竹枝》九首。《竹枝》九首的内容以记风土、写恋情为主。唐代的白居易,五代的皇甫松、孙光宪,宋代的苏轼、苏辙、黄庭坚、杨万里、范成大、汪元量,元代的杨维桢、虞集、倪瓒,明代的刘基、宋濂、李东阳、杨升庵、徐渭、袁宏道,清代的朱彝尊、高士奇、孔尚任、查慎行等都有优秀的竹枝词传世。但他们的竹枝词多为娱情遣兴之作,在题材内容上没有明显的拓展。到清代中晚期,清王朝备受列强欺凌,无力相抗,只能采取妥协退让、租地赔款的政策,以求苟延残喘;对本国百姓则加倍盘剥,残酷镇压。政治腐败,民不聊生,引起广大知识分子的强烈愤懑,他们纷纷拿起笔,揭露社会现实,反映民生疾苦。并且到五四运动后,白话文逐渐取代文言文,成为通行的书面语言。竹枝词这种近于口语、雅俗共赏的文学形式自然受到空前的重视,其创作出现了高度繁荣的局面,题材内容也拓展到社会生活的各个方面。刘师亮生活在清末和民国时期的四川,四川正是竹枝词的发源地,师亮是下层文人,自然更易于接受这种通俗的文学形式。

他创作了大量的竹枝词,其中多有体恤民生之作,如:

> 贫民觅食亦可怜,破晓搁炉立市前。任是雪饕风又虐,四处犹喊卖汤元。

> 贫妇谋生大可哀,筅筅提起转通街。苦她到处无衣补,且与他人补破鞋!

两首竹枝词一写贫民为"觅食",冒着肆虐的风雪叫卖汤圆,一写贫妇自己为"谋生"为人补破鞋。这两首诗充满了作者对普通民众的深切同情,也流露出对社会现实的不满。刘师亮的刺世之作写得更有特点,如"脚穿放鞋近来多,裹脚缠它做甚么?好似方今新政体,内头专制外共和"(《民国十二年青阳宫花会竹枝词》)、"画人头大尾身小,尾小依然不掉何?怪道近来苦争战,只因我国大头多"(《成都竹枝词》),关于前一首,钟茂煊先生作出这样的诠释:"清时妇女缠足,民国初提倡放脚,穿放脚鞋。当时许多缠过脚的妇女,外穿大鞋,内里实是裹过的小脚,作者借此讽刺当时换汤不换药的专制政体。"[①]后一首是看到"近日商标有画头大身小者",借题发挥,揭示军阀混战的原因,表达他对军阀的憎恶,辛辣的讽刺中含有浓厚的诙谐意味。刘师亮的竹枝词,内容广泛深刻,尤其是他的讽刺之作,词锋犀利,又诙谐有趣,在竹枝词的发展史上占有突出的地位。

刘师亮最为人所重视的是他的楹联,他素有"谐联大师"之誉。楹联是一种具有浓厚民族特色的实用性文学形式,成熟于唐代。清代的梁章钜《楹联丛话》将楹联分成十类:故事、应制、庙祀、廨宇、胜迹、格言、佳话、挽辞、集句、杂缀。从梁章钜的划分中,可见楹联的表现范围虽然不断扩大,却很少涉及社会现实。民国初年的胡君复编辑的《古今联语汇编》是明、清、民国的楹联作品选集。当代楹联家常江重编此书,将所收楹联分成以下十八类:名胜、园林、祠庙、刹宇、庆贺、哀挽、廨宇、学校、会馆、戏台、杂题、投赠、谐谑、杂缀、谚语、诗钟、集句、集字。虽然其中含有

[①] 钟茂煊《刘师亮外传》,四川人民出版社1984年版,第83页。

一些刺世讥邪的作品,但看其类目即知,这类作品显然还未能蔚为大宗。这是因为这类楹联作品是从鸦片战争以后才开始大量涌现的。如谷向阳所说,(鸦片战争后)"楹联在继承传统的基础上,在思想性、政治性、艺术性等方面都有所突破,发挥着空前未有的战斗作用"[①]。这类刺世疾邪的楹联在"联圣"钟云舫的作品中已占一定的比例,到刘师亮手中发展到极致。

"双十节"是中华民国的国庆节。1911年10月10日,湖北革命军在武昌发动武装起义,先后占领武昌和汉阳、汉口,史称"武昌起义"。武昌起义的胜利将辛亥革命推向高潮,各省纷纷宣布独立,脱离清政府。同年12月,孙中山从海外归来,被推举为临时大总统。1912年元旦,孙中山宣告中华民国成立。尽管革命胜利的果实最终被袁世凯窃取,但清帝被迫退位,两千余年的封建专制制度结束了。由于武昌起义意义重大,它爆发的那一天,即10月10日就被确定为中华民国的国庆节,称"双十节"。刘师亮生活的中后期,正值中华民国时期,孙中山提出的"三民主义"("民族""民权"和"民生")的政治理想依然是一个遥远的梦。军阀旷日持久地争权夺地,盘剥百姓。百姓的生活境况越来越悲惨,人们根本看不到出头之日。"双十节"本来是一个喜庆的日子,但每到这一天,刘师亮的内心涌起的总是激愤不平的情绪,他讽世的楹联很多是在"双十节"撰写的:

是龙是凤,是跳蚤是乌龟,睁开眼睛长期看;吹风吹雨,吹自由吹平等,捂着耳朵少去听。(《题民国八年"双十节"》)

总而言之,统而言之,此日又逢"双十节";民犹是也,国犹是也,对天长叹两三声。(《题民国十二年"双十节"》)

男同胞,女同胞,我最亲爱同胞!请一往无前,不左右顾;假革命,反革命,他因什么革命?敢片言揭破,为东西来。(《题民国十七年"双十节"》)

---

① 谷向阳《中国楹联学概论》,昆仑出版社2007年版,第112页。

年年办会,谁敢不来,咬着牙巴,哭脸装成笑脸;处处张灯,实在热闹,敞开脚板,这头跑到那头。(《题民国十八年"双十节"》)

你革命,我革命,大家喊革命,问他一十八年,究竟革死多少命;男同胞,女同胞,亲爱的同胞,哀我七千万众,只能同得这回胞。(《题民国十八年"双十节"》)

察西陲状况,人民总觉"仍冥",混一年算一年,勉强混得过来,又看这回热闹;听南路口音,国庆直同"刮馨",留半截说半截,好歹留些搁起,还从下次发挥。(《题民国十八年"双十节"》)

大伟人穿衣吃饭、睡觉拿钱,四名主义;小百姓杂税苛捐、预征借垫,一样问题。(《题民国十九年"双十节"》)

共和幸福,饱受十有九年,试问他自南自北,自东自西,莫不年年同闹煞;大劫关头,恰逢三个六月,最可怜遭匪遭兵,遭干遭涝,居然月月要完粮。(《题武昌起义十九周年》)

普天同庆,本晋颂谰言,料想斗笠岩畔、毗条河边,也来参加同庆?那么庆庆庆、当庆庆、当庆当庆当当庆;举国若狂,表全民热烈,为问沈阳城中、山海关外,未必依样若狂?才是狂狂狂、懂狂狂、懂狂懂狂懂懂狂。(《题民国二十二年"双十节"》)

从以上所举的例子看,刘师亮讽刺时政的楹联涉及的现实内容十分广阔,诸种社会弊端,人情世态尽现笔端:政府鼓吹自由平等,只是假做姿态;革命者参加革命只为追求私利;暴力革命造成难以数计的百姓丧生;百姓捐税负担沉重,困苦不堪;大人物搜刮民脂民膏,贪酷不仁;国家命运可忧可叹等,刘师亮深刻地揭示了举国同庆,刻意营造的欢乐祥和景象下的真实情状,流露出强烈的忧国忧民情怀,具有明显的警世意义。

更令人赞叹的是,刘师亮经常以楹联的形式与军阀劣绅、政府首脑直接对抗。

他的老家内江有一个财主李老板,家有良田百亩,镇上开了三爿店铺,还放高利贷聚敛,他常欺压当地贫苦百姓,还强奸过家中的使女。如此贪婪邪恶、猪狗不如的家伙却在家里设有佛堂,经常吃斋拜佛,甚至还自我标榜,春节时在门坊上贴出一副楹联:

"色即是空空是色,人不恕我我恕人。"

师亮看到李老板这副对联,极其反感,立即写了一副楹联,贴在兄长刘树丰开的黄糕铺的门口:

"命即是钱钱是命,人不害我我害人。"

此联完全仿照李老板楹联的句式语气,针锋相对,痛快淋漓揭露了李老板的贪酷虚伪的面目。

民国五年(公元1916年),四川商会的总会长樊孔周为盐商的利益得罪了四川督军刘存厚。当年7月,樊孔周和商会会董董炳南由重庆回蓉,取道小川北道经乐至,被刘存厚的团长张鹏午刺死在乐至的施家坝。成都商会举行了盛大的追悼会,许多人痛哭失声。那时刘师亮开爿浴室,是水帮会董。他在讲话中慷慨激昂地痛斥刘存厚,还当场贴出挽联:

"樊孔周周身是孔,刘存厚厚脸犹存。"

此联用拆词法追悼樊孔周,痛斥刘存厚,寄托了他哀愤交加的情感。

四川督理杨森,借口讲究卫生,要求进城挑粪的农民上交卫生费,刘师亮撰联以讽曰:

"自古未闻粪有税,而今只剩屁无捐。"

更是入木三分地嘲弄了杨森不合情理的盘剥行径。杨森为了提高自己的威望,借机向百姓摊捐派款,中饱私囊,假做关心市政建设,下令修建马路和体育场等。当时成都街道狭窄,沿路很多人家必须拆迁,才能修通马路,杨森不管百姓死活,不给任何补贴,对无家可归的拆迁户也不予妥善安置,严令自行拆迁,到期不执行,就派人强行拆房。拆房后许多百姓没钱建房,流离失所,许多商家因此倾家荡产。而杨森却穷凶极恶,不许抗辩。刘师亮代表百姓与他交涉未果,后来又看到马路迟迟不能竣工,满路的石头瓦块,等待用石磙压平。刘师亮抑制不住心中的忧愤,吟成这样一副楹联:

"马路已捶成,问督理何时才'滚';民房将拆尽,愿将军早日开'车'。"

此联表面意思是希望尽早滚路通车,实际上是让杨森赶快滚蛋。联中的"滚""车"(四川方言是"走开"的意思,与"滚蛋"义近)二字是双关字,刘师亮以双关手法,妙思天成地抒写了成都市民的共同心声。

刘师亮不仅把讽刺的锋芒指向军阀劣绅,更毫不容情地指向了政府首脑级人物,如袁世凯、蒋介石、汪精卫等,比如:

"响竿吆鸡垮垮垮,狂犬吠日汪汪汪。"

据说,响竿,是将竹竿削短后,划破一头,用来吆鸡,"垮垮垮"是响竿发出的声音,"汪汪汪"是狗的叫声,合起来是"汪垮",意思是汪精卫垮台。

慈禧太后和光绪皇帝相隔很短一段时间先后死去,全国隆重哀悼,朝廷规定停止一切娱乐活动,四川政府还规定每一家的大门必须贴上挽联,否则就予以惩罚。对此,刘师亮非常愤慨,贴出这样的楹联发泄不满:

"洒几滴普通泪,死两个特别人。"横批:"通统痛同。"

在庄重的"国丧"期间贴出这样不协调的楹联,自然不为官府所容,有人将刘师亮告到官府,官府却无可奈何,因为楹联道出的是实情,要给师亮定一个"大逆不道"的罪名没有证据,只得以"大不敬"的罪名罚了五个银元了事,并责令师亮将此联撕去重写,可师亮又贴出这样一副楹联:

"拗几个酸字眼,罚五块大洋银。"

他将自己因"大不敬"被罚这一事件写入楹联与官府对抗,官府也毫无办法,只能听之任之。

辛辣而诙谐这一特点,更为突出地体现在师亮的楹联创作中。他不仅惯于运用容易产生讽刺效果的通俗甚至俚俗的语言作联,而且运用多种修辞手段制造讽刺效果。如《题民国十八年"双十节"》里的"人民总觉'仍冥'""国庆直同'刮髻'"二句用的都是飞白法;民国十八年(公元1929年)"双十节"题的另一副楹联里的"究竟革死多少命""只能同得这回胞"将"革命"和"同胞"拆开,"樊孔周周身是孔,刘存厚厚脸犹存"将"孔周"和"纯厚"拆开,用的是拆词法;讽杨森拆房修路一联用的是双关法;讽杨森强令挑粪进城的农民交卫生费一联用的是夸张法;讽李老板春节贴楹联自我标榜用的是戏拟法;《题民国十九年"双十节"》上联讽"大伟人",下联哀"小百姓"用的是映衬(对衬)法。刘师亮信手拈来又异常巧妙地运用这些修辞手法,获得了极佳的讽刺效果和诙谐趣味。更为绝妙的是刘师亮楹联中的象声词,如咒汪精卫垮台的楹联,妙手偶得地将"响竿吆鸡"发出的声音与"狂犬吠日"发出的声音合在一起,天然构成"汪"与"垮"二字的对应,确实绝妙;而《题民国二十二年"双十节"》里的"庆庆庆、当庆庆、当庆当庆当当庆"像一种叫铜钹的乐器的点子,"狂狂狂、懂狂狂、懂狂懂狂懂懂狂"像川剧敲出的锣鼓点子,都是办丧事的乐器点子。将两种办丧事的乐器点子对应起来渲染国庆节的热烈气氛,真是绝妙之至的讽刺。同样绝妙的还有刘师亮为慈禧太后和光绪帝作的挽联横批"通统痛同",意思是说举国上下无不哀痛,用了四个不同声调的同音字,读起来声如放铳,把挽联写得如此诙谐有趣,其讽刺之意自在其中,真令人拍案叫绝。

刘师亮以谐文、竹枝词、楹联等多种文学形式和高超的语言艺术技巧讽刺现实,抒写伤时愤世情怀,形成了诙谐辛辣、独树一帜的艺术风格,充分展示出狂者的精神风范,其人格和文格都值得今人高度重视。

第十四章 "厚黑教主"李宗吾

和刘师亮一样,李宗吾也是清末至民国年间四川籍的幽默大师、怪才和狂士。刘师亮以谐文、对联、竹枝词、戏剧等形式猛烈抨击黑暗的政局,无情嘲讽误国害民的军阀劣绅、政府高官;李宗吾以杂文的形式表达思想,讽刺社会。刘师亮为正义不惜付出个人生命,李宗吾为真理不惜牺牲个人声誉。他创造了以厚黑史观为核心的思想体系,揭露古今大奸大雄成功的秘诀,宣泄愤世嫉俗的情怀,他把"厚黑"说成是认识社会历史真相最适用的理论工具,人性的本然,甚至是济世安邦的有力武器。这种观点与正统的儒家观念尖锐对立,带有强烈的叛逆色彩。他以一种独特的厚黑文体表述这种独特的学说,给人以一种新的审美感受。

一、颠覆传统史观、揭露官场黑幕

李宗吾(1879—1944年),四川富顺自流井人氏,著《厚黑学》一书,发明厚黑史观,戏称自己为"厚黑教主"。他读破二十四史和诸子百家之书,又曾在四川省政府和富顺地方政府机关任职多年,对历史和诸子学说有独到的理解,又对社会现实有深刻的体察。民国元年(公元1912年)旷世奇文《厚黑学》问世,标志着厚黑学理论的初步创立。此后,他不断增补丰富发展这一理论,撰写了《厚黑经》《厚黑传习录》《求官六字真言》《做官六字真言》《办事二妙法》《厚黑丛话》等。

张默生先生指出:"宗吾所讲的'厚黑学',原分前后两期。前期的'厚黑学',是从暴露人类罪恶方面立论,是摘奸发伏的一种看法,是官场现形的内在原理,其立论的方式,可说是'反话正说',不惜自居为厚黑教主,而以己身担当天下罪恶。后期的'厚黑学',是从鼓励人类的行为向善良方面发展立论,他把'厚'字解释成忍辱负重,把'黑'字解释成'刚毅果断',可说是'借题发挥',厚黑学到了后期,虽是袭用原来的名词,但已可说是有些变质了。"①约而言之,厚黑学前期立论宗旨主要在于"揭露",后期主要在于"运用"。

厚黑学是李宗吾长期思索史事忽有所悟的结果,揭示了历史上那些英雄豪杰的成功秘诀。他经过长期的探索思考发现,古今的"英雄豪杰",或大奸大雄成功的秘诀无外此四字曰:面厚心黑。他从三国人物曹操、刘备、孙权的本事悟出此一秘诀,又进而举司马懿、刘邦、项羽、韩信、范增等人为例从正反两个方面加以印证,无一不合。

古人是如何诠释英雄豪杰的?《三国演义》第二十一回("曹操煮酒论英雄")借曹操之口作出如此诠释:"夫英雄者,胸怀大志,腹有良谋,有包藏宇宙之机,吞吐天地之志也。"②英雄豪杰是抱负远大和足智多谋的人。其实曹操的诠释并不全面。当曹操说出"今天下英雄,惟使君与操耳",刘备闻言大惊,不觉失箸落地。可巧此时雷声大作,刘备随口来一句"一震之威,乃至于此",以畏雷将闻言失箸的缘故轻轻掩饰过去。曹操笑问曰:"丈夫亦畏雷乎?"从曹操这一问中可见在人们的心目中一个"胆怯"的人是不能算作英雄豪杰的。其实从传统意义上讲,理想的英雄豪杰起码应该具备仁、义、智、勇四种品格。可是完全具备此四种品格的人物实在不多,于是人们把英雄豪杰的标准定位在抱负远大和智勇兼备上,并且多由此入手考察分析他们能够成就大业的原因。李宗吾先生将传统的价值观一并推开,发现"厚""黑"才是所谓英雄豪杰最大的本事,曰:"古之为英雄豪杰者,不过面厚心黑而已。"这真是烛破幽隐的大发现。在此基础上,他又将厚黑分成三步,即三个不同的境界:第一步是厚如城墙,黑如煤炭;第二步是厚而硬,黑而亮;第三步是厚而无形,黑而无色。从 1935 年 8 月 1 日起,他在成都《华西日报》陆续发表了不少阐扬"厚黑"的文字,后来编辑成一部《厚黑丛话》。在《厚黑丛话》中,他对厚黑学理论又有所深化和完善。他说:"厚黑二者,是一物体之两方面,凡黑到极点者,未有不能厚,厚到极点者,未有不能黑。举例言之:曹操之心至黑,而陈琳作檄,居然容他得过,未尝不能厚。刘备之面至厚,璋推诚相待,忽然举兵灭之,则未尝不能黑。"又指出:"黑字专长的人,黑者其

---

① 张默生《厚黑教主传》,花山文艺出版社 1991 年版,第 118 页。
② 罗贯中《三国演义》,岳麓书社 2006 年版,第 160 页。

常,厚者其暂;厚字专长的人,厚者其常,黑者其暂。"在这里李宗吾十分精到地揭示了所谓的"英雄"都有"厚""黑"兼备的人格特点。

李宗吾在《厚黑丛话》中说:"马克思发明唯物史观,我发明厚黑史观。用厚黑史观,去读二十四史,则成败兴衰,了如指掌;用厚黑史观,去考察社会,则如牛渚燃犀,百怪毕现。"李宗吾的厚黑学是一种社会历史观,他称之为厚黑史观,他把厚黑史观与马克思的唯物史观相提并论,极言其认识价值,其意是说只有以厚黑史观去考察历史社会,才能真正弄清"成败兴衰"的原因,才能真正弄清历史上那些所谓的英雄豪杰到底是什么货色。

为了给厚黑学寻找一个坚实的立足点,李宗吾把厚黑学上升到人性论的高度。他在《厚黑经》中说:"盖欲学者于此,反求诸身而自得之,以去夫外诱之仁义,而充其本然之厚黑。"他把厚黑说成是天性中固有之物,人性的本体(本然),而把仁义说成是外在强加的东西(外诱),孟子认为:"仁义礼智,非如外铄我也,我固有之也。"李宗吾的这种观点显然与孟子的人性论观点针锋相对。当有人指责他时,他却说:"我倒没有错,只怕孟子错了。"

他以人们习见的生活现象为据驳斥孟子的性善说:"孟子说:'人之所不学而能者,其良能也;所不虑而知者,其良知也。'小孩见母亲口中有糕饼,就伸手去夺,在母亲怀中食乳食糕饼,哥哥近前,就推他打他,都是不学而能,不虑而知,依孟子所下的定义,都该为良知良能。孟子教人把良知良能,扩而充之,现在许多官吏刮取人民的金钱,即是把小孩时夺取母亲口中糕饼那种良知良能,扩充出来的。许多志士,对于忠实同志,排挤倾轧,无所不用其极,即是把小孩食乳食糕饼时,推哥哥、打哥哥那种良知良能扩充出来的。孟子曰:'大人者,不失其赤子之心者也。'现在的伟人,小孩时那种心理,丝毫莫有失掉,可见中国闹到这么糟,完全是孟子的信徒干的,不是我的信徒干的。"(《厚黑丛话》卷三)小孩夺母亲口中的糕饼,用手推打靠上前来的哥哥,这是"不学而能,不虑而知"的本能,贪官污吏搜刮民财,志士排挤同志都是这种本能扩充而来的。他把中国的现状归罪于"不失赤子之心"的"大人",即"孟子之徒"。

孟子说:"人少则慕父母,知好色则慕少艾,有妻子则慕妻子,仕则慕君。"李宗吾则认为这"全是从需要生出来的",孩提慕父母是因为父母能给他食物，少壮慕少艾是因为少艾和妻子能满足他的色欲，而出仕的人慕君是因为君能提供给他赢得功名的机会。

李宗吾对人性的揭示惊人听闻又令人信服，他的观点略似荀子的性恶说。中国先秦时期，涌现出两种对立的人性论学说：一是孟子的性善说，一是荀子的性恶说。孟子后，性善说充塞天下，而荀子的性恶说极少有公开表示赞同者。李宗吾自称他的厚黑学渊源于荀子性恶说，所以他将孟子性善说和荀子的性恶说对比，表达他鲜明的褒贬态度，他说：

"《孟子》书中有'阉然媚于世也'一句话，可说是孟子与宋明诸儒定的罪案，也即是孟子自定的罪案。何以故呢？性恶说是箴世，性善说是媚世。性善说者曰：你是好人，我也是好人，此妾妇媚语也。性恶说者曰：你是坏人，我也是坏人，此志士箴言也。天下妾妇多而志士少，箴言为举世所厌闻，荀子之逐出孔庙也宜哉。呜呼！李厚黑，真名教罪人也！"(《厚黑丛话》卷三)

他骂孟子性善说是"媚世"，赞荀子性恶说是"箴世"，并指出荀子不得配享孔庙的原因。荀子说："今人之性，生而有好利焉，顺是，故争夺生而辞让亡焉。生而有疾恶焉，顺是，则残贼生而忠信亡焉。生而有耳目之欲，有好声色焉，顺是，故淫乱生而理义文理亡焉。然则从人之性，顺人之情，必出于争夺，合于犯分乱理，而归于暴……用此观之，然则人之性恶明矣，其善者伪也。"(《荀子·性恶篇》)[1]荀子认为人是天生性恶的，若放任自流，必然危害社会正常秩序，因此荀子主张"化性起伪"，通过教化和学习使先天的"恶"变为后天的"善"，更强调"治之经，礼与刑"(《荀子·成相》)，以礼刑结合的方式驾驭民众，遏制人之恶性的发展。可见性恶说是荀子政治思想的理论依据。李宗吾虽然抑孟扬荀，自称他的厚黑学渊源于荀子性恶说，但事实上，厚黑学与性恶说的思路明显不同。李宗吾发明厚黑学的最初动机在于揭露所谓英雄豪杰的底牌，他将厚黑作为人性的本然，认为所谓英雄豪杰的本事是善于扩充厚黑的本性所致，他没有像荀子那样主张"化性起伪"，他要人们警惕那些为个人利益行使厚黑的人；他更主张人们扩充厚黑本性，在社会斗争中，尤其是在对外敌的斗争中行使厚黑。

在李宗吾看来，厚黑学可以作为人们求官处事的"准则"。他的《求

---

[1] 王先谦《荀子集解》，中华书局1988年版，第434—435页。

官六字真言》《作官六字真言》和《办事二妙法》讲的是如何"求官""做官"和"办事",是关于在官场中如何具体发挥厚黑的问题,其实也是对黑暗官场的揭露。而在《厚黑丛话》中,李宗吾更把"厚黑"作为济世安邦的有力武器。一个泱泱大国,受列强欺凌近百年之久,一直找不到有效的抵御之术。如何抵御列强,是中华民族所面临的首要问题。李宗吾认为他发明的厚黑学正可用以抵御列强:

"问厚黑学何用?用以抵抗列强。我敢以厚黑教主之资格,向四万万人宣言:'勾践何人也,予何人也,凡我同志,快快厚黑起来!'"(《厚黑丛话》)李宗吾呼吁四万万民众以越王勾践为榜样"快快厚黑起来"。

宗吾经过多年的研究,发现列强对外策略的实质:一是"劫贼式",一是"娼妓式"。"时而横不依理,用武力掠夺,等于劫贼之明火抢劫,是谓劫贼式的外交。时而甜言蜜语,曲语结欢心,等于娼妓媚客,结的盟约,全不生效,等于娼妓之海誓山盟,是谓娼妓式的外交。""劫贼"心肝最黑,"娼妓"脸皮最厚,列强"劫贼式"和"娼妓式"循环互用,实际上就是"厚"与"黑"循环互用。其中尤以日本最为典型。对于日本等列强对我国行使的厚黑之术,宗吾提出以厚黑应对,即"厚黑救国"的主张:

"人问:我国当以何者救国?答曰:'厚黑救国',他以'厚'字来,我以'黑'字应之;他以'黑'字来,我以'厚'字应之。娼妓艳装而来,开门纳之,但缠头费丝毫不能出,如服侍不周,把衣饰剥了,逐出门去,是谓'黑'字破其'厚'。如列强横不依理,以武力压迫,我们就用张良的法子对付他,张良圯上受书,老人种种作用,无非教他面皮厚罢了。"

厚黑救国的具体方式是以"黑"字破"厚"字,以"厚"字破"黑"字,这是李宗吾针对现实,总结历史精心思考所得。

李宗吾的友人谢绶青为厚黑学定性曰:"厚黑学,如利刃,用以诛叛逆则善,用以屠良民则恶。善与恶,何关于刃?故用厚黑以为善,则为善人,用厚黑以为恶,则为恶人。"[①]

李宗吾自己说:"用厚黑以图谋一己私利,越厚黑,人格越卑污;用厚黑以图谋众人之公利,越厚黑,人格越高尚。"可见厚黑学是一种具有两面性的奇特理论,为古今所罕见。

---

① 张默生《厚黑教主传》,花山文艺出版社1991年版,第118—119页。

李宗吾把厚黑说成是古来英雄豪杰最大的本事,成功的秘诀,认识社会历史真相最适用的理论工具,又认为厚黑是人性的本然,济世安邦的有力武器。这种观点与传统的儒家观念尖锐对立,带有强烈的叛逆色彩。

厚黑学系列著作中透漏出作者强烈的愤世情怀。李宗吾自言其发明厚黑学之后的感受道:"我从前意气甚豪,自从发明了厚黑学,就心灰意冷,再不想当英雄豪杰了。"他又曾自叙道:"有人读了《厚黑丛话》,说道:'你何必说这些鬼话?'我说:'我是逢着人说人话,逢着鬼说鬼话,请问当今之世,不说鬼话,说什么? 我这部《厚黑丛话》,人见之为人话,鬼见之为鬼话。'"李宗吾看穿了所谓英雄豪杰的把戏,看透了他所处的时代,他的情怀是激愤的。他明知厚黑学"此等打穿后壁之话,不可形诸笔墨",却将这种话尽情发表出来,真可谓中国近代思想史上的一大狂人。

二、嬉笑怒骂、诙谐滑稽

厚黑学是一种独特的学说,内容独特,形式也很独特。李宗吾指出:"大凡有一种专门学问,就有一种专门文体,所以《论语》之文体,与《春秋》不同,《老子》之文体,与《论语》不同,《佛经》之文体,与《老子》又不同。在心为思想,以纸为文字,专门学问之发明者,其思想与人不同,故其文字也与人不同,厚黑学是专门学问,当然另有一种文体。"

那么《厚黑学》采用的到底是怎样的一种文体呢? 李宗吾曾以对话的形式作如此说明:

"人问:既然如此,你何不分类写之,何必这样杂乱无章的写? 我说:著书的体裁分两种:一是教科书体,一是语录体。凡一种专门学问发生,最初是语录体,如孔子之《论语》,释迦之佛经,六祖之《坛经》,宋明诸儒之语录,都是门人就本师口中所说者笔记下来。老子手著之《道德经》,可说是自写的语录。后人研究他们的学问,才整理出来,分出门类,成为教科书方式。厚黑学是我发明的专门学问,当然用语录体写出。"

在此李宗吾自言其厚黑学采用的是语录体。而在《厚黑学·自序》中他又说:"近年复有些新感想,将历年所作文字,拆散之,连同新感想,用随笔体裁,融合写之,名曰《厚黑丛话》。"《厚黑学》内容包括厚黑史观、厚黑哲理、厚黑学之应用、厚黑辩证法和厚黑学发明史五个部分,但李宗吾没有构建理论框架,进行条分缕析式的呆板论述,而是随意写去,自由挥洒,总的来看也具有随笔文的特点。这种随笔文主旨又在于讽世,以诙谐幽默的笔调谈古论今,说理与叙事、描写相结合,是纯粹的杂文。张默生先生指出:"厚黑教主好为滑稽文字,或用杂文体,或用小说体,无一篇不是嬉笑怒骂,语含讽刺。"①柏杨先生也指出:"厚黑教主李宗吾先生除了以上正正经经的'学''经''录'三大著作之外,平时尚好写梯突文章,或用杂文体,或用小说体,无一篇不嬉笑怒骂,故有人曰'厚黑教主在世,是天地间一大讽刺'是非常不错的也。"②

张默生和柏杨都说李宗吾的著述或用杂文体,或用小说体。照笔者看,他的文章主旨在于阐扬厚黑,讽刺社会,是纯粹的杂文体。而其论述间杂不少叙述和描写的成分,即小说的表达方式,这是杂文区别于一般议论文的主要特征。

其次,柏杨先生说"学""经""录"是正正经经的著作,这种说法也不甚确当。其实"学""经"都是滑稽之文。此二文采用反话正说的手法,揭示所谓英雄豪杰的底牌。厚黑一向被认为是人的恶德,李宗吾却把它说成是曹、刘等人的最大本事,又以肯定欣赏的态度历数曹、刘等人为世人所不齿的事迹,来论证自己的发明,颇似调侃。《厚黑传习录》与后来写的《厚黑丛话》也多用反话正说的手法,其中多有嬉笑怒骂之辞。如《厚黑丛话》叙述他与一个朋友见面,这个朋友是一个道学先生,一见李宗吾,就劝李宗吾不该讲厚黑学,李宗吾称自己"因他是一个迂儒,不与深辩,婉辞称谢"。不料这个迂儒越说越起劲,竟带出训斥的口吻来了。李宗吾气不过,斥他道:"你自称孔子之徒,据我看来,只算是孔子之奴,够不上孔子之徒。"又骂他:"明知孔子的学说,有许多地方,对于现在不适用,不敢有所修正,真是谐臣媚子之所为,非孔子家奴而何?"经过一番申辩,最后李宗吾又骂道:"孟子对于孔子,是脱了奴性的,故可称之为孔子之徒。汉宋诸儒,皆孔子之奴也。至于你吗,满口程朱,对于宋儒,明知其有错误,不敢有所纠正,反曲为之庇,真是家奴之奴,称曰'孔子之奴',犹未免过誉。"这一通嬉笑怒骂之辞,极具诙谐幽默,痛快淋漓。

---

① 张默生《厚黑教主传》,花山文艺出版社1991年版,第23页。
② 张默生《厚黑教主传》,花山文艺出版社1991年版,第289页。

《厚黑经》主要采用戏拟(戏仿)手法,套用四书里的语句阐扬他的厚黑哲学。如"天命之谓厚黑,率厚黑之谓道,修厚黑之谓教;厚黑也者,不得须臾离也,可离非厚黑也。是故君子戒慎乎其所不厚,恐惧乎其所不黑,莫险乎薄,莫危乎白。是以君子必厚黑也。喜怒哀乐皆不发谓之厚,发而无顾忌,谓之黑。厚也者,天下之大本也;黑也者,天下之达道也。致厚黑,天下畏焉,鬼神惧焉。"这段话完全套用了《中庸》开头的一段话:"天命之谓性,率性之谓道,修道之谓教。道也者,不可须臾离也;可离非道也。是故,君子戒慎乎其所不睹,恐惧乎其所不闻;莫见乎隐,莫显乎微;故君子慎其独也。喜怒哀乐之未发,谓之中;发而皆中节,谓之和。中也者,天下之大本也;和也者,天下之达道也。致中和,天地位焉,万物育焉。"①再如:"厚黑者,非由外铄我也,我固有之也。天生庶民,有厚有黑,民之秉彝,好是厚黑。"这段话套用的是《孟子•告子》里的语句:"仁义礼智,非由外铄我也,我固有之也……'天生烝民,有物有则。民之秉彝,好是懿德。'"②可见《厚黑经》套用四书语句,主要置换的是四书中最重要的范畴,如"性""道""中庸"和"仁义礼智"都被替换成"厚黑"。

所谓戏拟(戏仿),又称滑稽模仿或滑稽模拟,是"对某部(类)作品(体裁)的语言、题旨、风格进行变形性(或歪曲、或夸张)模仿,使之滑稽可笑,从而达到讽刺目的"③,这种手法通用于文学、美术、音乐、电影、曲艺等各种文艺形式。《厚黑经》模拟的是儒家经典的语言形式,好像是对经典的刻意亵渎,获得的却是绝佳的诙谐幽默效果,令人解颐。

李宗吾本是一个不厚不黑的人,而他却自称"厚黑教主",如他在文章中叙述与友人罗伯康的对话道:

"往年同县罗伯康,致我信说道:'许多人说你讲厚黑学,我逢人辩白,说你不厚不黑。'我复信道:'我发明厚黑学,私淑弟子遍天下,谥我曰'厚黑先生',与我书用以作上款,我复书以作下款,自觉此等称谓,较之文成公、文正公,光荣多矣。俯仰千古,常以自豪。不谓足下乃逢人说我不厚不黑,我果何处开罪足下,而足下乃以此报我耶?"

说自己以厚黑自豪,又说友人为他辩白是对他的无端报复,态度怪

---

① 朱熹《四书章句集注》,上海古籍出版社2001年版,第20页。
② 张默生《厚黑教主传》,花山文艺出版社1991年版,第387页。
③ 万书元《幽默与讽刺艺术》,延边大学出版社1991年版,第121页。

异,不合常理,其诙谐滑稽之趣,尤其浓厚。张默生先生说:"有人说:厚黑教主的在世,是天地间一大讽刺,我亦云然。他不独讽刺世人,有时也讽刺自己。不过当他讽刺自己的时候,更是恶毒地讽刺世人,这是他一贯的伎俩。"①自讽讽世,这可说是一种颇为新颖的讽刺手法,其中透露出李宗吾内心强烈的愤世情绪。

李宗吾是一个狂士,他很自负,说几句狂话实属正常,但与前代狂士不同的是他的自夸往往带有开玩笑的意味,如:

"厚黑学,是千古不传之秘,我把他发明出来,可谓其功不在禹下。"

"我发明厚黑学,犹如瓦特发明蒸汽机,后人拿去纺纱织布也好,行使轮船火车也好,开办任何工业都好。我讲的厚黑哲理,无施不可,深者见深,浅者见浅。有能得我之一体,引而申之,就可独成一派。孔教分许多派,佛教分许多派,将来我这厚黑学,也要分许多派。"

"幸哉?我只懂八股而不懂科学也?如果我懂了科学,恐怕今日尚在朝朝日日的喊,达尔文圣人也,斯密士圣人也,孟德斯鸠圣人也,墨索里尼、希特勒,无一非圣人也。怎么会写《厚黑丛话》呢?如果要想全世界太平,除非以我的《厚黑丛书》为新刑律,把古之达尔文、斯密士、孟德斯鸠,今之墨索里尼、希特勒,一一处以枪毙,而后国际上,经济上,政治上,乃有曙光之可言。"

以学说自夸者有之,但把一种学说的价值自夸到如此的高度,似乎极为罕见,明显带有开玩笑的意味,其幽默滑稽效果是十分显著的。

李宗吾采用自由随意的杂文体,以反话正说、戏拟儒家经典、刻意大言自夸等手法侃侃而谈,颇似游戏玩世的诙谐油滑的笔调阐扬他的厚黑学说,表达他对历史现实的思考、理解和愤世嫉俗的情怀,创造出别开生面的厚黑文体。其新锐独到的观点、新颖独特的形式都令人耳目一新,心神俱快。

---

① 张默生《厚黑教主传》,花山文艺出版社1991年版,第231页。

主要参考文献

皇侃:《论语集解义疏》,知不足斋本
陈祥道:《论语全解》,上海古籍出版社 1987 年版
朱熹:《四书章句集注》,上海古籍出版社 2001 年版
王弼、郭象:《老子·庄子》,上海古籍出版社 1995 年版
汪有光:《标孟》,续修四库全书本,上海古籍出版社 2003 年版
周人麟:《孟子读法附记》,续修四库全书本,上海古籍出版社 2003 年版
严灵峰:《庄子集成初编》,台北艺文印书馆 1972 年版
陆树芝:《庄子雪》,华东师范大学出版社 2011 年版
郭庆藩:《庄子集释》,中华书局 1961 年版
陈澔:《礼记集说》,中国书店 1994 年版
王先谦:《荀子集解》,中华书局 1988 年版
朱熹:《朱子语类》,中华书局 1994 年版
洪兴祖:《楚辞补注》,中华书局 1983 年版
朱熹:《楚辞集注》,上海古籍出版社 2001 年版
蒋骥:《山带阁注楚辞》,中华书局 1958 年版
严可均:《全上古三代秦汉三国六朝文》,中华书局 1958 年版
李善:《文选》,上海古籍出版社 1986 年版
陈伯君:《阮籍集校注》,中华书局 1987 年版
戴明扬:《嵇康集校注》,人民出版社 1962 年版
袁行霈:《陶渊明集笺注》,中华书局 2003 年版
王琦:《李太白全集》,中华书局 1977 年版
钱仲联:《韩昌黎诗系年集释》,上海古籍出版社 1984 年版
马其昶:《韩昌黎文集校注》,上海古籍出版社 1986 年版

柳宗元：《柳河东集》，中国书店1991年版
王国安：《柳宗元诗笺释》，上海古籍出版社1993年版
朱熹：《朱熹集》，四川教育出版社1996年版
陈亮：《陈亮集》，中华书局1987年版
夏承焘：《姜白石词编年笺注》，上海古籍出版社1981年版
陈书良：《姜白石词笺注》，中华书局2009年版
邓牧：《伯牙琴》，中华书局1959年版
王守仁：《王阳明集》，上海古籍出版社1992年版
徐渭：《徐渭集》，中华书局1983年版
李贽：《李贽文集》，社会科学文献出版社2000年版
唐甄：《潜书注》，四川人民出版社1984年版
黄宗羲：《黄梨洲文集》，中华书局1959年版
黄宗羲：《黄梨洲诗集》，中华书局1959年版
黄宗羲：《明夷待访录》，中华书局1981年版
顾炎武：《亭林文集》，中华书局1983年版
冯梦龙：《冯梦龙集笺注》，天津古籍出版社2006年版
朱舜水：《朱舜水集》，中华书局1981年版
全祖望：《鲒埼亭集》，台湾鼎文书局2003年版
夏田蓝：《龚定庵全集类编》，中国书店1991年版
李宗吾：《李宗吾杂文经典全集》，时代文艺出版社2003年版
刘师亮：《师亮谐稿》，刘师亮遗作出版社1946年版
刘师亮：《师亮对联》，刘师亮遗作出版社1946年版
章炳麟：《章太炎文集》，上海人民出版社1985年版
杜预：《春秋经传集解》，上海古籍出版社1988年版
高诱：《战国策》，上海书店1987年版
司马迁：《史记》，中华书局1982年版
班固：《汉书》，中华书局1962年版
范晔：《后汉书》，中华书局1965年版
房玄龄：《晋书》，中华书局1974年版
刘昫：《旧唐书》，中华书局1975年版
欧阳修、宋祁：《新唐书》，中华书局1975年版

张廷玉等:《明史》,中华书局 1974 年版
司马光:《资治通鉴》,中华书局 1956 年版
黄宗羲:《明儒学案》,中华书局 1985 年版
顾炎武:《日知录集释》,上海古籍出版社 1985 年版
王夫之:《读通鉴论》,中华书局 1975 年版
章学诚:《文史通义校注》,中华书局 1994 年版
赵翼:《廿二史札记》,中华书局 1984 年版
胡凤丹:《大别山志鹦鹉洲小志》,湖北教育出版社 2002 年版
梁启超:《中国近三百年学术史》,东方出版社 2004 年版
柳诒徵:《中国文化史》,东方出版社 1988 年版
陈寅恪:《金明馆丛稿初编》,三联书店 2001 年版
范文澜:《中国通史简编》,河北教育出版社 2000 年版
唐长孺:《魏晋南北朝史论丛》,河北教育出版社 2000 年版
永瑢:《四库全书总目提要》,中华书局 1965 年版
范文澜:《文心雕龙注》,人民文学出版社 1998 年版
曹旭:《诗品集注》,上海古籍出版社 1994 年版
郭绍虞:《沧浪诗话校释》,人民文学出版社 1961 年版
胡应麟:《诗薮》,上海古籍出版社 1979 年版
方东树:《昭昧詹言》,人民文学出版社 1961 年版
许学夷:《诗源辨体》,人民文学出版社 1987 年版
刘熙载:《艺概》,上海古籍出版社 1978 年版
陈廷焯:《白雨斋词话》,人民文学出版社 1983 年版
陈衍:《石遗室诗话》,辽宁教育出版社 1998 年版
何文焕:《历代诗话》,中华书局 1981 年版
丁福保:《历代诗话续编》,中华书局 1983 年版
王夫之:《清诗话》,上海古籍出版社 1999 年版
郭绍虞:《清诗话续编》,上海古籍出版社 1983 年版
唐圭璋:《词话丛编》,中华书局 1986 年版
王水照:《历代文话》,复旦大学出版社 2007 年版
郭绍虞:《中国历代文论选》,上海古籍出版社 1979 年版
陈鸿祥:《〈人间词话〉〈人间词〉注评》,江苏古籍出版社 2002 年版

钱锺书:《谈艺录》,中华书局1984年版
钱锺书:《管锥编》,中华书局1986年版
吴世昌:《词林新话》,北京出版社2000年版
谢祥皓、李思乐:《庄子序跋论评辑要》,湖北教育出版社2001年版
杨金鼎:《楚辞评论资料选》,湖北人民出版社1984年版
戴锡琦、钟兴永:《屈原学集成》,中央编译出版社2007年版
张建业:《李贽研究资料汇编》,社会科学文献出版社2013年版
孙文光、王世芸:《龚自珍研究资料集》,黄山书社1984年版
陈伯海:《唐诗汇评》,浙江教育出版社1995年版
吴熊和:《唐宋词汇评》,浙江教育出版社2004年版
刘永济:《宋代歌舞剧曲录要·元人散曲选》,中华书局2007年版
张节末:《狂与逸》,东方出版社1995年版
魏崇新:《狂狷人格》,长江文艺出版社1996年版
李泽厚:《中国古代思想史论》,安徽文艺出版社1994年版
余英时:《士与中国文化》,上海人民出版社1987年版
刘梦溪:《中国文化的狂者精神》,三联书店2012年版
罗宗强:《玄学与魏晋士人心态》,南开大学出版社2003年版
许纪霖:《二十世纪中国知识分子史论》,新星出版社2005年版
叶舒宪:《阉割与狂狷》,陕西人民出版社2010年版
刘师培:《刘师培学术论著》,浙江人民出版社1998年版
缪钺:《诗词散论》,上海古籍出版社1982年版
程千帆、莫砺锋、张宏生:《被开拓的诗世界》,上海古籍出版社1990年版
刘生良:《庄子文学研究》,人民出版社2004年版
余恕诚:《唐诗风貌》,中华书局2010年版
吴承学:《中国古典文学风格学》,北京大学出版社2011年版
陈允吉:《十大文学奇人》,上海古籍出版社1989年版
吴熊和:《十大词人》,上海古籍出版社1989年
杨泽波:《孟子与中国文化》,贵州人民出版社2000年版
蓝旭:《东汉士风与文学》,人民文学出版社2004年版
陈文忠:《中国古典诗歌接受史研究》,安徽大学出版社1998年版

程杰:《宋代咏梅文学研究》,安徽文艺出版社 2002 年版
钱基博:《中国文学史》,中华书局 1993 年版
李泽厚、刘纲纪:《中国美学史》,中国社会科学出版社 1984 年版
杨咏祁:《审美形态通论》,南京大学出版社 1991 年版
王志强:《风格美学》,青岛海洋大学出版社 1990 年版
童庆炳、钱中文:《文学审美特征论》,华东师范大学出版社 2000 年版
陈宪年:《创作个性论》,安徽教育出版社 1997 年版
皮元珍:《嵇康论》,湖南人民出版社 2000 年版
左东岭:《李贽与晚明文学思想》,天津人民出版社 1997 年版
骆玉明:《纵放悲歌》,中华书局 1991 年版
谷向阳:《中国楹联学概论》,昆仑出版社 2007 年版
高晨阳:《阮籍评传》,南京大学出版社 1994 年版
徐定宝:《黄宗羲评传》,南京大学出版社 2002 年版
钟茂煊:《刘师亮外传》,四川人民出版社 1984 年版
张默生:《厚黑教主传》,花山文艺出版社 1991 年版
叶亦乾、孔克勤:《个性心理学》,华东师范大学出版社 1993 年版
(法)丹纳:《艺术哲学》,傅雷译,安徽文艺出版社 1991 年版
(俄)尼古拉·别尔嘉耶夫:《人的奴役与自由》,徐黎明译,贵州人民出版社 2007 年版
(美)苏珊·朗格:《情感与形式》,刘大基等译,中国社会科学出版社 1986 年版

附 录
本书未论及的狂狷文人传记资料选

陆通传

陆通,字接舆,楚人也。好养性,躬耕以为食。楚昭王时,通见楚政无常,乃佯狂不仕,故时人谓之楚狂。孔子适楚,楚狂接舆,游其门。曰:"凤兮凤兮,何如德之衰也?来世不可待,往世不可追也。天下有道,圣人成焉。天下无道,圣人生焉。方今之时,仅免刑焉。福轻乎羽,莫之知载。祸重乎地,莫之知避。已乎已乎,临人以德。殆乎殆乎,画地而趋。迷阳迷阳,无伤吾行。却曲却曲,无伤吾足。山木自寇也,膏火自煎也。桂可食故伐之,漆可用故割之。人皆知有用之用,而不知无用之用也。"孔子下车,欲与之言。趋而避之,不得与之言。楚王闻陆通贤,遣使者持金百镒,车马二驷,往聘通,曰:"王请先生治江南。"通笑而不应。使者去,妻从市来,曰:"先生少而为义,岂老违之哉!门外车迹何深也。妾闻义士非礼不动。妾事先生,躬耕以自食,亲织以为衣,食饱衣暖,其乐自足矣,不如去之。"於是夫负釜甑,妻戴纴器,变名易姓,游诸名山,食桂栌实,服黄菁子,隐蜀峨眉山,寿数百年。俗传以为仙云。(皇甫谧《高士传》)

仲长统传

仲长统,字公理,山阳高平人也。少好学,博涉书记,赡于文辞。年二十余,游学青、徐、并、冀之间,与交友者多异也。并州刺史高干,袁绍甥也。素贵有名,招致四方游士,士多归附。统过干,干善待遇,访以当时之事。统谓干曰:"君有雄志而无雄才,好士而不能择人,所以为君深戒也。"干雅自多，不纳其言，统遂去之。无几，干以并州叛，卒至于败。并、冀之士皆以是异统。统性俶傥，敢直言，不矜小节，默语无常，时人或谓之狂生。每州郡命召，辄称疾不就。常以为凡游帝王者，欲以立身扬名耳，而名不常存，人生易灭，优游偃仰，可以自娱，欲卜居清旷以乐其志。（《后汉书·仲长统传》）

赵壹传

赵壹，字元叔，汉阳西县人也。体貌魁梧，身长九尺，美须豪眉，望之甚伟。而恃才倨傲，为乡党所摈，乃作《解摈》。后屡抵罪，几至死，友人救，得免。壹乃贻书谢恩曰：

昔原大夫赎桑下绝气，传称其仁；秦越人还虢太子结脉，世著其神。设曩之二人不遭仁遇神，则结绝之气竭矣。然而糒脯出乎车軨，针石运乎手爪。今所赖者，非直车軨之糒脯，手爪之针石也。乃收之于斗极，还之于司命，使干皮复含血，枯骨复被肉，允所谓遭仁遇神，真所宜传而著之。余畏禁，不敢班班显言，窃为《穷鸟赋》一篇。其辞曰：

有一穷鸟，戢翼原野。罼网加上，机井在下，前见苍隼，后见驱者，缴弹张右，羿子彀左，飞丸激矢，交集于我。思飞不得，欲鸣不可，举头畏触，摇足恐堕。内独怖急，乍冰乍火。幸赖大贤，我矜我怜，昔济我南，今振我西。鸟也虽顽，犹识密恩。内以书心，外用告天。天乎祚贤，归贤永年，且公且侯，子子孙孙。

又作《刺世疾邪赋》，以舒其怨愤。曰：

伊五帝之不同礼，三王亦又不同乐，数极自然变化，非是故相反驳。德政不能救世溷乱，赏罚岂足惩时清浊？春秋时祸败之始，战国愈复增其荼毒。秦、汉无以相逾越，乃更加其怨酷。宁计生民之命，唯利己而自足。

于兹迄今，情伪万方。佞谄日炽，刚克消亡。舐痔结驷，正色徒行。妪竨名势,抚拍豪强。偃蹇反俗,立致咎殃。捷慑逐物,日富月昌。浑然同惑,孰温孰凉？邪夫显进,直士幽藏。

原斯瘼之攸兴,实执政之匪贤。女谒掩其视听兮,近习秉其威权。所好则钻皮出其毛羽,所恶则洗垢求其瘢痕。虽欲竭诚而尽忠,路绝崄而靡缘。九重既不可启,又群吠之狺狺。安危亡于旦夕,肆嗜欲于目前。奚异涉海之失柂,积薪而待燃。荣纳由于闪揄,孰知辩其蚩妍？故法禁屈挠于势族,恩泽不逮于单门。宁饥寒于尧舜之荒岁兮,不饱暖于当今之丰年。乘理虽死而非亡,违义虽生而匪存。

有秦客者,乃为诗曰:"河清不可俟,人命不可延。顺风激靡草,富贵者称贤。文籍虽满腹,不如一囊钱。伊优北堂上,抗脏倚门边。"

鲁生闻此辞,系而作歌曰:"执家多所宜,欬唾自成珠。被褐怀金玉,兰蕙化为刍。贤者虽独悟,所困在群愚。且各守尔分,勿复空驰驱。哀哉复哀哉,此是命矣夫！"

光和元年,举郡上计到京师。是时,司徒袁逢受计,计吏数百人皆拜伏庭中,莫敢仰视。壹独长揖而已。逢望而异之,令左右往让之,曰:"下郡计吏而揖三公,何也？"对曰:"昔郦食其长揖汉王,今揖三公,何遽怪哉？"逢则敛衽下堂,执其手,延置上坐,因问西方事,大悦,顾谓坐中曰:"此人汉阳赵元叔也。朝臣莫有过之者,吾请为诸君分坐。"坐者皆属观。既出,往造河南尹羊陟,不得见。壹以公卿中非陟无足以托名者,乃日往到门,陟自强许通,尚卧未起。壹径入上堂,遂前临之,曰:"窃伏西州,承高风旧矣。乃今方遇而忽然,奈何命也！"因举声哭,门下惊,皆奔入满侧。陟知其非常人,乃起,延与语,大奇之。谓曰:"子出矣。"陟明旦大从车骑奉谒造壹。时,诸计吏多盛饰车马帷幕,而壹独柴车草屏,露宿其傍,延陟前坐于车下,左右莫不叹愕。陟遂与言谈,至熏夕,极欢而去,执其手曰:"良璞不剖,必有泣血以相明者矣！"陟乃与袁逢共称荐之。名动京师,士大夫想望其风采。

及西还,道经弘农,过侯太守皇甫规,门者不即通,壹遂遁去。门吏惧,以白之,规闻壹名大惊,乃追书谢曰:"蹉跌不面,企德怀风,虚心委质,为日久矣。侧闻仁者愍其区区,冀承清诲,以释遥悚。今旦,外白有一尉两计吏,不道屈尊门下,更启乃知已去。如印绶可投,夜岂待旦。惟君明睿,平其忿心。宁当慢傲,加于所天。事在悖惑,不足具责。倘可原察,追修前好,则何福如之!谨遣主簿奉书。下笔气结,汗流竟趾。"壹报曰:"君学成师范,缙绅归慕,仰高希骥,历年滋多。旋辕兼道,渴于言侍,沐浴晨兴,昧旦守门,实望仁君,昭其悬迟。以贵下贱,握发垂接。高可敷玩坟典,起发圣意;下则抗论当世,消弭时灾。岂悟君子,自生怠倦,失恂恂善诱之德,同亡国骄惰之志!盖见机而作,不俟终日,是以夙退自引,畏使君劳。昔人或历说而不遇,或思士而无从,皆归之于天,不尤于物。今壹自谴而已,岂敢有猜!仁君忽一匹夫,于德何损?而远辱手笔,追路相寻,诚足愧也。壹之区区,曷云量己?其嗟可去,谢也可食,诚则顽薄,实识其趣。但关节疢动,膝炙坏溃,请俟他日,乃奉其情。辄诵来贶,永以自慰。"遂去不顾。

州郡争致礼命,十辟公府,并不就,终于家。初袁逢使善相者相壹,云"仕不过郡吏",竟如其言。

著赋、颂、箴、诔、书、论及杂文十六篇。(《后汉书·赵壹传》)

边让传

边让,字文礼,陈留浚仪人也。少辩博,能属文。作《章华赋》,虽多淫丽之辞,而终之以正,亦如相如之讽也。……大将军何进闻让才名,欲辟命之,恐不至,诡以军事征召,既到,署令史,进以礼见之。让善占射,能辞对,时宾客满堂,莫不羡其风。府掾孔融、王朗并修刺候焉。

议郎蔡邕深敬之,以为让宜处高任,乃荐于何进曰:"伏惟幕府初开,博选清英,华发旧德,并为元龟。虽振鹭之集西雍,济济之在周庭,无以或加。窃见令史陈留边让,天授逸才,聪明贤智。髫龀夙孤,不尽家训。及就学庐,便受大典,初涉诸经,见本知义,授者不能对其问,章句不能逮其意。心通性达,口辩辞长。非礼不动,非法不言。若处狐疑之论,定嫌审之分,经典交至,检括参合,众夫寂焉,莫之能夺也。使让生在唐、虞,则元、凯之次,运值仲尼,则颜、冉之亚,岂徒俗之凡偶近器而已者哉!阶级名位,亦宜超然,若复随辈而进,非所以章瑰伟之高价,昭知人之绝明也。传曰:'函牛之鼎以亨鸡,多汁则淡而不可食,少汁则熬而不可熟。'此言大器之于小用,固有所不宜也。邕窃悁邑,怪此宝鼎未受牺牛大羹之和,久在煎熬胹割之闲,愿明将军回谋垂虑,裁加少纳,贡之机密,展之力用。若以年齿为嫌,则颜回不得贯德行之首,子奇终无理阿之功。苟堪其事,古今一也。"让后以高才擢进,屡迁,出为九江太守,不以为能也。

初平中,王室大乱,让去官还家。恃才气,不屈曹操,多轻侮之言。建安中,其乡人有构让于操,操告郡就杀之,文多遗失。(《后汉书·边让传》)

阮咸传

咸,字仲容。父熙,武都太守。咸任达不拘,与叔父籍为竹林之游,当世礼法者讥其所为。咸与籍居道南,诸阮居道北,北阮富而南阮贫。七月七日,北阮盛晒衣服,皆锦绮粲目,咸以竿挂大布犊鼻于庭。人或怪之,答曰:"未能免俗,聊复尔耳!"

历仕散骑侍郎。山涛举咸典选,曰:"阮咸贞素寡欲,深识清浊,万物不能移。若在官人之职,必绝于时。"武帝以咸耽酒浮虚,遂不用。太原郭奕高爽有识量,知名于时,少所推先,见咸心醉,不觉叹焉。而居母丧,纵情越礼。素幸姑之婢,姑当归于夫家,初云留婢,既而自从去。时方有客,咸闻之,遽借客马追婢,既及,与婢累骑而还,论者甚非之。

咸妙解音律,善弹琵琶。虽处世不交人事,惟共亲知弦歌酣宴而已。与从子修特相善,每以得意为欢。诸阮皆饮酒,咸至,宗人间共集,不复用杯觞斟酌,以大盆盛酒,圆坐相向,大酌更饮。时有群豕来饮其酒,咸直接去其上,便共饮之。群从昆弟莫不以放达为行,籍弗之许。荀勖每与咸论音律,自以为远不及也,疾之,出补始平太守。以寿终。二子:瞻、孚。(《晋书·阮咸传》)

刘伶传

刘伶,字伯伦,沛国人也。身长六尺,容貌甚陋。放情肆志,常以细宇宙齐万物为心。澹默少言,不妄交游,与阮籍、嵇康相遇,欣然神解,携手入林。初不以家产有无介意。常乘鹿车,携一壶酒,使人荷锸而随之,谓曰:"死便埋我。"其遗形骸如此。尝渴甚,求酒于其妻。妻捐酒毁器,涕泣谏曰:"君酒太过,非摄生之道,必宜断之。"伶曰:"善!吾不能自禁,惟当祝鬼神自誓耳。便可具酒肉。"妻从之。伶跪祝曰:"天生刘伶,以酒为名。一饮一斛,五斗解酲。妇儿之言,慎不可听。"仍引酒御肉,隗然复醉。尝醉与俗人相忤,其人攘袂奋拳而往。伶徐曰:"鸡肋不足以安尊拳。"其人笑而止。

伶虽陶兀昏放,而机应不差。未尝厝意文翰,惟著《酒德颂》一篇。其辞曰:

> 有大人先生,以天地为一朝,万期为须臾,日月为扃牖,八荒为庭衢。行无辙迹,居无室庐,幕天席地,纵意所如。止则操卮执觚,动则挈榼提壶,惟酒是务,焉知其余。有贵介公子、搢绅处士,闻吾风声,议其所以,乃奋袂攘襟,怒目切齿,陈说礼法,是非蜂起。先生于是方捧罂承槽,衔杯漱醪,奋髯箕踞,枕曲藉糟,无思无虑,其乐陶陶。兀然而醉,怳尔而醒。静听不闻雷霆之声,熟视不睹泰山之形。不觉寒暑之切肌,利欲之感情。俯观万物,扰扰焉若江海之载浮萍。二豪侍侧焉,如蜾蠃之与螟蛉。

尝为建威参军。泰始初对策,盛言无为之化。时辈皆以高第得调,伶独以无用罢。竟以寿终。(《晋书·刘伶传》)

贺知章传

贺知章,字季真,越州永兴人。性旷夷,善谭说,与族姑子陆象先善。象先尝谓人曰:"季真清谭风流,吾一日不见,则鄙吝生矣。"证圣初,擢进士、超拔群类科,累迁太常博士。张说为丽正殿修书使,表知章及徐坚、赵冬曦入院,撰《六典》等书,累年无功。开元十三年,迁礼部侍郎,兼集贤院学士,一日并谢。宰相源乾曜语说曰:"贺公两命之荣,足为光宠,然学士、侍郎孰为美?"说曰:"侍郎衣冠之选,然要为具员吏。学士怀先王之道,经纬之文,然后处之。此其为间也。"玄宗自为赞赐之。迁太子右庶子,充侍读。

申王薨,诏选挽郎,而知章取舍不平,荫子喧诉不能止,知章梯墙出首以决事,人皆靳之,坐徙工部。肃宗为太子,知章迁宾客,授秘书监,而左补阙薛令之兼侍读。时东宫官积年不迁,令之书壁,望礼之薄,帝见,复题"听自安者"。令之即弃官,徒步归乡里。

知章晚节尤诞放,遨嬉里巷,自号"四明狂客"及"秘书外监"。每醉,辄属辞,笔不停书,咸有可观,未始刊饬。善草隶,好事者具笔研从之,意有所惬,不复拒,然纸才十数字,世传以为宝。

天宝初,病,梦游帝居,数日寤,乃请为道士,还乡里,诏许之,以宅为千秋观而居。又求周宫湖数顷为放生池,有诏赐镜湖剡川一曲。既行,帝赐诗,皇太子百官饯送。擢其子曾子为会稽郡司马,赐绯鱼,使侍养,幼子亦听为道士。卒,年八十六。肃宗乾元初,以雅旧,赠礼部尚书。(《新唐书·贺知章传》)

张旭传

旭,苏州吴人。嗜酒,每大醉,呼叫狂走,乃下笔,或以头濡墨而书,既醒自视,以为神,不可复得也,世呼"张颠"。初,仕为常熟尉,有老人陈牒求判,宿昔又来,旭怒其烦,责之。老人曰:"观公笔奇妙,欲以藏家尔。"旭因问所藏,尽出其父书,旭视之,天下奇笔也,自是尽其法。旭自言,始见公主檐夫争道,又闻鼓吹,而得笔法意,观倡公孙舞剑器,得其神。后人论书,欧、虞、褚、陆皆有异论,至旭,无非短者。传其法,惟崔邈、颜真卿云。(《新唐书·张旭传》)

黄宗会论

《缩斋先生集》者,余弟泽望所著之诗文也。自泽望亡后,余教授于外。今岁甲寅,四方兵起,偃息衡门,始发大牛箧,出其所著撰数十束。虽体例各异,而散之日记中,不相条贯。余乃离而件系之,以为各录,取其诗文,选定为兹集。序曰:

泽望之为诗文,高厉遒清。其在于山,则铁壁鬼谷也;其在于水,则瀑布乱礁也；其在于声，则猿吟而鹳鹤欤且笑也；其在平原旷野，则蓬断草枯之战场，狐鸣鸱啸之芜城荒殿也；其在于乐，则变徵而绝弦也。盖其为人，劲直而不能屈己，清刚而不能善世，介特寡徒，古之所谓隘人也。隘则胸不容物，并不能自容。其以孤愤绝人，彷徨痛哭于山颠水澨之际，此耿耿者终不能下，至于鼓胀而卒，宜矣。

独怪古之为文章者，及其身而显于世者无论矣。即或憔悴终生，其篇章未有不流传身后，亦是荣辱屈伸之相折。泽望死十二年矣，所有篇章，亦与其骨俱委于草莽，无敢有明其书者，盖惊世骇俗之言，非今之地上所宜有也。苏子瞻所谓能折困其身而不能屈其言者，至泽望而又为文人之一变焉。

虽然，泽望之文，可以弃之使其不显于天下，终不可灭之使其不留于天地。其文盖天地之阳气也，阳气在下，重阴锢之，则击而为雷；阴气在下，重阳包之，则搏而为风。商之亡也，采薇之歌，非阳气乎？然武王之世，阳明之世也，以阳遇阳，则不能为雷。宋之亡也，谢皋羽、方韶卿、龚圣予之文，阳气也，其时遁于黄钟之管，微不能吹纩转鸡羽，未百年而高皇帝为其迅雷。元之世，阴晦之世也，其亡也，有席帽、九灵之文，阴气也，包以开国之重阳，蓬蓬然起于大隧，风落山为蛊，未几而散矣，非若雷之能使百果草木皆甲拆也。今泽望之文，在重阴之下，其视葭灰不啻千钧之压也，苟未能霹雳列缺，夫宁锢而不出，岂若刘蜕之文冢，腐为墟壤，蒸为芝菌，文人之文而已乎？（黄宗羲《缩斋集序》）

金圣叹先生传

先生金姓，采名，若采字，吴县诸生也。为人倜傥高奇，俯视一切。好饮酒，善衡文评书，议论皆发前人所未发。时有以讲学闻者，先生辄起而排之，于所居贯华堂设高座，召徒讲经，经名《圣自觉三昧》，稿本自携自阅，秘不示人。每升座开讲，声音宏亮，顾盼伟然。凡一切经史子集、笺疏训诂，与夫释道内外诸典，以及稗官野史、九彝八蛮之所记载，无不供其齿颊，纵横颠倒，一以贯之，毫无剩义。座下缁白四众，顶礼膜拜，叹未曾有，先生则抚掌自豪，虽向时讲学者闻之攒眉浩叹，不顾也。

生平与王斫山交最善。斫山固侠者流，一日以千金与先生，曰："君以此权子母,母后仍归我,子则为君助灯火,可乎?"先生应诺,甫越月,已挥霍殆尽,乃语斫山曰:"此物在君家,适增守财奴名,吾已为君遣之矣。"斫山一笑置之。

鼎革后,绝意仕进,更名人瑞,字圣叹,除朋从谈笑外,惟兀坐贯华堂中,读书著述为务。或问"圣叹"二字何义?先生曰:"《论语》有两'喟然叹曰',在颜渊为叹圣,在与点为圣叹。予其为点之流亚欤!"所评《离骚》《南华》《史记》、杜诗、《西厢》《水浒》,以次序定为"六才子书",俱别出手眼。尤喜讲《易》"乾""坤"两卦,多至十万余言。其余评论尚多,兹行世者,独《西厢》《水浒》《唐诗》、制艺、《唱经堂杂评》诸刻本。

传先生解杜诗时,自言有人从梦中语云:"诸诗皆可说,惟不可说《古诗十九首》。"先生遂以为戒。后因醉纵谈《青青河畔草》一章,未几,遂罹惨祸。临刑叹曰:"砍头最是苦事,不意于无意中得之。"

先生殁,效先生所评书,如长洲毛序始、徐而庵,武进吴见思、许庶庵为最著,至今学者称焉。

曲江廖燕曰:予读先生所评诸书,领异标新,迥出意表,觉千百年来,至此始开生面。呜呼!何其贤哉!虽罹惨祸,而非其罪,君子伤之。而说者谓文章妙秘,即天地妙秘,一旦发泄无余,不无犯鬼神所忌,则先生之祸,其亦有以致之欤!然画龙点睛,金针随度,使天下后学,悉悟作文用笔墨法者,先生力也,又乌可少乎哉!其祸虽冤屈一时,而功实开拓万世,顾不伟耶!予过吴门,访先生故居,而莫知其处,因为诗吊之,并传其略如此云。(廖燕《金圣叹先生传》)

廖燕传

廖燕,字人也,号柴舟,曲江人。生甲申九月,乃顺治元年也。幼时就塾,问师曰:"读书何为?"师曰:"博取功名。"燕曰:"何为功名?"师曰:"中举第进士。"燕曰:"止此乎?"

师无以应。迨康熙元年,燕年十九补邑弟子员,忽忽不乐,常言士生当世,泽及生民曰功,死而不朽曰名,世人不悟,专事科第陋矣。因屏去时文,筑室武水西,颜曰二十七松堂。闭户不出,日究心经史,蔬食断烟,澹如也。

丹霞有澹归者，异而访之。燕亦知归非常僧，尽出其平日诗古文词以质，归赏极，亟称与人。由此名震粤东。年三十余，欲上书变士习，适吴逆途梗不果。海内诸君子如魏和公辈皆不远千里，徒步订交，郡守陈公廷策更为刻集行世，并移其堂城内。陈随入关，欲荐于朝，力邀北上，舟次金陵，燕偶病，留寓焉。陈抵都，未几物故，燕闻之，即绝意仕进。归而益肆力于古文，祈发孔孟不传之蕴。故其论宋高、论张浚，皆具千古双眼，未经人道。尤善草书，状如古木寒石，笔笔生动遒劲。人有得幅者，价值数金。

康熙三十八年学使按韶，赋诗一章辞却诸生，有"愿抱琴书伴钓矶"之句，自发当道至者莫不延访，然罕见其面矣。吴太史韩当奉命来粤，造其庐，叹息不置。年六十二卒于家。时康熙四十四年也。有子瀛，庠生，能世其学。后数年没，今遗一孙。

曾璟曰：璟幼时，常侍先人与柴舟游。柴舟形如鹤，醉馀每以鲜果戏璟，屈指已三十年矣。世无问识不识，读其文想见其人，其雄恣则龙门，其超突则昌黎，幽峭类子厚，跌宕实一东坡。与惟不肯倚人，故能兼各长而自成一家，虽议论间有过高，究之无伤大雅，所谓古之狂者非与？昔六朝文字卑弱，得韩吏部一振，风气遂变。今韶自柴舟后古学始盛，然则柴舟固挽时之杰，非仅一邑之文学已也。（《廖燕集》）

王昙传

乾隆末，左都御史某公与大学士和珅有连。然非暗于机者。窥和珅且亟，不能决然舍去。不得已乃托于骏偵。川楚匪起，疏军事则荐其门生王昙，能作掌中雷，落万夫胆。目珅之诛也，新政肃然。比珅者皆诏狱缘坐。某公既先以言事驳避官。保躬林泉，而王君从此不齿于士列。掌中雷者，神宝君说洞神下乘法，所谓役令之事，即以道家书论，亦其支流之不足诘者。王君少从大剌麻章佳湖图克图者游，习其游戏法，时时演之，不意卒以此败。君既以此获不白名，中朝士大夫颇致毒君。礼部试，同考官揣某卷似浙王某，必不荐。考官揣某卷似浙王某，必不中式。大挑虽二等，不获上。君亦自问已矣。乃益放纵。每会谈大声叫呼，如百十鬼神，奇禽怪兽，挟风雨水火雷电而上下。座客逡巡引去。其一二留者伪隐几。君犹手足舞不止。以故大江之南,大河之北,南至闽粤,北至山海关、热河,贩夫驵卒,皆知王举人。言王举人,或齿相击,如谭龙蛇,说虎豹。矮道人者,居京师之李铁拐斜街,或曰年三百有余岁矣。色如孩,臂能掉千钧。王君走访之。道人无言,君不敢坐。跽良久,再请。道人乃言曰:"京师有奇士,非汝所谓奇也。夜有光如六等星,青霞绕之,青霞之下,当为奇士庐。盍求之。"王君知非真。笑曰:"如师言哉!"己巳春,见龚自珍于门楼胡同西首寓斋。是日也,大风漠漠多尘沙。时自珍年十有八矣。君忽叹息起自语曰:"师乎师乎?殆以我托若人乎?"遂与自珍订忘年交。初君以稚年往来诸老辈间,狂名犹未起。老辈皆礼之。至是老者尽死,同列者尽绝。君无憀甚。故频频与少年往来。微道人亦得君也。越八年,走访龚自珍东海上,留海上一月。明年遂死。则为丁丑岁。自珍于是助其葬,又为之掇其大要而志其墓曰:君姓王氏,名昙,又名良士,字仲瞿,浙之秀水人。乾隆五十九年举人也。其为人也中身,沉沉芳逸,怀思恻悱。其为文也,一往三复,情繁而声长。其为学也,溺于史,人所不经意,累累心口间。其为文也,喜胪史。其为人也,幽如闭,如寒夜屏人语,絮絮如老妪,匪但平易近人而已。其一切奇怪不可迩之状,皆贫病怨恨,不得已诈而遁焉者也。卒年五十有八,有集如干卷。祖某,父某,妻金,能画与诗。先卒。子一,善才,墓在苏州虎邱山南。铭曰:生昙者天也,宥昙者帝也。仇昙者海内士,识昙者四百岁之道人,十八龄之童子。昙未昙来,魂芳魄香,思幽名长,山青而土黄,瘗汝于是,噫!(龚自珍《王仲瞿墓表铭》)

后　记

狂狷范畴一经上古圣人提出后,阐发者代不乏人,然而前贤的阐发虽多有精见,却未免流于支离。至当世,始有系统探研狂狷文人精神个性的专著问世,而罕有连及其作品的风格特征者。鄙人于狂狷文人的作品向来兴趣较为浓厚,于此亦断续思考多年,心得当然也略有一点。在阅读中鄙人萌生了这样一种想法:既然狂狷的精神个性与作品的风格特征同属审美范畴,且关系紧密,当然可以将两者联系起来一同加以展示,所谓的研究从此一时间节点正式开启。但本书到底采用怎样的体例呢?略为犹疑,鄙人即决定还是沿用时贤共用的人物传记体,按时间顺序逐次展开论述。采用这样的体例虽然很难有重大突破,却能将一个个狂狷文人完整地呈现在读者的面前。

本书论及各时代狂狷文人共17人,涉及多种思想文化知识和散文、辞赋、诗、词、曲、对联等多种文学体裁,异常广泛。而在这个旧式框架中每一部分都力求有所发明、突破,是极具挑战性的。

鄙人资质鲁钝,学植谫陋,虽曾用心探讨,竭力完善,结果还是难免于粗陋之弊。记得著名学者葛兆光先生说过这样一句话:"从学术的角度看,现在有百分之八十到九十的书是可以不出的。"此书即将出版之际,想起兆光先生的话,心中不禁生出些许惭愧和不安。此书是否也在不宜出版之列呢?或许真的如此。但此书毕竟凝聚了我多年的思考和心血,其中也倾注了我对那些特立独行的狂狷文人的景仰之情,独到的观点和解悟自然也有一些,因此我不能弃之如敝屣。

感谢江苏凤凰文艺出版社的查品才编辑、原编辑王一冰先生,感谢辽宁师范大学文学院院长张庆利先生和其他关心此书撰写的同仁。其中特别应该感谢的是原辽宁师范大学文学院教授、红学家、诗人梁归智先生,他仔细审读了此书,订正了不少疏失,并为此书作了一篇精美的小序,可惜不久就查出恶疾,仅三个多月就与世长辞,实在令人痛心,未及将成书奉送到先生手中,真有点遗憾。

岁月蹉跎,转眼之间我也垂垂老矣,暗想平生,不禁黯然神伤,到如今年轻时的梦想究竟有多少已成现实?心中的热情还残存几许?北岛先生诗云:"如今我们深夜饮酒,杯子碰到一起,都是梦碎的声音!"(《波兰来客》)此言道出了良知者的共同感受,真"于我心有戚戚焉"。而我也深深地体会到"来日并不方长"这句话的含义了。这是否是难以避免的宿命呢?我也懒于深究。总之,我不怨天,也不尤人,也没有太多的期望,只愿来日能收敛心神,克服惰性,发挥余热,写出一点更像样的东西。

2019 年 12 月 6 日